明日の協同を担うのは誰か

基礎からの協同組合論

佐藤 信

日本経済評論社

はしがき

　「就活で生協の話を聴いたんですけど、うちはスーパーと同じだと説明していました」．「先生，どの農協が勤め先として良いですか？」．「銀行と信金はどちらに将来性がありますか？」．学生からこういった素朴な感想や質問を聞くことがある．学生が協同組合に関心をもつことは，関連授業の担当教員にとって嬉しいことである．ただ，協同組合を「就活」によって「就職先」として選ぶ考え方には違和感をもつ．本来，協同組合で働くことは就活とは無縁のものだった．大学生協の学生委員が大学を卒業せずにそのまま生協職員となった時代もあったのだから．

　もっとも協同組合の人事担当者にとっては，人材確保の方法は私的企業と変わらなくなってきており，新卒採用にあたっても，エントリーシートで申し込ませ，筆記と面接試験によって決定しているから，冒頭の学生の反応も当然であろう．

　けれども，協同組合の本質は，組合員と役職員たちの自発的な参加によって結びついた組織体であり，資本の使い方も民間会社と比べて制限があることにある．どんなに巨大化しようが，そこは変わらない．だから，以下のような独自の課題にも直面することになる．

　たとえば，事業拡大をしようにも資本の内部留保を重視していないため難しい．また，事業拡大のために事業連合化や合併をすすめたものの組合員の意志が反映されないようになってしまった．さらに，組合員が増えたら低価格商品が売れるようになって，高いけれども良品質の商品が売れなくなってしまった，等々である．

　協同組合は，剰余を獲得しなければ経営を存続できないが，剰余獲得を目的にすると協同の原理や理念が失われる．このことを，一般に，矛盾する存

在という．協同組合運営は，元々矛盾するものなのである．

ただ，そうであるにもかかわらず，協同組合は1世紀以上も世界で伸張を続け，今なお地域社会において重要な存在である．それはなぜなのか．そして，協同組合はどのような内的・外的条件によってその性格が変容するのか．協同組合の本来の目的を維持しつつ，運営を続けるためにはどうしたらよいのか．こうした問題意識でまとめあげたのが本書である．

本書は大きく2部構成にし，第Ⅰ部では，協同組合の基礎を学ぶための最低限の事柄を網羅したとともに，矛盾をめぐる研究課題を整理し，より深く学びたい方への導きの糸となるように考えた．第Ⅱ部では生協に限定して，歴史的経過と現在抱えている諸問題，将来の方向性について整理することにした．

各章の内容を簡単に紹介しておこう．第Ⅰ部「協同組合の基礎理論」は3章からなっている．

第1章「協同組合と協同」では，協同組合の一般的な定義を説明するとともに，そもそも協同とはどういった考え方なのかを検討する．さらに，世界における協同組合の誕生と協同組合原則について述べる．

第2章「協同組合研究の焦点と到達点」では，協同組合の研究がこれまで二元論的に行われていたが，むしろ矛盾論的方法でアプローチすることが必要であることを明らかにしている．

第3章「資本主義経済の発展と協同組合」では，資本主義経済の発展に伴う協同組合結成のきっかけについて述べるとともに，「市場」というものの基本的特徴について説明する．資本主義経済が深く浸透している協同組合を学ぶ上での基本的理解につながると考える．

第4章以降は第Ⅱ部「戦後生協の展開構造と展望」である．

第4章「生協の展開過程（1）」では，第2次大戦後から1980年代中葉までの，第5章「生協の展開過程（2）」では，1980年代後半より現在までの日本の生協の展開史をいくつかの画期区分を行って検討する．過去を振り返ることで，将来のベクトルの方向を考える．これがこれらの章のねらいであ

第6章「生協の業態と個配事業」では，共同購入と店舗だけと考えられてきた業態において，なぜ個配が出てきたのか，業態とはどのように考えたらよいのかについて説明する．

　第7章「食糧問題と生協」では，食糧問題の内容を確認するとともに，生協の食糧事業と産直の変遷について述べる．

　第8章「食品安全問題と生協の対応」では，生協事業の目玉であった食品安全の取り組みを整理するとともに，その中でなぜ「手作り餃子事件」が発生したのかを明らかにする．

　第9章「組合員の性格変化と生協組織」では，生協の担い手がどのように現れてきたのかを，社会成員の性格変化を明らかにしながら検討する．また，生協組合員の性格も様々に変容してきたことも述べる．

　第10章「生協役職員をめぐる諸課題」では，協同組合で働くこととはそもそもどういった意味をもっているのかを確認する．次いで，生協の賃金体系を具体的に述べるとともに，役員問題の発生原因についても言及する．

　第11章「明日の協同の担い手」では，これまでの協同組合の担い手を振りかえるとともに，明日の協同の担い手の条件について述べる．明日の協同の担い手は，協同組合の構成員に限定されていないと主張しているのが特徴である．

　補章「「周辺地域」における労働者協同組合とNPO法人化の意義」では，北海道の周辺地域にあって，協同の取り組みをすすめる事例を紹介している．

　以上が本書の概要であるが，本書を足がかりとして，できるだけ他の文献にもあたることができるよう意識したつもりである．

　本書は，筆者がこれまで執筆してきた論文，特に1999年の博士申請論文「戦後日本における生活協同組合の展開と構造」を基礎とし，それ以後に発表した論文と併せて大幅な加筆・修正を行うとともに，新たに書き下ろした章（第1章，第3章，第11章）を加えてまとめた．参考までに，既存論文と各章との関係を示せば以下のようになる．

佐藤信［2000］「戦後日本における生活協同組合の展開と構造」『市立名寄短期大学紀要別冊第2号』．（主に第2章，第4～7章，第9～10章に対応）

佐藤信［2001］「食品の安全確保と生協の対応」日本農業市場学会編『食品の安全性と品質表示』筑波書房．（主に第8章に対応）

佐々木雅夫・佐藤信［2011］「「周辺地域」における労働者協同組合とNPO法人化の意義」日本協同組合学会『協同組合研究』第30巻3号．（補章に対応）

　本書の構想段階では，生協だけではなく，各種協同組合を含めた非営利組織全般を対象とする構成を考えていた．しかしそうなると，取り扱う対象は，会社法に規定する営利法人以外の法人や団体すべてを含むこととなる．つまり，協同組合やNPO法人，公益法人や医療法人，学校法人，さらには労働組合や政治団体などが対象となってゆく．しかも，営利法人であっても，現在では社会的企業とそれを担う社会企業家も注目を集めており，「協同の担い手」の範囲は広がってきている．

　今後，NPO法人に限定されない非営利組織論の構築が新たな課題と考えている．本書に対する忌憚のないご批判・ご意見を賜ることができればと願っている．

目次

はしがき　　iii
図表一覧　　xiii

第Ⅰ部　協同組合の基礎理論

第1章　協同組合と協同 …………………………………… 3

1. 協同組合とは何か　　3
   - (1) 協同組合の定義　3
   - (2) 協同組合の二面的性格　4
2. 協同・競争・闘争　　5
3. 協同組合の誕生と資本主義経済　　7
   - (1) 資本主義経済システムの歴史的特徴　7
   - (2) ロッチデール公正先駆者組合の誕生　8
   - (3) ロッチデール原則と現行の協同組合原則　10
   - (4) 協同組合法における協同組合原則　12
4. 日本における協同組合の現状　　15

第2章　協同組合研究の焦点と到達点 …………………………………… 20

1. 協同組合をめぐる二元論と矛盾論　　20
   - (1) 協同組合の本質解明の難しさ　20
   - (2) 生協論における二元論的見解　21
   - (3) 美土路理論の特徴と田中秀樹の議論　23
   - (4) 組織運営と事業経営はどのように連関するか　27
2. 矛盾論的アプローチの基本視角　　29

(1)　協同組合内部構造における対立物の統一＝矛盾　29
　　　(2)　協同組合の発展における対立物の相互浸透　31

第 3 章　資本主義経済の発展と協同組合……………………………………38

　1.　商品市場の形成と協同組合　38
　2.　市場のグローバル化，内包的深化と協同組合　40
　3.　現代資本主義における地域（コミュニティ）の変容　42

第 II 部　戦後生協の展開構造と展望

第 4 章　生協の展開過程 (1) ……………………………………………49
　　　―第 2 次大戦後から 1980 年代中葉まで―

　1.　生協分析の方法について　49
　2.　第 2 次大戦後の生協運動の再建　51
　　　(1)　食糧危機と生協運動の成立　51
　　　(2)　生協運動の停滞と新全国組織の創立　55
　　　(3)　地域勤労者生協の展開による戦後第 2 の高揚期の到来　57
　3.　高度経済成長期の生協事業の特徴　58
　　　(1)　高度経済成長開始期の生協運動　58
　　　(2)　地域勤労者生協から地域市民生協への転換　59
　　　(3)　生協における第 3 の高揚期の到来　62
　　　(4)　急速成長路線の破綻と福島総括　65
　4.　1970 年代以降の生協運動の発展　67
　　　(1)　高度経済成長の終焉と物価問題の激化　67
　　　(2)　班組織による組合員活動の発展と共同購入業態の開発　67
　　　(3)　CO-OP 商品と産直事業　69

第5章　生協の展開過程（2） ……………………………………… 74
　　　―1980年代後半より現在まで―

　1.　生協事業と社会経済情勢：1980年代後半～90年代　　74
　　（1）生協組織・事業の到達点　74
　　（2）経済構造調整と流通規制緩和　76
　2.　生協事業構造再編の契機と内容　　77
　　（1）大型店舗事業と「消費の組織化」論　77
　　（2）コモ・ジャパンの設立と内容　78
　3.　県域を越えた事業連帯・事業連合の動向　　80
　4.　生協事業構造再編をめぐる論点　　82
　5.　北海道3生協問題の発生　　84
　　（1）釧路市民生協の経営破綻問題　85
　　（2）コープさっぽろの経営悪化問題　86
　　（3）道央市民生協の経営悪化問題　87
　6.　90年代生協事業の総括　　88
　　（1）北海道3生協問題の総括とその後　88
　　（2）コモ・ジャパンの解散と総括　89
　　（3）90年代店舗事業の教訓：高村勣は何を語っていたか　90

第6章　生協の業態と個配事業 ……………………………………… 93

　1.　生協における事業形態（業態）　　93
　　（1）生協における業態　93
　　（2）個配事業の現状　94
　2.　個配事業の先進事例　　96
　　（1）地域条件と導入の背景　96
　　（2）個配事業の概要と意義　98
　3.　生協の業態をめぐる論点と課題　　100

         (1) 個配事業の前提条件　100
         (2) 生協業態の課題　101

第7章　食糧問題と生協……………………………………104

　1. 生協における食糧事業　　　　　　　　　　　　　　　　104
         (1) 生協事業における食糧　104
         (2) 食糧問題とは何か　105
         (3) 生協食糧事業の到達点　106
　2. 生協食糧事業の転換過程　　　　　　　　　　　　　　　108
         (1) 日生協方針の変転　108
         (2) 生協産直の展開　114
　3. 食糧供給における事業経営と組織運営の統一　　　　　118

第8章　食品安全問題と生協の対応……………………………121

　1. 食品安全確保の問題と生協　　　　　　　　　　　　　　121
　2. 食品の安全確保の取り組みと消費者運動　　　　　　　　122
         (1) 消費者運動の発生と内容　122
         (2) 高度経済成長期における消費者運動の激化と背景　123
　3. 食品の安全確保をめぐる生協の取り組み　　　　　　　　125
         (1) 第1期：食品の安全確保運動前夜の食糧確保運動　125
         (2) 第2期：食品の安全確保問題の激化と食品添加物問題　128
         (3) 第3期：生協事業の転換と組合員の安全性意識　130
         (4) 第4期：農産物総自由化段階と食品の安全確保問題　132
         (5) 第5期：「冷凍ギョーザ問題」と食品の安全確保課題　133
　4. 食品の安全確保における生協の今日的課題　　　　　　　135

第9章　組合員の性格変化と生協組織……………………………140

　1. 生協における担い手の性格変化　　　　　　　　　　　　140

2. 生協組合員層の性格変化と要因　　　　　　　　　　　　　　148
　　　　(1) 組合員の年齢層と家族構成　148
　　　　(2) 組合員家族における世帯主の就業状態　150
　　　　(3) 組合員世帯の収入の特徴　151
　　3. 生協組合員層の意識変化　　　　　　　　　　　　　　　　　155

第10章　生協役職員をめぐる諸課題……………………………………　160

　　1. 生協役職員の何が問題となっているのか　　　　　　　　　　160
　　　　(1) 協同組合で働くことの意味　160
　　　　(2) 職員問題へのアプローチ方法　161
　　2. 生協職員の性格変化　　　　　　　　　　　　　　　　　　　164
　　3. 賃金体系と人事・教育制度　　　　　　　　　　　　　　　　166
　　　　(1) 賃金体系の事例：A生協事業連合を対象に　166
　　　　(2) 人事教育制度の改正要因：B生協を対象に　170
　　　　(3) 人事・教育制度改革の意義　174
　　4. 生協組織運営における役員問題　　　　　　　　　　　　　　175
　　　　(1) 役員問題とは何か　175
　　　　(2) 役員問題の事例　177
　　　　(3) 役員問題発生の背景　179
　　5. 生協危機と打開方向　　　　　　　　　　　　　　　　　　　180
　　　　(1) 生協危機と組合員組織　180
　　　　(2) 生協危機の打開方向　181

第11章　明日の協同の担い手………………………………………………　185

　　1. これまでの協同の担い手と事業経営　　　　　　　　　　　　185
　　　　(1) 戦後生協における担い手の性格変化　185
　　　　(2) 新たな協同組合への展望　189
　　2. 明日の協同の担い手の条件　　　　　　　　　　　　　　　　192

(1)「新たな協同組合」をめぐる議論　192
　　(2) 目的としての協同組合から手段としての協同組合へ　193
　　(3)「新たな協同」を担う条件　194

補章　「周辺地域」における労働者協同組合とNPO法人化の意義 ……………………………………………………………… 199

　1. はじめに　199
　　(1) 研究の背景と目的・課題　199
　　(2) 対象事例地域の特徴と先行研究　200
　2. 地域概況と労働者協同組合の事例　202
　　(1) 音威子府村の概要　202
　　(2) 労働者協同組合結成の背景と活動内容　203
　　(3) NPO法人ecoおといねっぷへの再編　204
　　(4) 和解成立後のecoおといねっぷ　209
　3. 結論と考察　210

参考文献　213
あとがき　219
索引　224

図表一覧

表 1-1　協同組合原則（1995 年改正）　13
図 1-1　日本の各種協同組合組織　16
図 2-1　協同組合組織，事業の概念図　28
図 3-1　再生産過程と協同の契機　39
図 4-1　生協組織の分類　52
図 4-2　東京における地域組合の月別設立状況　53
図 4-3　戦後インフレーションの推移　55
表 5-1　生協の年次別推移　75
表 5-2　主な事業連合の概要（2009 年 3 月現在）　81
図 6-1　店舗・宅配・個配事業高の推移　95
表 7-1　生協事業総額に占める食品の割合　107
表 8-1　食品の安全確保に関する年表　126-7
表 9-1　都市への人口集中と就業構成の変化　141
表 9-2　核家族世帯の推移　142
表 9-3　人口年齢構造指標：世界の 2 基本型と日本　143
図 9-1　女性労働力率の推移　145
表 9-4　妻と夫の就業状態別世帯数及び割合　146
表 9-5　産業別女性雇用者数の推移　147
表 9-6　世帯構造別にみた 65 歳以上の者のいる世帯数　147
表 9-7　組合員の年齢層の変化　148
表 9-8　生協組合員の家族構成　150
表 9-9　世帯主の職業とその変化　151
図 9-2　調査別世帯収入の比較（年間）　153
表 9-10　加入年次別にみた生協への加入動機　155
表 9-11　市民活動への参加意欲　157
表 10-1　生協労働者（常勤者）の推移　165

図 10-1　A 連合の賃金体系　167
表 10-2　A 連合の職能給（キャリア）表　168-9
表補-1　音威子府村の人口動態　202
表補-2　eco おといねっぷ貸借対照表　207
表補-3　eco おといねっぷ収支計算書　208

第Ⅰ部　協同組合の基礎理論

第1章
協同組合と協同

1. 協同組合とは何か

(1) 協同組合の定義

　協同組合は，資本主義の発展に伴い発生する諸問題に対応するため，消費者や農家，中小商工業者などの経済的弱者が，その生活や事業の改善を目的として，主に地域をふまえて，共同で出資して設立した団体のことである．

　現在では，農協や生協をはじめ，漁協や森林組合，信用金庫・信用組合，中小企業等協同組合や各種共済組合などの各種協同組合が，担い手である組合員の性格に応じて多様に展開している．

　また協同組合は，法人化した経営体だけではなく，任意団体や運動体のような集団であっても，通称として協同組合もしくは組合と呼ぶ場合がある．小規模な任意集団から，巨大な連合組織に至るまで協同組合の活動は広く行われているのである．

　さらに協同組合の活動域で見ると，職場や事業所内の狭いエリアから，集落や自治体程度の活動域のものもあるし，都道府県レベルの連合会組織，全国組織，さらには国際的な連帯組織も存在する．

　これら，「構成員の階級的基礎，事業範囲，組織経営の形態のコンビネーションとヴァリエーションは無数といっても言い過ぎではない」（美土路 [1994a] 172）とまでいわれる協同組合が，初めて世界共通のものとして定義されたのが，1995 年の国際協同組合同盟（ICA）大会であった（詳しくは

後述).大会では,「協同組合のアイデンティティに関するICA声明」(別名「協同組合とは何かについてのICA声明」)を採択し,協同組合を以下のように定義した.

「協同組合は,共同で所有し民主的に管理する事業体を通じ,共通の経済的・社会的・文化的なニーズと願いを満たすために自発的に手を結んだ人々の自治的な組織である」[1].

ここに端的に述べるように,協同組合とは事業(体)(enterprise)を通じて,人々の共通目的を達成する組織(association)である.

(2) 協同組合の二面的性格

21世紀前半の現在,われわれが普段接する協同組合は,たとえば都市生協にあっては,大手スーパーと遜色なく店舗を構えていたり,また農協にあっては大手商社並みの生産資材や生活物資を取り扱っており,そこには一定の目的を有し,組合員1人ひとりが出資して作り上げた運動体としての側面を見いだすことは難しいかもしれない.

しかしながら,協同組合が協同組合である限りは,各々の定款に運動の目的が明記されているし,最低1年に1回行われる総会(ないし総代会)では,組合員(ないし会員)によって運動の成果や課題が決定されるのである.

先に,協同組合には運動体のような集団も含むと述べた.運動体とは,一定の目的を共有する個々人が集まって作られる団体,すなわち結社のことであるから,協同組合の本質には,構成員である組合員が一定の目的を達成するために参加し,継続的な活動を行うといった運動体の側面が存在している.それは,各協同組合の定款には必ず,その組織結成の目的と組合員の資格,加入・脱退方法が記載されていることからも明らかであろう[2].逆にいえば,一定の目的を有しない,組合員に自発的な参加意識のない協同組合は,協同組合に値しないともいえる.協同組合が「人と人の結合体」と呼ばれている理由はここにある.

協同組合は,組合の目的実現のために様々な事業を行っている.その中心

は経済事業である．農協を例にあげると，農協には，農業経営に必要な農業資材購入のために組合員に代わって一括仕入れを行い，組合員に提供する事業がある（購買事業）．また組合員は，農業資材と労働力を使って，作り上げた農作物を販売することで，現金収入を得ることができる．販売にあたっては，農協は共販という形で，より大量の販売数量を確保し販売力を高め，規模のメリットを組合員に提供する（販売事業）．こうした経済事業が農協経営の1つの軸となっている．

　また生協で見ると，店舗や共同購入（最近では個配）を通した食料品など生活物資の組合員供給を行っているし，付随したサービス（旅行，文化活動，保険等）も組合員に提供している．

　協同組合の活動は経済事業だけではなく，農協における営農指導事業も直接的には剰余を生まないけれども重要であるし，生協における組合員教育も同様である[3]．

　協同組合は，これら経済，非経済事業の提供を通して，組合員が地域生活・生産活動を継続的に行われるよう支援している，地域経済における重要な存在なのである．

2. 協同・競争・闘争

　ところで，そもそも協同組合の「協同」とは，どのような意味内容なのであろうか．辞書を確認すると，協同とは「ともに心と力をあわせ，助けあって仕事をすること．」（『広辞苑』第5版），「複数の個人や団体が心や力をあわせて同じ目的，共通の利益を守るために事にあたること．共同．」（『大辞林』第三版）とある．1人ではなく，複数の人びとが助け合って活動することが協同の大意なのである．英語にあっても，co-operation は作業（operation）の集合を表す言葉で，協同の他，協力，協業などとも訳されている．また，「協」は，力（耒の形）を3つ組み合わせた形であり，土地を協力して耕すこと（農耕）から来ている[4]．元来人間は社会的存在であるから，合目的

な活動すなわち労働を行う際も，人間同士で助け合って作業をすすめることが基本である．それゆえ，人間労働全般が協同の取り組みであるともいえる．しかし，人間活動における協同は，「彼らの生活の社会的な生産において，一定の，必然的な，彼らの意志から独立した諸関係に入り込む，すなわち，彼らの物質的生産諸力の一定の発展段階に対応する生産諸関係に入り込む」5) わけであるから，協同のあり方も物質的生産諸力の発展段階——生産様式の諸形態——に応じて変わってゆくのである．

協同そのものは，歴史貫通的な概念であるとはいえ，資本主義経済以前の協同は，低生産力ゆえの，生きてゆくための共同——集団力形成——に過ぎなかった．資本主義経済の勃興に伴って発生し，発展する協同組合は，主に，商品経済の浸透に対応・対抗してゆくための，人びとの結合である点に特徴がある．

なお，協働という用語についても付言しておく．協働も協同もあるいは共同も，英語の co-operation の意味があるが，本書では，地縁血縁で生来的に結びついている共同体の構成員による協同のことを，共同と考える．一方，協働とは，同じ目的を有する比較的等質の人たちの結びつきの協同ではなく，目的は同じでも様々な——異質な人々——の結びつきのことを指すこととする．

協同と対比して用いられる用語に競争（competition）がある．競争とは「勝負・優劣を互いにきそい争うこと」（『広辞苑』）である．経済学の基本用語に「自由競争」があるが，アダム・スミス『国富論』の時代には，諸個人が自由に経済活動を行えば，結局は希少資源がうまく配分されて，社会全体の利益にもなるといった考え方があった．いわゆる市場メカニズムという「見えざる手」であるが，この根底にあるのが競争の原理である．

ただし，競争には，互いに競い合って高めてゆく，切磋琢磨という行為もあれば，相手を倒し自分が勝ち抜くまで徹底的に闘うという意味の競争もある．前者を平和的競争，後者を弱肉強食的競争と呼べば，後者は相手の抹殺や服従を目的とするような闘争（struggle）に近い概念となる．

協同や競争，闘争は歴史上あらゆる局面で見られる現象であるが，経済発展に応じていくつかの特徴が指摘できる．白井厚（『新版 協同組合事典』30頁）によれば，近代以前の共同体にあっては，生産や消費のあらゆる場で協同（共同）が日常的に行われ，またギルドなどの前近代的な組合も存在していた．しかし，商品生産の発達によって共同体が次第に崩壊し，商品生産，商品流通が支配的となる競争社会，資本主義社会が登場する．さらに，自由競争が独占に転化するようになると，資本家は株主や経営者，また会社同士が協同し，利益を確保するようになる．

こうして，協同と競争は様々な条件の下で現れる概念であることが確認できる．

一層のグローバル化が進展する現代資本主義にあっては，多国籍企業間の国境を越えた競争が行われる一方で，競争に勝ち抜こうとする協同や社会的に排除される人々の生活防衛のための協同（協働）も取り組まれ，よりダイナミックな動きとなっている．

3. 協同組合の誕生と資本主義経済

(1) 資本主義経済システムの歴史的特徴

協同組合はいつ誕生したのであろうか．ICAによる協同組合の定義は，先進国や発展途上国であっても共通のものである．しかし，現在につながる協同組合が18世紀のイギリスで誕生した歴史を振り返れば，資本主義経済社会の勃興の中で協同組合運動が生み出されていったといえる．

ここで，資本主義（＝資本制）とはどのような特徴をもつ経済システムか．資本主義は，封建制や奴隷制とは異なった，3つの歴史的特徴があるといわれている．金子（[1979] 18-20）を手がかりに確認しよう．

第1に，資本主義のもとでは，ほとんどすべての労働生産物が商品として生産されている点である[6]．資本主義以前の社会では，共同体内において労働生産物を調達する経済が中心となっていた．貨幣経済が存在したとしても，

限定的であった．自分たちの生活の基盤となる衣食住などの手段の多くは，市場性をもたないで済ますことができた．

　第2に，資本主義のもとでは，労働力までもが商品となっている点である．労働力は人間の体に備わっている労働することのできる能力のことである．資本主義以前の社会では，奴隷・農奴と呼ばれたように，多くの人びとは身分が固定化され，職業選択をはじめ様々な制約を余儀なくされていた．資本主義はこうした制約を乗り越えた社会であるが，自らの労働力しか販売することのできない労働者は，自分の労働力を賃金と引き換えに売り渡すようになる．労働力が商品化される社会となる．

　第3に，特に資本主義初期であるが，資本家，労働者，大土地所有者という3つの階級が現れ，利潤獲得を目的とした資本家による労働者に対する搾取が行われる点である．労働力の販売は，資本家から見れば労働力の購入にあたるが，購入した労働力を使い商品生産を行い，剰余価値を獲得する．こうした資本主義生産のシステムはそれまでの時代にはなかった，独特の特徴である．

　なお，これら資本主義への移行を可能としたのは，生産諸力の発展に伴う生産様式の変化を契機としており[7]，資本主義の4つ目の歴史的特徴として，大工業（機械制工場）を中心とした生産システムが広がっている点を付け加えることができる．

(2)　ロッチデール公正先駆者組合の誕生

　こうして封建制の枠組みがはずれ，「自由な」労働者が「自由に」職業選択を行うことができるようになったが，19世紀半ばのイギリスにあっては，労働者は低賃金（工場主は賃金の代わりに現品を給与していたともいう）と長時間労働におかれ，消費生活においても借金での買い物を余儀なくされ，購入した小麦粉やパン，バターなども粗悪品（量目や品質がごまかされていた）であった．労働者のこうした窮状をみて，協同組合思想を含む別の社会を構想するロバート・オウエンなどの思想が広がるようになる．協同組合の

歴史において著名なロッチデール公正先駆者組合（別名「公正開拓者組合」「公正開拓者生協」とも呼ばれる．以下「ロッチデール組合」と略）も，1844年に誕生する．

ロッチデール組合については，多数の著作があるが，組合の担い手に焦点をあてた記述を，『協同組合事典』（旧版）から引いてみよう（川野編[1966] 1042）．

〈ロッチデール公正開拓者組合が1844年12月21日，ロッチデールのトードレーンに消費組合の店開きをしたことは，協同組合史上に一つのエポックをつくったもので，全世界の組合人はこの歴史的な地を組合運動のメッカとして，今日もなお巡礼者が訪れている．しかし，このパイオニア組合の創立以前1833年に，もう一つの組合が創立されたことも事実であるが，この組合は，信用売などして失敗した．パイオニア組合の創立者たちは，不景気の嵐の中で失業し，ストライキに参加して失敗した体験をもっていた．そしてこの経験を通して，自分たちの地位の向上を図るに，法律手段をもってするには絶望を痛感したし，暴力や革命的な直接行動によって実現することもまた考えなかった．しかも，教育もあまり受けておらず，賃金とてもない紡績工たちが，この窮境のなかから最後に思いついたのは，わずかな出資をもちより，小さな店舗を開くという知恵であった．これが一世紀を越えて今日なおたゆみなく発達する全世界の消費協同組合運動の原型となったのは，ロッチデールの原則といわれる特異な組合経営方式を創案したことによるもので，これは驚異と賛嘆に値することである（以下略）〉．

この記述に補足しておく．1つは，ロッチデール組合がこの地で最初に設立された協同組合ではなかった点である．マンチェスターに近いロッチデールでは，綿織物と毛織物生産が地場産業，それも手紡ぎ糸車と手織り機の家内工業であった．それらが産業革命によって動力紡糸機や動力織布機を中心とした産業に置き換わり，しかもアイルランドからの移民も進み，旧来からの住民には不満がたまっていた．それゆえに，チャーチスト運動や工場労働10時間法運動などイギリスの社会運動の発生地ともなっていた．こうした

運動の中から，様々な協同組合設立運動も行われ，試行錯誤の中からロッチデール組合も作られたのである．

2つには，ロッチデール組合の設立者たち（設立にあたっての出資者は，1人1ポンド――当時の1か月分の給料に相当――の出資金が出せない人もいたため28人だったといわれている）は，みな教育を受けていなかったわけではなく，また全員が紡績工であったわけでもなかった点である．むしろ仕立屋，指物師，帽子職人，木靴職人，羊毛選別人（等級鑑別人）など独立自営業者が多く，中には工場監督者（いわゆる経営者側の人間）も含まれていた（友貞［1994］10）[8]．

(3) ロッチデール原則と現行の協同組合原則

ロッチデール組合は，その運営にあたって，運営規則を決めていた．その後，1885年に，国際的に連帯を強めるためにロンドンに集結した各国の協同組合代表者によってICA（International Co-operative Alliance，国際協同組合同盟）が創立され，1937年のICAパリ大会で，協同組合原則が定型化された．今日，世界中の協同組合で共通に採用されているこの協同組合原則は，ロッチデール組合の運営規則を踏まえて作られた．ではなぜ，ロッチデール原則の骨格は，「驚異と賛嘆に値する」とまでいわれ，現在も生命力を維持しているのか．それは，ロッチデール原則には，協同組合の運営にとって必要不可欠な要件が含まれていたからに他ならない．以下がロッチデール原則である[9]．

◇ロッチデール原則
(1) 組合員は組合員を制限せず，ひろく門戸を開放し，かつ加入および脱退は自由とすること．（門戸開放の原則）
(2) 組合員は，出資の多少，および性別を問わず，1人1票（one man one vote）の議決権をもつこと．（議決権平等の原則）
(3) 組合は，その販売する商品をすべて市価をもって売ること．（市価主義

の原則）

(4) 組合は市価販売によって，生じた剰余金を，組合員の購買高に応じて配当すること．（購買高配当の原則または利用高配当の原則）
(5) 商品はすべて現金にて販売すること．（現金販売の原則）
(6) 組合はその販売にあたって，量目を正確にし，品質を本位とすること．（量目および品質本位の原則）
(7) 組合の資本金は，必ず組合員の出資をもって造成し，その出資に対しては一定率（3.5%）の利子配当をおこなうこと．（自助の原則）
(8) 組合は剰余金の一部をもって組合員の教育事業にあてること．（組合員教育の原則）
(9) 組合は政治および宗教に対して厳正中立を守ること．（政治的中立の原則）（以上は，伊東［1960］22-3 に基づいた）

伊東［1960］を踏まえて，ロッチデール原則の注目点を整理すれば，以下の3点になる．

第1に，「門戸開放の原則」「議決権平等の原則」に見られるような，19世紀中葉のイギリスに残存していた封建意識の下にもかかわらず，人間の平等原則を打ち出した先駆性である．

第2に，「市価主義の原則」を掲げた点である．もし，市価よりも安価に商品販売を行ったとすれば，組合に殺到し小売商等から消費組合反対の運動がおこるかもしれない．それを防ぐために周到に市価主義の原則を掲げたとともに，第4原則で剰余金の還元によって組合員の利用意識を高めようとした．また，第5原則は，売掛の実施によって組合員が借金で苦しむことを未然に防ぐとともに，売掛金の蓄積による経営難に陥った過去の協同組合運営の反省からきている．関連するが第7原則は，組合資本はすべて，組合員の出資によることとうたっているが，これは，外部からの援助を極力排除することを意図している．

第3に，正しい量目や品質本位をうたっていることで，組合員に対する誠

実さを示すとともに，組合員教育の原則を入れることで，組合員意識の向上，人間発達に寄与する仕組みを用意していたことである．実際，ロッチデール組合では，剰余金の 2.5％ を教育事業にあて，図書や資料を購入し，図書室を備えていたことが知られている．

ロッチデール原則は，社会経済情勢の変化に伴って原則の整理・修正が行われ，1937 年の ICA パリ大会と 1966 年のウィーン大会，そして 1995 年のマンチェスター大会で，現行の 7 原則が，協同組合の定義と協同組合の価値とともに決められた．現行の原則のうち，第 6 原則は 1966 年の大会から，第 7 原則は 1995 年の大会から付け加わった項目である．

協同組合の定義と同様，協同組合原則においても様々な日本語訳がある．訳語の違いが，協同組合に対する理解の差異となっている点に注意する必要がある．以下は，JC 総研 [2013] と日生協の訳に基本的に従ったが，変えたところもある（表 1-1）．

(4) 協同組合法における協同組合原則

協同組合原則は，現在みられる協同組合の運営内容に密接に関わっている．原則が協同組合の行動を制限しているといってよい．消費生活協同組合法や農業協同組合法など各協同組合法の条文にも原則が反映しているからである．

消費生活協同組合法（1948 年制定，以下生協法と略）の条文で確認しよう．生協法の第 2 条では，組合基準としては，特別な定めのある以外は，次に掲げる要件を備えなければならないとしている．たとえば，第 2 条 1 の 1 は「一定の地域又は職域による人と人との結合であること」としている．これは，生協が，人と人，すなわち組合員による結合（association）であり，株式会社のような資本による結合ではないことをうたっている．

また同条 1 の 3「組合員が任意に加入し，又は脱退することができること」とは，協同組合の第 1 原則（だれでも組合員になることができる，すなわち誰でも組合員を脱退することもできる）を踏まえているし，同条 1 の 4「組合員の議決権及び選挙権は，出資口数にかかわらず，平等であること」

表1-1 協同組合原則（1995年改定）

（第1原則）自発的で開かれた組合員制
　協同組合は自発的な組織であり，組合のサービスを利用でき，組合員としての責任を果たす意思のある人なら誰でも，性別や社会的・人種的・政治的・宗教的な理由での差別を受けることなく組合員になることができる．
（第2原則）組合員による民主的運営
　協同組合は，組合員の運営によって支えられた民主的な組織である．組合員は組合の方針の策定や意思決定に積極的に参加し，また，組合員によって選出された代表の人たちは，すべての組合員に対して責任を負う．単位協同組合の組合員は，一人一票の平等な議決権をもち，他の段階の協同組合もまた民主的方法によって組織運営される．
（第3原則）組合員の経済的参加
　組合員は，協同組合に対して公平に出資し，組合の財産を民主的に管理する．組合財産の少なくとも一部は通常，協同組合の共有財産とする．組合員は，組合員として拠出した出資金に対して，配当がある場合でも通常，制限されたものとして受け取る．組合員は，剰余金を次の目的のいずれか，または全てのために配分する．
・協同組合の発展のため（なるべく準備金を積み立て，その準備金の少なくとも一部は分割できないような形にする）．
・協同組合の利用に応じた組合員への還元のため．
・組合員の認めるその他の活動を支援するため．
（第4原則）自治と自立
　協同組合は，自治にもとづく組合員の自助組織であり，組合員が運営するものである．協同組合は，政府を含む他の組織と取り決めを行ったり，外部から資本を調達する際には，組合員による民主的管理を保証し，協同組合の自主性を保持する条件において行う．
（第5原則）教育，訓練および広報
　協同組合は，組合員，選出された役員，マネジャー，職員がその発展に効果的に貢献できるように，教育訓練を実施する．協同組合は，一般の人々，特に若い人々やオピニオンリーダーに，協同組合運動の特質と利点について知らせる．
（第6原則）協同組合間協同
　協同組合は，ローカル，ナショナル，リージョナル，インターナショナルな組織を通じて協同することにより，組合員に最も効果的にサービスを提供し，協同組合運動を強化する．
（第7原則）コミュニティ（地域社会）への関与
　協同組合は，組合員によって承認された政策を通じてコミュニティの持続可能な発展のために活動する．

注：第2原則の，運営（control）は，「管理」とする訳もある．参加（participaion）は「参画」とする訳もある．第3原則の財産（capital）は，「資本」とする訳もある．共有（common）は「共同」とする訳もある．

は，第2原則の「1人1票制」の精神に基づいている．

　また，生協法第15条においても，同条1「組合は，その組合員の数を制限することができない，同条2「組合員たる資格を有する者が組合に加入しようとするときは，組合は，正当な理由がないのに，その加入を拒み，又はその加入につき現在の組合員が加入の際に付されたよりも困難な条件を付してはならない」とし，いわば，第1則の精神を再度，強調している．

　「1人1票制」の原則については，生協法第17条「組合員は，その出資口数の多少にかかわらず，各々一個の議決権及び選挙権を有する」と明記しているところからも明らかである．

　同条1の5「組合の剰余金を割り戻すときは，主として事業の利用分量により，これを行うこと」，同条1の6「組合の剰余金を出資額に応じて割り戻す場合には，その限度が定められていること」は，第3原則の出資配当の原則や剰余金処分の考え方を踏まえている．

　さらに第2条2では「消費生活協同組合及び消費生活協同組合連合会は，これを特定の政党のために利用してはならない」としている．これは，協同組合第4原則の，自治に基づく自助組織であって他からの干渉を受けないとの精神に基づいている．

　生協法第9条には，組合の事業について述べている．そこには，「組合は，その行う事業によつて，その組合員及び会員（以下「組合員」と総称する）に最大の奉仕をすることを目的とし，営利を目的としてその事業を行つてはならない」とある．協同組合は，組合員への「最大の奉仕」が事業目的であり，たとえば組合内部に剰余を蓄積することが目的となったり，組合員出資に応じた配当が目的となってはならない，と述べている．また，営利を目的としてもならないとしている．事業の剰余を多く獲得することが目的ではなく，事業の結果として剰余がついてくるという考え方なのである．これも，協同組合原則（第3原則）の考え方を踏まえている．

　以上のように，協同組合原則は，現行の各種協同組合法の条文にも反映しており，したがって，協同組合事業がどのように大規模化し，後に触れるよ

うな「企業化」の性格が強まっていこうとも，原則の制約を受けることは変わらないのである．

4. 日本における協同組合の現状

日本の協同組合はどのように生成・展開してきたのか．これについては，多くの類書があり[10]，ここでは現状についてのみ示す．

日本において代表的な協同組合といえば，農業協同組合（農協），漁業協同組合（漁協），森林組合，生活協同組合（生協）があげられる．これら協同組合は，それぞれの根拠法があるとともに，所管官庁が異なっている．他に，中小企業協同組合（中小企業協同組合法に基づく），信用金庫・信用組合（信用金庫法に基づく），法制化されておらず任意組合の扱いではあるが，労働者協同組合や高齢者協同組合などの各種団体がある．これら協同組合は，市町村の範囲で活動している組織もあれば，都道府県レベル，全国レベルを活動エリアとしている連合会組織もある（図1-1参照）．各種協同組合が存在している理由は，組合員の性格が異なっているからである．農協，漁協，森林組合は，農業，漁業，林業が行われている地域に展開し，これら産業に従事する人が加入資格を有して組合員となっている．生協は，地域住民もしくは事業所の関係者が加入資格を有するが，基本的に生協が展開している地域住民であれば誰でも組合員になることができる．

これら協同組合は，都市，農村を問わず，その地域の組合員の，広い意味の生活防衛のために活動している．資本主義経済の競争が激化している中で，農山漁村の協同組合は経営が厳しくなり，合併をすすめる協同組合も少なくない．また，組合員の減少のために解散を余儀なくされる協同組合も存在する．

協同組合の社会的役割，存在意義を確認し，今後を展望することは，協同組合が地域社会において重要な役割を果たしている現在，非常に重要な事柄となっている．

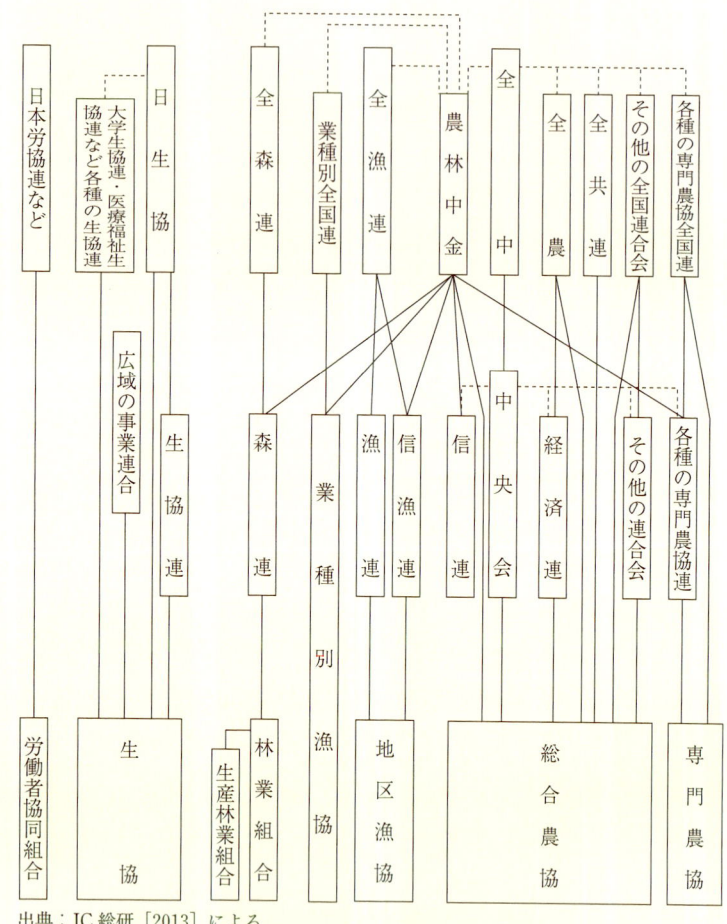

出典：JC総研［2013］による．

図 1-1　日本の各種協同組合組織

注

1) 日本生協連編（［2010］32）による．この声明については様々な日本語訳がある．たとえば，(社)JC総研［2013］では，「協同組合とは，人びとの自治的な協同組織であり，人びとが共通の経済的・社会的・文化的なニーズと願いを実現するために自主的に手をつなぎ，事業体を共同で所有し，民主的な管理運営を行うものです」と訳し，協同組織（association）を前に置き，事業体（enterprise）を後

に置いている．
　また，全農（全国農業協同組合連合会）は，「協同組合とは，人々が自主的に結びついた自律の団体です．人々が共同で所有し民主的に管理する事業体を通じ，経済的・社会的・文化的に共通して必要とするものや強い願いを充すことを目的にしています」（全農ウェブサイト）と訳し，association を「自律の団体」，enterprise を「事業体」とし，やはり association を前に置いている．
　これらの理由について，田代編〔[2009] 305）は，協同組合が「（営利）企業ととられることを避けたいイデオロギー的な配慮だろう」と指摘し，翻訳における協同組合陣営の姿勢をいささか皮肉っている．
　田代は，協同組合とは，「要するに enterprise を通じて共通目的を達成する association である．しかしたんなる association ではない．それは enterprise を所有し管理することをつうじて目的を達成する．またたんなる enterprise ではない．それは association によって所有され民主的に管理される．協同組合とは，association の面からは事業体をもつそれであり，enterprise の面からは組合員という独自の経営資源をもったそれである」（同上，260）とし，協同組合の本質的な側面──矛盾的存在──を指摘している．
　なお，協同組合の英文による定義は以下である．
"A co-operative is an autonomous association of persons united voluntarily to meet their common economic, social, and cultural needs and aspirations through a jointly-owned and democratically-controlled enterprise."

2) たとえば，北海学園生協においては，第1条で「この生活協同組合は（以下「組合」という．）は，協同互助の精神に基づき，組合員の生活の文化的経済的向上を図ることを目的とする．」と設立の目的が謳われているし，第6条には，組合員資格として，「この組合員の区域内に通学又は勤務する者は，この組合の組合員となることができる」との条文がある．これらは，他のどの協同組合にもほぼ共通である．

3) 生協法（消費生活協同組合法）の第10条では，生協の事業種類が，①組合員の生活に必要な物資を購入し，これに加工若しくは加工しないで，又は生産して組合員に供給する事業，②組合員の生活に有用な協同施設を設置し，組合員に利用させる事業（⑥及び⑦の事業を除く），③組合員の生活の改善及び文化の向上を図る事業，④組合員の生活の共済を図る事業，⑤組合員及び組合従業員の組合事業に関する知識の向上を図る事業，⑥組合員に対する医療に関する事業，⑦高齢者，障害者の福祉に関する事業であって組合員に利用させるもの，⑧前各号の事業に附帯する事業，の8項にわたって規定されている．③項や⑤項など非経済的活動も生協事業に含まれている．
　他方，農協法（農業協同組合法）の第10条では，農協の事業として，①組合員（農業協同組合連合会にあつては，その農業協同組合連合会を直接又は間接に構成する者．中略）のためにする農業の経営及び技術の向上に関する指導，②組合員

の事業又は生活に必要な資金の貸付け，③組合員の貯金又は定期積金の受入れ，④組合員の事業又は生活に必要な物資の供給，⑤組合員の事業又は生活に必要な共同利用施設（医療又は老人の福祉に関するものを除く）の設置，⑥農作業の共同化その他農業労働の効率の増進に関する施設，⑦農業の目的に供される土地の造成，改良若しくは管理，農業の目的に供するための土地の売渡し，貸付け若しくは交換又は農業水利施設の設置若しくは管理，⑧組合員の生産する物資の運搬，加工，貯蔵又は販売，⑨農村工業に関する施設，⑩共済に関する施設，⑪医療に関する施設，⑫老人の福祉に関する施設，⑬農村の生活及び文化の改善に関する施設，⑭組合員の経済的地位の改善のためにする団体協約の締結，⑮前各号の事業に附帯する事業，の15項にわたって規定されている．生協と同様，非経済的活動も事業に含まれていることがわかる（⑪がその代表である）．

4) 「協」の字義解説については，白川 [2012] によった．なお，「協同」「競争」については『協同組合事典』の白井厚「協同と競争」の項目が参考になる．協同組合事典編集委員会編（[1986] 29-30）を参照のこと．

5) マルクス [2001] 14 を参照のこと．

6) 金子編 [1979] は，資本主義の特徴として「すべての生産物が商品として生産されている」と述べている．原論的には正しいかもしれないが，現代資本主義にあっても，市場の外延的・内包的拡大によって，新市場が，したがって新商品が絶えず作り出されている．

7) 生産様式についての諸説と論争については，資本主義社会から未来社会を展望する上で非常に重要な事柄であるが，複雑かつ詳細な検討が必要なのでここでは述べない．生産様式に関する研究史と論点整理については，中村静治 [1985] が優れている．マルクスによる唯物史観の定(公)式と呼ばれる概念の図式化は，筆者が知りうる限り，中村（[1985] 99）および中村（[1988] 224-5）によるものが正鵠を射ている——マルクスの意図を正しく表している——と思われる．

8) 伊東勇夫は，ロッチデール組合の構成員はほとんどが労働者であり，思想傾向は様々（社会主義者やチャーチスト）であったとしても，「いずれもストライキに破れ，生活の困窮においつめられた人たちであって，その人達の窮乏化にたいする対抗策として，労働者みずからの智慧によって組織され形成されたということができる」と述べ（伊東 [1960] 21），組合員の性格について異なった見解を示している．

9) ロッチデール組合ほか協同組合の全般について知るためには，(社)JC総研 [2013] が手軽で読みやすい．また，当時の時代背景を写真等で確認するために，友貞 [1994] を手元に置いておくのもよい．ロッチデール組合について具体的に勉強するためには，ホリヨーク [1968] が代表的である．協同組合原則の成立過程について深く学ぶためには，伊東（[1960] 第1章）及び，伊東のその後の論考を付け加えた伊東編（[1992] 第1章，第2章）を参照．後者は，ドイツやデンマークにおける協同組合の形成に関する章もあり参考になる．

10) 日本の協同組合の歴史に関して，初心者向けとしては，JC総研（[2013] 17-48) が優しく記述してあり適切である．また，杉本貴志「第3章日本における協同組合の歴史と理念」（中川・杉本編 [2012] 87-118) は，明治期以前からの協同組合の歴史について概観しており，役に立つ．専門的には，近藤康男 [1974] が，近藤協同組合理論の全体が網羅してある．ただし，近藤康男 [1966] の方が比較的手に入りやすい．また，伊東 [1960] も資本主義経済の発生と協同組合の成立との関係を学ぶ上で参考になる．

　これらの文献で共通するのは，日本の協同組合成立にあって，後発資本主義国としての性格を帯びていた点である．イギリス資本主義が産業革命を経て19世紀に確立したとき，日本はまだ幕藩体制であった．明治維新後の日本においては，中央政府主導で富国強兵・殖産興業をおしすすめ，急速に資本主義体制を構築しようとする．協同組合も，「上からの官僚的主導」によって成立した面が強く，1900年の産業組合法による産業組合もその性格を有している．一方，明治以前から，無尽や講とよばれる相互扶助的な助け合い組織があったし，茶や生糸など特産地における販売組合も存在していた（伊東 [1960] 149）が，戦前の協同組合はもっぱら，官によって組織化された産業組合が拡大してゆくことになる．

　この性格が，1938年以後の国家総動員体制によって強化され，国策の下請け機関へと変質してゆく．産業組合は，農会とともに農業会に統合し，国の統制機関となってゆく．漁業組合や森林組合もほぼ同様の組織転換が行われた．都市の消費組合は，統制経済の下で排除，解散を余儀なくされるところが多かった．こうした性格，特に農山漁村に展開していた協同組合の性格が，第2次世界大戦後に引き継がれ，各種協同組合が組織化された点が，日本の特徴といえよう．

第2章
協同組合研究の焦点と到達点

1. 協同組合をめぐる二元論と矛盾論

(1) 協同組合の本質解明の難しさ

　資本主義社会における協同組合にあっては，資本の蓄積過程に対する経済的弱者による事業体として，また，ひとつの社会大衆運動として生成・発展してきた．しかし，それぞれの協同組合の性格は，資本主義の情勢変化に対応して，また協同組合内部の主体的契機によって，徐々にかつ大きく変化してきた．

　こうした，経済・経営活動をすすめる事業体としての面と，人と人が意識的に結びついた運動体・組織体としての面を有する協同組合の性格は，研究者や実務家から，「農協の4つの顔」「多面的な性格をもつヤーヌス」（美土路達雄），「二元的要素から成り立っている」（山本秋）などといわれてきた．

　協同組合に対するこれまでの研究も，前者すなわち経済的な機能分析を重視したゆえに時として経済主義的な協同組合論といわれ，後者を強調して論じてきたものは協同組合主義と呼ばれてきた[1]．

　協同組合の二面的性格を統一的に論じようとする試みもむろん行われてきたが，複雑多岐にわたって存在し，様々な地域や業種で展開する協同組合に対して，果たして体系的な「学」が成り立ち得るのかどうかが，古くから基本的課題となっていた[2]．むしろ，一般理論としての協同組合を追究するのではなく，時代の変化や国や地域の状況に応じて性格を変容させ，場合によ

っては事業そのものを転換させてきた協同組合に対しては，いかなる社会経済的要因によって，その性格を変容させてきたのかの具体的な内容を，「論」として明らかにすることが，協同組合を学ぶ上で有効な方法とされていた．

協同組合研究における困難さの背景には，大きな事業体に成長した各種協同組合と，今なお存在している共同購入団体や任意組合等に対して，共通する「協同組合」の本質を明らかにしようとしたことにある．しかしながら，これら協同組合の本質をめぐる議論は，運動組織としての協同組合をその本質と見る議論と，経済的機能をその本質として見る議論に大きく分かれ，結果，二元論に陥ることが多かった．

以下では，具体的に，生協の事業経営と組織運営をめぐる議論，さらに，大規模店舗展開を主軸としようとした1980年代後半からの生協論を手がかりに論点を整理してみよう．

(2) 生協論における二元論的見解

戦前の消費組合に関する研究蓄積は多くあげられるが[3]，「資本体的」性格，すなわち，多くの雇用労働力と借入資本に依存し，剰余獲得が主目的となった生協を解明する場合は，ともすれば組織と事業経営の二元論的な把握に終始する傾向がみられた．

つまり，消費者問題へ対抗として生協組織と生協運動を位置づける研究は，生協の事業経営との関係を正確に把握しきれていなかったし，生協事業経営の課題をその時々の社会経済情勢と絡み合わせて展開する研究は，組合員組織による運動体という生協組織の本来的な性格から離れて結論づける傾向がみられた．そして，1980年代後半以降の議論の中心は，いわゆる業態論──協同組合運動を消費者運動の一環とした見た場合，組合員が商品購入する際にどういった購入手段が望ましいか，生協らしいか──であった．

まず消費者運動の一環に生協を位置づけた研究からみよう．柏尾昌哉は，日本の消費者運動と関連づけて，生協運動の発展と停滞状況を整理しつつ，現在の生協は転換期にあると指摘する[4]．しかし，その将来展望については，

店舗は「中型店舗の多数配置方式を基本型におく」ことが必要であると述べ，また共同購入体制については，「個別供給」「職域供給」などの可能性を追求するとともに通信販売の導入も検討に入れるべきとしている．そして，国内・海外の農協，生協と連帯しコープ商品や産直商品の開発も考慮に入れるべきとしている（柏尾編［1995］47）．柏尾の議論は生協運動の役割を，消費者運動側面を重視する意味で貴重な研究であるが，生協経営における事業形態として店舗と共同購入がなぜ中心となったのかが明らかにされていない．

つまり，店舗もしくは共同購入業態がいかなる組織活動の結果として選択されたかを検討せずに，店舗形態のみを展望することは，事業経営と組織運営を分離させることにつながる．同様に，海外との連帯についても，生協組合員の多くが安全な国内農産物の利用を希望し，その結果到達した事業経営であることを不問にしたまま議論を展開している．したがって，柏尾の議論は，結果として事業経営と組織活動を切り離し，二元的にとらえているとみなさざるをえない．

柏尾のように，消費者運動と生協とを関連づける研究は 1990 年代は少なくなり，むしろ事業経営上の課題を提起する研究がはるかに多くなる．こうした研究は，組合員参加を無視した形で立論するのではなく，多様な組合員要求に呼応する形で事業経営力量を向上させようと主張する点に特徴がある．1990 年代前後からの代表的な議論は野村秀和のものである．野村は，1980 年代に入っての生協運動は「消費者の組織化」に成功したが，「消費の組織化」には成功していない．したがって食料品以外の衣食住，それを含めたサービス部門の要求に生協が応えられるような供給力量をつけてゆくことが必要と主張する[5]．そして，そうした事業段階において職員に求められるのが，高い経営力量を有した「専従トップ」による，いわゆる「経営者支配」である（野村編［1992］141-4）．同時に，共同購入業態と店舗業態のさらなる発展を企図し，特に大規模な店舗業態における，職員の経営管理能力の向上を提起する．組合員参加とは，こうした「経営者支配」が強化される際に，同じ力量で対等に渡り合える存在として必要であるとする（同上，145）．

野村の議論は，1980年代後半以降，日本の生協が事業規模を拡大し，社会的存在として認められるようになった段階での，事業経営面の課題を提起したといってよい．

しかしながら，論点も多く存在する．野村は，現在の組合員組織率と市場占有率を共に飛躍的に高めてゆく，いわゆる「多数派形成」を説くのであるが，そのためには「近代的な管理ノウハウの習熟」（野村［1993］22）も必要になるという．しかし，「多数派形成」を目標におき，そのための手段として事業形態や事業内容を構築していった場合に，多数派形成の担い手は誰なのか，という点が問われてくる．大手生協の事業経営拡大が先にあって，その次に，組合員加入が追いついてくる，という主張なのか．そうであれば，事業形態としての店舗を中心に，大手小売業に追随する必要を強調する議論は，経営主義的な側面が前面に出ており（enterpriseの強調），結果，生協をトータルとしてとらえきれていないと考える．

なお，野村は，将来の生協事業において，共同購入と店舗の双方を継続，発展させるべきものととらえていた．しかし，生協事業形態が共同購入と店舗の2大業態として成立したのは，後の章で見るように，戦後生協史の中でも1980年代中葉から90年代後半までの期間に過ぎない．生協事業形態の固定的な把握は，戦後生協史からみて正しいとはいえない．

(3) 美土路理論の特徴と田中秀樹の議論

以上のように，生協の事業経営と組織活動を二元論的に捉え，特に事業経営強化を主張する議論は，ある時代の課題に応えてはいるが，それは生協の一面的な理解に過ぎない．そうした理解は，生協運動の歴史的，地域的性格の不十分な把握に由来するのではないか，と考える．

その意味で，協同組合をトータルに捉えるには，まずは協同組合の動態把握が欠かせないのである．以下，生協の歴史的検討も含めた研究とその成果をみてみたい．

戦前期の消費組合や戦後の生協を対象とした歴史的整理は比較的多くみら

れるものの，戦後生協の発生から現在に至る展開で，特に変質の条件・過程を歴史的事実に即して整理した研究として，宮村光重の業績をまずあげたい．宮村は，協同の思想と理念は「資本制的な蓄積に伴って発生する諸矛盾に対して」発生してきたと結論づける（宮村 [1988] 90）．そして諸国における資本主義の形成・発展の歴史的条件，社会的背景，あるいは運動的特徴によって協同組合の性格にも違いが生じるとする．では，戦後日本の生協発展はどのようにとらえられるのか．生協発展の背景は，農業基本法下での「農業・食糧政策のあやまりが，それに対応・抵抗する内容をもった生協事業・運動をつぎつぎに生みだし，展開してゆく状況をつくってきた」点にあると指摘する（同上，141）．その意味では，戦後生協の生成・発展の歴史的条件からみて，生協が一般商業資本と同一の競争をしては「協同組合が協同組合でなくなる可能性」もあり得る，と宮村は述べている．このように，生協の変質・転化の可能性を1980年代に論じていた点で宮村の業績は参考になる．

　宮村の議論を通して気づくのは，二元論的な把握はいわば静態論としての分析であるという点である．変質しうる組織体としての協同組合を，時代の一局面だけを切り取って論じるのは，協同組合の統一的な把握には不十分であることがわかる．

　さて，協同組合を対象として，その本質規定，事業構造，内部構造を動態的に把握し，将来の発展条件にまで分析をすすめたのは美土路達雄である．

　まず協同組合の本質をどのように性格規定しているのか．美土路は，「協同組合は歴史的にみれば資本にたいする労働者の解放運動の一環として結成されたものであり，その第一の組織的基盤は運動体としてのそれにある」．「協同組合は……組合形式による構成員の経済的協同を紐帯としてできた一つの組織体である」（美土路 [1994a] 99-100）という．このように美土路は協同組合組織の基本的な性格を運動体とまず規定する．そして，その構成員が集まり組織をつくり（組織体への成長），協同組合という経営体をつくる関係になる，と述べる．経営体から資本体への成長は2つの契機から生じる．つまり，協同行為の能率化をはかるため物的・貨幣的な手段が必要にな

り，資本が蓄積され始めることが1つの契機であり，そして，雇用労働を導入することが2つ目の契機となる．とはいっても，資本体として成長を遂げた協同組合にしても，一定の組合員数（組織面での制約），組合員による出資金の存在（資本面での制約），事業量の追求（経営面での制約）など，いくつかの制約を有する．このように，美土路は協同組合の基本性格をいわゆる重層構造論によって説明した．

こうした性格の協同組合は，資本主義経営に転化する危険性を常に有する．生協にかかわる具体的な問題内容と課題については，美土路は，主に1960年代の鶴岡生協の発展過程を整理しながら述べている．

それは，第1に，店舗の大型化に向かうときの，それにふさわしい経営力量と組合員の主体的運動のあり方に関する問題と課題，第2に，独占資本の主導する流通機構の中で生協が独自な活動をいかに可能とするかの課題である．また第3に，大型化とともに自らを生協労働者と考えない労働者の増加が，生協内労使の矛盾を大きくするが，それをどう処理して行くかの課題である（同上，266-8）．つまり，美土路の論述は，協同組合内部構造における矛盾の存在とその制御条件など，現在も多くの生協が抱える本質的課題を先駆的に示していたのである．

ただ，美土路の主張は，1960年代から1970年代にかけての鶴岡生協の事例を基に帰納したものであった．現在の生協事業においては，事業規模の拡大が進んだ結果として，「完全資本化傾向」がより進展し，内部組織運営も以前とは大きく異なった状況となってきている．また，美土路理論そのものに対する批判的な検討も行われている．

ここでは，その代表とみられる田中秀樹の議論を検討したい（田中［1991］．後に田中［1998］に一部所収）．田中は，生活協同組合の組織と経営問題を明らかにする上で，協同組合の機能論的なアプローチの意義は認めつつも，構成員の主体的契機の位置づけもふくめた統一的な把握が必要であるとする（同上［1991］58）．

生協に関しては，第1に生協＝「商業資本」説，第2に「運動体による事

業体の制御」説，あるいは協同組合組織による協同組合企業（資本）の制御を重視する見解，第3に生協＝「協同組合手段」説，第4に生協＝「協同組合資本」説あるいは「独自な生産関係」説の4つに類型化し，美土路の説はそのうち第4の見解であるとする．では，美土路の見解のどこに問題があるか．

第1に美土路の「組合的協業」論は運動体を基礎とする重層構造でとらえるが，組合的協業の分析視点としては重層構造論は不適当であるとする．組合的協業を基礎とした内部組織論としては「協同組合労働編成の構造として，労働組織関係」として構造化すべきであるとする[6]．

第2に構成員と協同組合との関係を協業論だけで展開しようとするのは限界があるとする．だから，「労働者の私的個人が団結し，出資して，商品を共同所有することによって形成される内部の生産関係は，単に労働組織だけでなく，協同組合利潤の分配関係，さらに物象として自立化する生産手段商品，すなわち生協資産への自己関係のあり方（所有）を含んでいるのであり，そうした総体において協同組合の生産関係は明らかにされるもの」であると指摘する．つまり，商品所有者の自己疎外論・物象化論が位置づいていない点を，主体的契機を展開する上での重要な欠陥であると主張するのである．

したがって第3として，協同組合論は構成員主体の性格に即した主体形成論として論ずることが，トータルな協同組合把握の方法であると主張する．

田中は以上の検討により，二元論的把握の克服のためには「協同組合の組織と経営をトータルに把握する方法が不可欠であり，協同組合の根源的主体としての構成員に復帰して，その商品所有者＝近代的人格としての矛盾の展開の中での主体形成過程において，協同組合を把握することが重要」（同上，61）だとする．すなわち，生協は「生活主体」の私的生活が商品を媒介として社会的性格を付与されているという矛盾の克服として，「社会的性格を持つ商品への自己関係の中での自己実現と，それを保証するところの団結を通じて」組織関係の形成がはかられる．生協は，その組織的特質をもっており，その意味において正当性をもつという．

以上のように，田中の「主体形成論」的把握は生協理論の一定の到達点を

示すものとして，また二元論的把握の克服を可能としたものとして位置づけることができる．

　しかし，田中の美土路理論への再検討においても，いくつかの課題が残っている．第1に，現実に地域生協にみられる，各生協の「多様性」ないし多様な展開をどう考えるかという点である．構成員のおかれている近代的人格としての性格は指摘の通りとしても，田中の議論では，いかなる要因で協同組合の組織・事業内容に差異が生じたかを具体的に検証できない弱点を有するのではないか．特に，90年代末に相次いだ組織運営問題——内部構造における矛盾——はいかなる契機によって発生したのか．これらの要因解明は難しいのではないか．「時代の子」[7]としての協同組合の実態解明は，ある程度具体的事例から始める必要があると考える．第2に，協同組合の転換（完全資本化，反対物への転化）がいかなる契機ですすむか，の検討が必要なことである．田中論文では，生協の成立過程から生協労働編成の展開にまで論がすすめられている．それに加えて，生協の今後を展望するためにも，生協転換の内的，外的要因の検討が併せて必要と考える[8]．

(4) 組織運営と事業経営はどのように連関するか

　以上のように，協同組合の事業と組織は二元的な理解がされつつも，それを克服しようとする諸研究も行われてきたことがわかる．

　ここで，協同組合における事業経営と組織運営の一般的な理解と，本書での考え方を確認しておく．

　事業には，組織活動に属する事柄を含む場合とそうではない場合がある．事業とは，一般的には「一定の目的と計画に基づいて経営する経済的活動」（『広辞苑』第5版）のことを指すが，協同組合においては供給事業や共済事業と並んで教育事業など非経済的な活動も事業に含む．それゆえ，広い意味の事業には組織活動の一部も含まれている．しかし，協同組合事業といった場合，もっぱら経済活動をさす場合が多く（たとえば，事業高・供給高という表現で経済活動の結果を示すことなど），混同して使われがちである（第

```
協同組合（assosiation     ┌ 組織（組織運営）        ┐ 運動体
 と enterprise の統一）   │   association         │ 組織体
  （広義の事業）           │      ⇕    相互浸透    │ 経営体
                         │ 経営（事業運営）        │ 資本体
                         └   enterprise         ┘
```

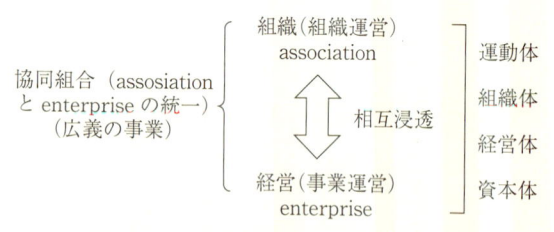

図 2-1 協同組合組織，事業の概念図

1 章の注 3 を参照）．

　ここでは，図 2-1 のように大きく組織（あるいは組織運営）と経営（あるいは事業経営，狭義の協同組合事業）に二分し，これらを総称して協同組合の事業（広義の事業）と呼ぶことにする．組織とは，もっぱら組合員組織，すなわち「組合員の意識的な連帯によって生み出される組織力を形成する，単位組合およびその連合体のこと」（『新版協同組合事典』）として把握されているが，単位組合内における，班や部会，各種委員会も組合員の意識的な集合であるし，また，職員労働組合や機関（理事会・総代会など）も単位組合内の組織の一部としてとらえられる．したがって，本書では，単位組合内成員の意識的な集合も含め組織と称したい．

　この理解は，ICA における協同組合の定義にも合致する．すなわち，協同組合とは，事業（体）（enterprise）を通じて，人びとの共通目的を達成する組織（association）であるから，組織運営と事業経営は独立して存在できないのである．事業経営を行わない組織は協同組合ではないし，組織運営の実態のない事業体は協同組合ではない．

　また，美土路の議論に見たように，協同組合における組織と経営という対立する両者は，発展の程度に応じて運動体，組織体，経営体，資本体という重層構造としてとらえられる．そして，組織と経営は対立するとはいえ，相互浸透しながら発展してゆく関係であるととらえる．

　本書全体のモチーフとしても，協同組合を「矛盾する存在」としてとらえる，いわば矛盾論的把握の方法で検討をすすめることにする．

具体的に示そう．たとえば，生協組織運営において，組合員組織による平和活動や福祉活動などは生協運動の重要な活動であるが，純粋な経営からみれば直接には剰余を生み出さない（広義の）事業である．

したがって，二元論的方法では，事業経営だけからみれば，組織活動は無駄な取り組みだという結論が出てしまうし，逆に組織活動を行う組合員の立場からみれば，役職員が経営主義に走っているとの見方が出てしまうことになる．しかし，協同組合において，組合員参加の面でも，組合の目的実現のためにも，組織活動の重要性を組織内（組合員・職員・役員といった対立する相互において）で承認しあうならば，それが矛盾の克服であり，この見地を可能とするのが矛盾論的方法と考える．いわば，事業経営と組織運営という対立・矛盾しがちな双方を統一するものが，協同組合における民主的運営（＝民主制の実現）なのである[9]．

これまで，協同組合研究者において「矛盾論」的方法を分析手段とする者はいなかったわけではないが，論者によってその主張する内容は様々であった[10]．本稿で手がかりとする矛盾論的方法については，以下で具体的に考察するが，協同組合研究において，協同組合の存在を運動としてとらえ，またそれを外部との相互関係としてとらえ，また内部矛盾を含む存在としてとらえた研究は，実は，美土路達雄による協同組合論そのものであると考えられる．その意味では，本書は美土路理論を発展させ，現段階の分析をすすめるという試みである[11]．

2. 矛盾論的アプローチの基本視角

(1) 協同組合内部構造における対立物の統一＝矛盾

二元論的アプローチとは異なる矛盾論的アプローチとはいかなるものであるかを検討しよう．

協同組合のような自己運動する社会組織を分析し，その内部構造と発展方向を明らかにするためには，さしあたり唯物弁証法を手がかりにするのが最

も適当な方法であると考えられる[12]。

　まず，矛盾とは何か．我々の常識では矛盾とは，矛と盾のように，不合理な，辻褄が合わないので，ここで打ち破らなければならないものだととらえがちである．矛盾をこのように単純にとらえるならば，協同組合内部構造において存在する矛盾は，必ず克服（止揚）されなければならない，と考えることになる．しかし，もしそうならば，矛盾の克服のためには，端的にいえば，協同組合が別の事業体に変化するとか，協同組合それ自体が倒産や解散のような形で消滅すること，あるいは労理関係でいえば理事者側が職員を解雇する，ないしその逆の状況を強制することでしか解決の方法はみいだせない．したがって，矛盾をこのように解釈する限りでは，協同組合を存続させつつ協同組合内部の矛盾の克服をすることは不可能になってしまうのである．

　ここで「矛盾の止揚」とは，弁証法の用語であるが，矛盾という形を破壊してそこに存在している必要な部分をすくいとることをいう．たとえばプロレタリアートとブルジョアジーの矛盾のように．だから，矛盾には破壊するわけにはいかない，つまり，止揚できないあるいは止揚してはならない矛盾が存在しているのである．いいかえれば，矛盾には，矛盾の止揚によって解決されるような矛盾と，「矛盾の実現」そのものが解決であるような矛盾と2種類あることに注意しなければならない．「対立する両者が闘争し，止揚によって矛盾を克服して解決される矛盾を敵対的矛盾といい，反対に両者が調和するように努力しなければならない，実現そのものが解決である矛盾を非敵対的矛盾」というふうに分けて考えなければならない[13]。

　今の，普通みられる地域市民生協の例でいえば，組合員と専従職員とは生協運営を媒介にして，一方はより安全で安価な商品提供を要求し，平和や福祉活動の強化を生協事業に要求する．反面，生協職員は組合員の声に応えようと努力をしつつも，自らの労働者としての権利を主張し賃金引き上げなど待遇改善を要求する．そうなると生協職員にとって，協同組合運動の強化よりも剰余獲得に直結する事業の効率化や近代化を求めるかもしれない．店舗業態が中心の生協の場合，小売企業間競争の激化によって，役職員にあって

は競争に打ち勝とうとの意識が強まり，事業経営へも反映する．生協内部構造におけるこれらの対立物は1つの矛盾をなすが，それは，組合民主主義（組合員の声を聴き経営に活かす取り組みの強化，民主的運営機関としての理事会，総代会の活性化，組合員と専従職員との関係強化）によって一応解決されている．そして民主主義的な運営が続いている限り，そうした運営の実現そのものが解決である．その場合，生協内部構造の矛盾は非敵対的な矛盾といってよい．矛盾が調和的に定立されているのである．資本体（美土路）と呼ばれる現在の生協が継続しているのも，その内部が非敵対的な矛盾として一応解決されているからに他ならない．

しかし，この調和が崩れる，すなわち敵対的な矛盾に転化する場合が生じる．たとえば，協同組合が組合員の声を聴かず組合員と協同組合とのかかわりが希薄になる（ないし組合員の顧客化傾向の強化），常勤役員が組合員の声を無視し「近代化」運営を追求することで，組合員と職員が敵対的な関係をとらざるを得なくなる，さらに協同組合組織では，意思決定が遅れるため株式会社形態の別組織を結成するなど，実際に協同組合運動の歴史において繰り返されてきた．こうしたことが敵対的矛盾への転化の契機となり，結局，何らかの形で止揚し解決をはからざるを得なくなるのである[14]．ただし，後述するように，協同組合内部構造のみで矛盾が発現するのではなく，外的要因（客観的契機）との関わりも重要であることはいうまでもない．

以上のように，協同組合の矛盾は2つの面からとらえなければならないことが明らかになったと思われる．次に，生協において非敵対的矛盾として定立している状態が，いかに敵対的矛盾に転化するのか（量から質，質から量への転化），それをいかに留めておけるのかを検討する．

(2) 協同組合の発展における対立物の相互浸透

対立物の相互浸透の法則とは，弁証法では「対立物が媒介関係にあると共に各自直接に相手の性質を受けとるという構造を持ち，このつながりが深まるかたちをとって発展が進んでいく」ことを指している[15]．

協同組合運動の内部構造における相互浸透の法則についてはどうか．これを検討する前に，協同組合それ自体が最初から資本体として賃労働者を雇用していたのではなく，それはあくまでも協同組合の発展過程の産物であることにまず注意する必要があろう．美土路の述べるように，現代資本主義の下では，運動体として生成した協同組合が，組織体→経営体→資本体と発展をつづける中で，内部構造において対立関係が生じてくるのである．

協同組合が資本体的な性格を有するようになると，組合員にかわり管理労働等を担う専従職員が生まれてくる．そして，現在の協同組合においては，専従のトップ（役員）が経営の実質責任を持つようになる（形式的には理事会であるが）．これは，一部職員の資本家的性格への浸透の１つのあり方と考えることができるが，それが「わずかながらでも現実に資本家としての性格が浸透してくると，物質的な条件に媒介されてその意識もまた資本家的になっていきます．現実の物質的生活の矛盾が，意識の中の矛盾をつくりだし，資本家的な意識と労働者的な意識とのたたかいがうまれ」（三浦［1968］103）ることになる．90年代後半に生じた生協トップの倫理問題はこうした文脈からも理解する必要があろう．

相互浸透の法則は，組合員と協同組合職員の関係においても同様に貫徹する．両者は対立する関係にあるが，協同組合運営において両者は，互いに相手の立場に立ち，相手を理解することでつながりが深まってゆく．それによって，組合員が完全に専従職員化したり，逆に専従職員が組合員化するのではなく，組合員は組合員らしく，職員は職員として完成されてゆく．これが対立物の相互浸透という関係の把握なのである．組合員の顧客化といわれる事態は，単に商品を購入するだけの（あるいはそれすらもなくなる）存在となることであり，同時に職員労働の販売労働（あるいは部分労働，単純労働）への転化と表裏一体である．組合員が組合員として完成されるためには，対立する専従職員との相互浸透の関係樹立が必要である．つまり，店頭での挨拶や商品の陳列方法，広告・宣伝の仕方，経理内容，そして組合員要求内容など，職員が学ぶべきことが，組合員との交流によって一層深まる．それ

によって，職員は，組合員の要求するものを業務としてより遂行できるようになり，生協運営の専門家として完成される[16]．逆に，組合員は専従職員の業務内容を深く理解することで，生協運営の内実を知り，組合員としての適切な意見が表明できるようになり，同時に，協同組合や小売業経営の専門家へ成長していくことも可能となるのである．

以上のように，対立物の相互浸透の法則は様々な局面で現れるから，協同組合を矛盾論的に把握しようとすれば，この法則を正しく認識する必要があろう[17]．

注
1) 協同組合主義的な協同組合論とそれへの批判は，古くは東畑精一［1970］『協同組合と農業問題』（初版は1932年）に対する近藤康男［1974］『協同組合原論』（初版は1934年）の業績としてよく知られている．
2) 臼井晋は協同組合論の特質について，以下のように述べる（臼井「わが国における協同組合研究」逸見・梶井編［1981］144-60）「協同組合論といっても，そこに体系的な学理がどこまで組み立てられ得るかは今日でも充分明確になっていない．経済学が一つの体系性をもった「学」として成立するのと同じ意味で協同組合論を「学」として体系づけることは困難であろう．協同組合をあつかったさまざまな研究は，それを体系的な「学」として完成させることを目的としたものではなく，むしろ「論」として，さまざまに形成・発展する協同組合を統一した理論で連結すること，協同組合の社会的存立の合法則性の解明を目指したものだといってよい．その意味で，協同組合論は，領域の広さからしてもすぐれて多面的であり，実践論的である．また論理の自己展開や思想だけで構成されるものでもない．論者の中心課題は時代の変化に応じてするどく移り変わってきた．」この問題意識は現在も基本的に変わっていない．
3) 代表的なのが，本位田［1971］による一連の研究である．生活協同組合の名称を最初に発案したのは山本秋であり，「購買組合」や「消費組合」という用語よりも，「生活」という呼称に共感し，使い始めたと述べている．その一連の経過や，名称の理論づけについては，山本（［1982］674-5）を参照．
4) 柏尾「資本主義社会と消費者問題」（同編［1995］）を参照のこと．
5) 1990年代当初の野村の主張が明確に示されているものとして，野村編［1992］が代表的である．
6) 美土路理論への批判は，この協業論に対して最も激しく行われたといってよい．たとえば，伊東（［1960］83-6），三輪（［1968］122-8），斎藤編（［1983］334-5）を参照．こうした美土路農協論への批判に対して，美土路は，1977年に「農業協

同組合理論についての覚え書」(『北海道大学教育学部紀要』第28号) を発表し，美土路農協論に対する諸批判の検証を行い，自らの理論の再確認を行った (美土路 [1994a] にも所収). 田中秀樹の議論は，それ以後の論点をとりあげ, 生協論を構築しようとした.

7) 鈴木・中嶋編 ([1995] 14) では, 協同組合の研究方法として, 協同組合分析には過度の抽象をさける必要を指摘している．その理由は「さまざまな協同組合に結成の契機を与える社会的問題は異なっており, そしてまた組織・事業の担い手である階級・階層が異なっている. さまざまな協同組合の社会的機能がそれぞれ異質である事実を踏まえるなら, 私たちはそれぞれの協同組合を「時代の子」として捉えるべきであろう. また, 分析に当たっては, 協同組合を構成する組合員の擁する現実の社会問題こそが出発点と認識されるべき」であるからとしている.

8) 田中は, 1997年の日本協同組合学会において, 日本の「地域市民」型の生協は終焉したと提起し, 各地域生協の実務者たちから反論がよせられるなどの議論となった. 日本協同組合学会第17回シンポジウム「戦後50年　協同組合運動の総括と展望—日本的特質とその変容—」[1998]『協同組合研究』第17巻第3号の討論部分を参照. なお, 田中における「消費者としての組合員から出発し, その生活主体としての主体形成過程において, 生協をとらえる」方法, 特に「物象化論」について理論面から批判的検討を加えたものとして, 庭野文雄「現代生協論の理論的検討」がある (野村 ([2001] 107-40).

9) 生協における「民主制」という用語は, おそらく生協労連が最初に使い始めたもので, 民主的 (民主主義的) 運営と同義と考えられる. 民主制の意味する内容として次の3点が強調されている. すなわち, ①組合員活動上の民主制, ②日常業務上の民主制, ③労使関係上の民主制, の徹底こそが生協の民主主義達成のため必要であるとする. さしあたり生協労連・生協研運営委員会編 [1994] を参照されたい.

10)「二元論的把握から矛盾論的把握へ」の転換が必要であるとする研究に大高研道のものがある (大高 [1996]「現代生活協同組合論の基本視角」『北海道大学教育学部紀要』第71号). 大高のいう矛盾とは, 組織と経営の矛盾である. つまり,「組織」が意味する協同組合の組織力を向上させる側面と,「経営」が意味する経営をどのように維持・発展させるかという側面, この両面が矛盾の関係にあり, その上で両者の対立を止揚してゆくことが矛盾論的把握の焦点であると主張する. その分析方法として, 特に山田定市の労働論・労働者論を手がかりとする, としている. しかし, この矛盾論的把握は, 抽象的な対立の指摘のみで, 協同組合事業の具体的な関係に議論を及ばせていないこと, そして労働論・労働者論の媒介把握といってもその意味内容が不明確なこと等, 必ずしも成功していないと考えている. 詳しい検討は, 佐藤 [1998] 45-58, を参照のこと.

11) 美土路とほぼ同じ時期に, 協同組合を機能と組織との内部矛盾にもとづく自己運動として捉え, また同時に, 外部資本の運動との相互作用として捉えなければ

ならないと指摘した研究者に穴見博がいる．筆者の知り得る限り，協同組合を矛盾する存在であることに着目し，しかも協同組合の機能と組織の2つの側面が内部矛盾するものとして互いにはなれがたく結びついている，と的確に把握したのは穴見が最初ではないだろうか．穴見（[1963] 169-81）を参照されたい．

12) 弁証法の中でもマルクス・エンゲルスによって法則化された唯物弁証法は，エンゲルスの『反デューリング論』『自然の弁証法』などで端的に明らかにされたものの，旧ソ連のスターリン時代に大幅に歪曲され，マルクス・エンゲルスのそれとは似ても似つかぬ存在になった．

本書で手がかりとした弁証法は，マルクスとエンゲルスとの共同作業によって定式化された唯物弁証法である．一般に形而上学と違い弁証法とは，まずは自然や人間社会の運動＝発展の法則を明らかにするものとしてとらえる．エンゲルスは『空想から科学へ』の中で，形而上学者などは「事物とその思想上の模写である概念は，個々ばらばらな，一つずつ順次に他のものと関係なしに考察されるべき，固定した，硬直した，いちどあたえられたらそれっきり変わらない」ものとして研究対象を把える，という．しかし，たとえば，"生と死"を厳密に考察してみた場合，死の瞬間を確定することすらこのうえなく複雑な問題になる．そこで「事物とその概念による模写を本質的に，それらの連関，運動，発生と消滅においてとらえる弁証法」こそが世界全体，その発展と人類の発展，ならびにこの発展の人間の頭の中での映像を正確に叙述することが可能であるとする（エンゲルス [1975] 39-40）．

また，エンゲルスは『自然の弁証法』の中で，「自然および人間社会の歴史からこそ，弁証法の諸法則は抽出されるのである」といい，3つの重要法則を指摘している．

「これらの法則は，まさにこれら二つの局面での歴史的発展ならびに思考そのものの最も一般的な法則にほかならない．しかもそれらはだいたいにおいて三つの法則に帰着する．すなわち，

　量から質への転化，またその逆の転化の法則，
　対立物の相互浸透の法則，
　否定の否定の法則」（エンゲルス [1978] 379）．

弁証法は，簡単に，対立物の統一に関する学問であるともいわれているが，それは3つの主要法則の相互連関において発現するものとしてとらえる必要がある．これらの3法則に従い，協同組合の内部構造において対立する存在の抽出とその把握，そしてその対立物の統一＝矛盾をどう認識するのか，という点を課題とする．

13) 三浦つとむ（[1968] 282-3）を参照のこと．「敵対的矛盾」と「非敵対的矛盾」との区別は，最近の文献ではそれほどみられないが，1960年代には普通に使われていたようである（たとえば，中原 [1965] 110-2）．協同組合研究においては，筆者の知り得る限り，これまで菅沼正久が用いている（同 [1969] 109-20）．ただ

し，毛沢東『矛盾論』の影響を受けた場合，多くの誤りをおかす危険も有するといわれている．しかし，これらへの踏み込んだ検討は筆者の能力を超えている．本論での使用は，協同組合の実践的な見地から必要とする範囲内に限ることを確認しておきたい．

なお，マルクスは「諸商品の交換過程は，矛盾し互いに排除し合う諸関連を含んでいる．商品の発展は，これらの矛盾を取りのぞくのではなく，これらの矛盾が運動しうる形態をつくり出す．これが，一般に，現実的諸矛盾が自己を解決する方法である．たとえば，一つの物体が絶えず他の物体に落下し，しかも同時に絶えずそれから飛び去るというのは，一つの矛盾である．楕円は，この矛盾が自己を実現するとともに解決する運動諸形態の一つである」（『資本論』第1巻第3章）と述べている．これが，まさに，矛盾の実現が同時に解決であるような矛盾（＝非敵対的矛盾）といえる．

14) バークレー生協の倒産を筆頭に，欧米の生活協同組合の株式会社化ないし倒産の原因について多くの検討がなされている．その詳細には立ち入らないが，さしあたり以下を参照のこと．日生協国際部訳 [1992]，栗本 [1987]，日生協・生協総研編 [1997]．最近のヨーロッパにおける生協の動向に関しては，生協総合研究所編 [2010] がある．

15) 労働者と資本家という対立する関係について，三浦つとむの例を参考にしてみよう（三浦 [1968] 98-9）．

三浦は，ある労働者が銀行に預金することによって，それがどんなに少額でも利子を受け取る以上は預金者も資本家としての性格，萌芽を持つことは否定できない，これは資本主義社会における「労働者の資本家化」，浸透の1つのあり方であるという．さらに進み，労働者が退職金を銀行に預け，その利子で生活をする場合はもはや萌芽ではなく，寄生生活となる．すなわち小ブルジョアとなる．逆に資本家の場合も，経営に携わる限り自分の仕事の計画を立て，これを実行しなければならない．その意味でやはり労働する労働者としての性格を有することになる．資本制の発展は労働の命令者としての監督・管理労働を飛躍的に発展させ，資本家は経営と管理の労働を，能力の優れた多数の使用人に任せるようになる．資本家としての労働が多くの労働者の仕事となる，これも浸透の1つのあり方であるとする．

さらに（同上，101），「労働の命令者としての仕事が次第に資本家以外の人間にうつり，熟練したその道の専門家を生み出さざるを得ないというところに，来るべき新しい社会の一つの準備が，資本家がいなくても大規模な労働計画が実現するための一つの条件が，休みなく進行しているのです」として，労働の社会化に伴う人間発達の理論を組み入れている．

人間発達における協同組合の役割，意義については，池上惇「「協同」「連帯」と地域の再生」同（[1986] 163-81）をはじめ，基礎経済科学研究所の一連の研究成果が参考となる．

16) 田中秀樹は「生協労働編成においては，個別消費過程における管理労働が，商品知識をもった生協労働者の専門性によって補完されることが注目できる」．「生協組合員は生協労働者の専門性によって支えられることにより，商品との合目的的な結合が可能となり，消費過程全体の統一的な意志主体としての発達が可能となる」として，生協の展開が生協労働者をつくりだすことで，生協労働者の専門性と組合員の生活主体形成との相互補完関係が成立することに注目している．これは，生協労働者と組合員との対立物の相互浸透の別表現ともいえる．田中（[1991] 60）を参照のこと．
17) 対立物の相互浸透の法則は先にも触れたように，エンゲルスが『自然の弁証法』で初めて定式化したものであった．『反デューリング論』の出版時にはその法則が明確になっていなかったことから，『自然の弁証法』を読むことができなかったレーニンに正しく理解されず，後のスターリン時代には対立物の相互浸透の抹消がなされた．三浦氏の前掲書の他に，同 [1983, 1991] も参照されたい．

第3章
資本主義経済の発展と協同組合

1. 商品市場の形成と協同組合

　協同組合の性格は，内部構造における対立・矛盾を契機として変容するものとして理解できた．では，協同組合は，資本主義の発展に伴って，いかなる条件によって生成・発展し，また，その性格を変容させる存在でもあるか（外的契機による変容と転換）．第1章ではロッチデール組合の創立期の社会経済状況について述べたが，ここでは，市場形成・発展・統合の理論を援用して，資本主義経済の発展と協同組合の生成・対応について見てみる．
　資本主義の歴史的特徴として，ほとんどすべての労働生産物が商品として生産されていること，そして，労働力までもが商品となることはすでに述べた．では，労働生産物が商品になる契機は何であろうか．
　資本主義以前の社会において，商品経済はある程度進展しているのであるが，それはまだ部分的である．労働生産物が商品になる過程，すなわち商品化とは，社会的分業によって引き起こされる．いい換えると，社会的分業の進展が市場形成の契機となるのである．ここでの社会的分業は，工場や職場内の分業ではない．また，家族内分業や共同体内分業のような「自然的分業」でもない（臼井［2004］55）．「異なった自然環境のうちに，異なった生産手段や生活手段を見いだす」ことによって，人々が交換を繰り返す．こうして，商品市場は形成・発展してゆくのである．
　協同組合の形成は，こうした商品市場の形成・発展の下で発生する諸問題

第 3 章　資本主義経済の発展と協同組合　　　　　　　　　　　39

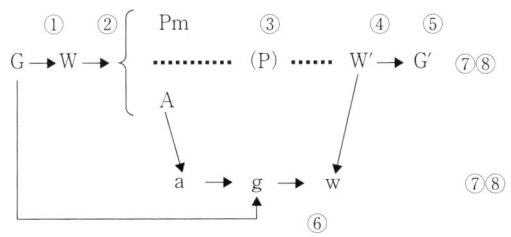

```
     ①  ②  ┌ Pm    ③       ④   ⑤
  G→W→ ┤   ……… (P) …… W′→ G′  ⑦⑧
          └ A
              ↓           ↓
              a  →  g  →  w        ⑦⑧
                    ⑥
```

(G：貨幣，W：商品，A：労働力，Pm：生産手段，P：生産)

注：①購買協同，②利用協同，③生産協同，④販売協同，⑤信用協同，⑥消費協同，⑦共済協同，⑧（小商品生産者・労働者など）生活主体にあっては医療・福祉協同

図 3-1　再生産過程と協同の契機

に，小商品生産者や労働者が遭遇する際に見られるものである．特に，「自分自身の家族とともに耕せないほど大きくはなく，家族を養えないほど小さくはない」ような土地を持っている小農においては，様々な局面で商品化が進展してゆくにつれ，市場経済に巻き込まれてゆく．その対抗として結成するのが種々の農業協同組合なのである．

図 3-1 は，資本主義経済における経済主体の再生産過程である．上段の G から G′ までは，個別資本あるいは小商品生産者が再生産を繰り返す際のプロセスと見てよい．小商品生産者の代表である農家についてみてみよう[1]．

農家は，農業経営のためにはまず，元手としての貨幣（G）を用意し，生産手段を購入することになる．ここで労働力（A）は家族労働にもっぱら依存するのが小農（家族農）の特徴といってよい．歴史的には，小商品生産者の場合，貨幣の蓄積がなく，信用力も低いため，時に高利貸を頼って資金調達を行うしかなく，そこで相互扶助のための信用組合を結成することになる（①信用協同の契機）．

同様に，生産手段（Pm）を調達するために，商人から購入するよりも，より割安な資材を求めて購買組合を結成することになる（②購買協同の契機）．これら生産手段を調達し，農業生産（P）を行うが，生産過程で合理性を図るために，様々な生産組合（機械利用や共同施設，共同防除，共同収穫

等の組合）を結成する場合もある（③生産協同の契機）．

　こうして収穫した農業生産物（W′）を有利販売するために，共同販売を行うための販売組合が結成される．また，共同販売のための施設（貯蔵・保管・共選）や規格化された農産物を収集するために，生産部会組織を結成したり農家への営農指導も共同販売のための手段となる（④販売協同の契機）．

　販売代金（G′）は農家の手元に戻り，再生産費用（営農の継続，家族員の生計）となり，一部は拡大再生産費（資本としての貨幣）となったり，信用組合による利殖（投資）に回る場合もある（⑤．ただし小農の場合，$G'-G$ が剰余を生まず，赤字の場合もありうる．①からの再循環）．こうして，農業生産の各過程に協同の取り組みが必要となるのである．日本の農業協同組合の多くが各種事業を兼営している要因の1つもここにある．

　図3-1に戻ろう．下段は賃労働者の再生産モデルである（この場合，上段は株式会社等の資本の再生産過程となる）．労働力しか販売するものを持たない労働者は，自らの労働力（a）を販売し，賃金（g）を受け取る．それを支出して商品（w）の購入を行い，生活の再生産を続けるのである．労働者の場合は，商品購入の際に，より安くそしてより安全な商品購入を目指すのが消費協同組合の結成契機となる（⑥）．

　なお，小商品生産者や労働者などの経済主体が様々なリスクを回避するために共済組合が結成されている（⑦）．また，小商品生産者や労働者は生活の再生産（生命の再生産とともに子どもの再生産も含む）が必要なため，医療・福祉に関する協同組合も結成している（⑧）．

　以上のように，資本主義経済の発展に伴って発生する，小商品生産者や賃労働者の生活の再生産に関わる諸問題に対応するため，人と人が出資して結合した組織体・事業体が協同組合である．

2. 市場のグローバル化，内包的深化と協同組合

　市場形成は，資本主義の初期にとどまるものではなく，現代の資本主義経

済の下でも不断に行われる．

　市場形成・発展・統合を併せた，資本主義経済における市場の特徴を整理すれば次のようになろう．

　第1に，市場は，自給的に使用されてきた財・サービスを不断に市場化（商品化）してゆく．従来，家庭内部で行われていた食事，調理，保育，介護などを商品化しているのは周知のことである．

　第2に，市場は，国境を越えてどこまでも商品化をすすめる傾向がある（市場の外延的発展）．グローバル経済とは，商品市場（財・サービスだけではなく労働力も）を世界中どこまでも求める資本の行動によって引き起こされているのである．

　第3に，市場はグローバル（外延的）な拡大だけではなく，内包的にも発展・深化する．非商品が商品化する過程は，一定地域でも起こりうるし（農村が観光地となったり，自給的作物が販売作物に転化する，地域内でもっぱら消費されていた工芸品が工業製品化する等），生活の過程においても進展する（家事の外部化，水・空気の商品化等）．

　第4に，市場の発展によって，経済主体間の競争が激化するとともに，資本の集中・集積がすすみ，独占が形成される．独占企業は，①カルテル（販売や価格の談合，協定），②シンジケート（共同の販売・購買，資金供与），③トラスト（企業合同，吸収合併），④コングロマリット（大企業による多角経営・複合経営），⑤多国籍企業（国際的企業連合）のような，市場統合をすすめる（同上，85）．

　第5に，市場は，その発展につれて，市場となじまない慣習・取引・制度などを変更するよう，法令などによる整序，大手経済主体による締め付けが行われるようになる．国内のメーカー・卸・小売業間でみられたキックバックやリベート，従業員の派遣要請などは，独禁法（優越的地位の乱用）に抵触することもあるとして自粛するようになってきた．また，国際的には，90年代の日米構造協議や日米包括経済協議，最近ではTPP（環太平洋パートナーシップ協定）交渉が一例である．

以上のような市場の形成・発展・統合は，協同組合にとってみれば，外的要因にあたる．こうした要因の変化が契機となって，協同組合内部構造にも影響を与え，その性格を変容させることになる．

　しかしながら，外的要因によってその性格変容がすすんだとしても，それだけが契機だったのではなく，協同組合内部にもその変容をもたらす性質（内的要因）が存在していたからに他ならない[2]．したがって，協同組合に組織運営や事業経営の危機が生じたとしても，それを流通競争の激化のみでとらえることも，逆に内部組織運営問題のみに帰することもできない．

　戦後生協の歴史でみれば，高度経済成長期以後の組合員拡大の背景は，高価格問題と品質問題という外的要因に対する安全・安心な商品を要求する組合員活動という内的な衝動があった．しかし，1990年以降の組合員数の増加要因は以前の理由だけでなく，組合員の意識低下（顧客化）がひとつの契機となっていること（内的要因の変化）を考慮する必要がある．さらに，それらが地域的個別的に発現している点にも注意が必要といえよう[3]．

3. 現代資本主義における地域（コミュニティ）の変容

　資本主義経済は，われわれの生活する地域（コミュニティ）を単位とした地域社会や，家族を基礎とした生活の様式を大きく変容させる．特に，20世紀後半からの日本の資本主義は，都市と農村の対立を激化させ，一方の過密問題，他方の過疎問題を引き起こしている[4]．

　先に述べた，「コミュニティを単位とした地域社会」のコミュニティとは非常に多義的に用いられる用語であるが，「人間が，それに対して何らかの帰属意識をもち，かつその構成メンバーの間に一定の連帯ないし相互扶助（支え合い）の意識が働いているような集団」（広井［2009］11．ただし，広井は，この定義を手掛かりとして，新しいコミュニティのあり方にまで言及している）に従っておく．したがって，農村・都市を問わず，コミュニティが複数あつまって形成されたものを地域社会としてとらえることができよう．

農山村のコミュニティを集落とも呼ぶが（農水省は「農業集落」と名づけている．その意味内容は佐藤［2012］参照），北海道や沖縄を除外して統計上も扱ってきた等，その形成史や地域によって差異が存在する．特にコミュニティは，産業の場というよりは，生活の場としての意味合いが強いことが確認できる．家族を単位とした生活の再生産の場がコミュニティなのである．そこではむろん産業活動も行われているが，生活の再生産の場として人びとが暮らしているのがコミュニティである．資本主義経済が，こうした農村コミュニティにどのような影響を及ぼしているか，及ぼしうるかを3点だけ指摘しよう．

第1に，資本主義経済は，農村コミュニティにおいても商品化を推し進めてゆく点である．農家であっても，農産物をはじめ商品化率が高まってゆく（臼井［2004］57）．そうなると，家族の生活過程が，生活の再生産の場から消費の単位に転化し，個々の家族員が消費者として商品市場に関係してゆくことになる．生活の場としてのこれまでの営み（たとえば，調理用具の貸し借り，コミュニティ内での子育て合い，収穫物の贈答行為など）は，縮小し，消費者としての商品交換関係が拡大してゆく．

第2に，資本主義経済は，農村コミュニティにおける天然の地域資源も消費しようとする．水や森林，農村景観などの商品化が進み，場合によっては浪費され，自然景観問題や環境問題が発生する場合もある．

第3に，商品化の進度，資本による包摂には選別が伴う点である．遠隔地や自然条件の厳しい土地よりも，資本にとって利用しやすい農村が選ばれやすい．人気スポットに様々な関係資本が参入し，「消費される農村」となる場合もある[5]．

地域資源を利用した内発的なビジネスを行う事例は各地で紹介されている．ただし，そのビジネスによって得られた新たな貨幣が，農山村内における住民生活の再生産のために循環するようでなければならない．モノカルチャー的な経済[6]であっては，結局は長続きしないのである．

こうして，日本における農山村（や都市）のコミュニティは市場経済の浸

透がすすみ，成員である住民の生活様式も変容する．こうしたコミュニティ再生のために協同の取り組みが重要となってきている．ただし，その再生はかつての共同体の復興であってはならない．旧来型共同体（コミュニティ）は，ともすれば「住民間の討議を促進する装置ではなく，逆に安心のためには自由な発言を抑制し，プライバシーの侵害も容認させうる」（田渕［2009］225）存在だからである[7]．したがって，農山村に展開する農協の今後の役割として，伝統的共同体を維持する側となるのか，新たな協同を担う側となるのかが問われることになる．

注
1) 図3-1作成にあたっては，伊東（［1960］109）の「生産の総過程と協同組合の介入」の表と説明，美土路（［1994a］200-1）の「総資本の循環過程，個別小商品生産者の循環過程」の説明を参考にした．
2) ここで，協同組合の性格変化をもたらした内的要因と外的要因との因果関係について若干補足しておこう．三浦つとむは，池に石を投げると波紋がおこり，波紋がおこるとハスの花がゆれるという関係で因果関係を説明している．すなわち，石が原因，波紋が結果で原因が結果を媒介する，ということである．しかし，波紋という結果は同時にまたハスの花をゆれさせる原因ともなっており，ここに結果と原因の直接的統一があるとする．さらに，水の波紋が石の結果だと一方的に決めつけることもできなくなる．これが水ならば波紋は起こるだろうが，もしこれが氷ならば，波紋は起こらない．水自身が石によって波紋を起こすような性質を持っていたことが，波紋の原因の1つなのである．「外部の原因から結果が媒介されるだけではなく，結果として生まれる現象の内部にもまた原因のあることを考えなければなら」ないとする（三浦［1968］93）．
3) 北海道の夕張市民生協は地域人口の減少から存続が不可能になり，1997年に自主解散することになった（ただし一部はコープさっぽろによって営業を引き継がれた）．外的要因が契機となって敵対的矛盾となって発現した例と考えられる．
4) 美土路（［1968］18-21）では，「独占の高度経済成長政策，強蓄積政策に地域住民が人間らしく暮らすための一切が二の次とされたこの国の政治，経済政策とくに国家独占的階級者の厖大な財政政策のゆがみの結果が過疎であり，過密にほかならぬ」との表現をしている．また宮本憲一は「都市問題を解決する道は，19世紀の社会主義者が主張したように，結局，都市と農村の差別を解消して，この近代的大都市を消滅させる以外にない」とし，「だが，資本主義の現実は，およそ，近代的大都市の消滅という理想とは逆の方向をたどりつつある．高い生産力とす

ぐれた技術は, 人類を都市問題と地域的差別から解放するために利用されず, おそるべき過密の災厄と, 過疎という地域的差別へむかって利用されているかのごとくである」と述べる (同 [1969] 223-4). 高度経済成長期においては, 地域経済の研究者のほぼ等しい認識だったものが, 最近では過密よりも過疎が幾分強調されているように見られる.

5) 「消費される農村」とは, 日本村落研究学会における大会テーマ (2004年) である. そこで原山浩介は, 地域活性化の優良事例として取り上げられた地域や事業者が, メディアや研究者などの「語る側」によって「物語化」され, 観光地化されてゆく, つまり, 農山村地域やそこでの活性化の営みが, 観察する側も含めて,「多重な消費の構造」に組み込まれてゆくと指摘する. 原山「「地域活性化」言説における多重な消費の構造」日本村落研究学会編 ([2005] 161-200) を参照のこと.

6) モノカルチャー経済は, 一国内で特定産業, 特に農作物に特化した生産状況を指すが, 一国内の特定地域でも, 特定の商品農産物や地域資源に依存するといったモノカルチャー的な経済は発生しうる. そこでは, 地力再生産機能や生産・販売の状況が悪化すれば, 地域全体が再生産困難に陥ることになる.

7) 田渕直子は, 用語「コミュニティ」は, その「成員が明確であり, 成員が完璧に包摂されるゆえに, 部外者を排除する」ため,「サードセクター」という社会的包摂を最大限に追及するであろう言葉を支持している (田渕 [2009] はしがき iv). そして, 旧来からのコミュニティをそのまま復活させるのではなく, それとは異なる「ボランタリー・アソシエーション (自発的結社)」を組織し,「もやい直し」に取り組む必要があると提起している (同上, はしがき viii).

第 II 部　戦後生協の展開構造と展望

第4章
生協の展開過程（1）
―第2次大戦後から1980年代中葉まで―

1. 生協分析の方法について

　日本の協同組合運動は，19世紀末から主に農民を担い手とする農業の協同組合として始まった（伊東［1960］60-1）．一方，都市住民を主たる担い手とする生協運動は，第2次大戦中の分断はあったが，戦後すばやく全国に出現し，高度経済成長以後に大きく発展し現在に至っている．生協に加入する組合員は2010年現在で2,500万人を超え（日生協『生協の経営統計』2011年度），社会大衆団体としての役割は大きくなっている．世界的にみても日本における農協と生協は，その成功事例として注目されてきた．

　しかし，その一方で，現在の生協は，いくつかの点で転換期にさしかかっている．第1に商品供給事業における最近の事業高（特に1人当たり利用高）が停滞ないし減少している点である．これは生協事業が，直接的には，長く続く消費不況の影響を受けるとともに，大手小売業との競争激化の結果，発生している事態である．

　第2に指摘しなければならないのが，食糧事業における生協の一連の不祥事の発生である．2000年代には，BSE問題の発生（2001年9月），雪印乳業集団食中毒事件（2000年）をはじめ，一連の食品偽装事件が多発するなど，食品の安全・安心を脅かす問題が発生するとともに，生協にあっても，2008年1月に「CO-OP手作り餃子」の食中毒事件が発覚し，組合員の複数家族に被害が及んだ．生協は，これまで，日本の食糧問題に対する「食糧運動」

の一端を担ってきた．しかし，昨今の生協事業における食糧問題への経営的・組織的対応は大きく変容し，組合員および社会の信頼が大きく揺らいだ状況となっているのである．

関連して，第3に指摘できるのは，生協の担い手各層の変化である．生協の担い手各層とは，(1)組合員と組合未加入の地域住民，(2)生協を運営する常勤・非常勤の役員，正規・非正規職員に大分することができる．戦後生協運動の発展とともに，これら担い手各層の性格が，(1)については，組合員数は増加するものの性格変容がすすみ，(2)については，役員の経営倫理問題，コンプライアンス体制の未確立などが浮かび上がるとともに，職員の販売労働者――部分労働者――への変化などが進行している．食品安全問題の発生についても，こうした担い手各層の性格変容という文脈の中でとらえるべきであろう．

以上の状況や，時代の要請に応えられない生協はもはやその歴史的な役割を終えたとする議論も踏まえるならば，昨今の生協は事業，組織両面で大きな転換点に位置していることが確認される．

そうした中で，日本の生協運動において，事業経営と組織運営の双方がどのような内的・外的要因によって展開したのか，すなわち，内部構造における矛盾の把握および客観的契機と主観的契機との相互連関の統一的把握が重要課題となっている．

以上のような問題意識にもとづき，本章からは，戦後日本における生協を対象として，組織運営と事業経営の相互連関を矛盾論的なアプローチによって明らかにすることを課題とする．ただし，分析にあたっては対象と時期に一定の限定をおこなうこととする．

第1に，生協の現段階の性格を明らかにするためには，歴史的，動態的な検討が不可欠である．資本制における生協展開の検討は戦前からの分析が必要となろうが，日本の生協組織は第2次世界大戦中には解散させられた．そこで，戦後生協の展開過程の整理と，現段階の性格規定に限定する．また，個別事例においても，常に歴史的な背景をもとに展開してきた点に留意する

必要があろう．

　第2に，主な対象とする生協は，現在日本において中心となっている地域市民生協である（現在では地域生協と同義）．ただし，戦後日本の生協展開を検討する際には，資料の制約により地域市民生協以外の職域生協をも含むことがある．しかし，事例分析を行う場合の対象となるのは地域市民生協に限定される．日本の生協展開において，様々な性格を有する生協の盛衰があったが，現段階の分析には事業高の多くを占める地域市民生協が適当と考えたからである．

　以下本章では，戦後まもない頃の食糧危機発生から高度経済成長開始までを第1期（1945-55年），高度経済成長の開始からほぼ終了するまで（生協でいえば福島総括まで）を第2期（1955-70年），それ以後を第3期（1970-80年代半ば）として3区分した．消費者問題の激化と消費者運動の発展は1960年代に入ってからなので，1960年が1つの画期にあたる．だが，生協展開の画期を考えると，1955年を契機として，チェーン方式やセルフ化の導入，事業経営の発展や主体の転換（勤労者生協から市民生協への変化）があらわれる．よって，本章ではこのような画期区分を行った．また，それぞれの時期ごとに中心となる生協の担い手も変化してきた．

　なお，生協組織全体における地域生協の位置であるが，購買生協を主とし，そして地域生協と職域生協等に大きく分かれ，それらがさらに図4-1のように細分化される[1]．

2. 第2次大戦後の生協運動の再建

(1) 食糧危機と生協運動の成立

　1945年の敗戦の結果，日本はアメリカ合衆国の占領下におかれ，連合国軍総司令部（GHQ）による一連の民主的な改革，すなわち婦人解放・労働組合の助長・専制政治からの解放・教育の自由化・農地改革などが実施された．

```
                ┌ 地域生協 ┌ 地域勤労者生協（現在は存在しない）
                │         └ 地域（市民）生協（地域の組合員が全組合員の 70% 以上を占める）
        ┌ 購買生協 ┤         ┌ 職場内職域生協（地域の組合員が全組合員の 30% 未満）
        │        │ 職域生協 │ 居住地職域生協（地域の組合員が全組合員の 30% 以上 70% 未
        │        │         └  満）
        │        │ 学校生協（小・中・高の教職員が組合員）
        │        └ 大学生協（大学の学生・教職員が組合員）
        ＊購買生協以外に，医療福祉生協，共済生協，住宅生協等がある．
```

注：1)　家の光協会『新版 協同組合事典』他により作成．
　　2)　「購買生協」とは，食品や非食品，各種サービスを提供する生協．
　　　　分類の内訳については，現代生協論編集委員会編（[2005] 24）を参考にした．

図 4-1　生協組織の分類

　その一方で，深刻な食糧不足とインフレーションが発生し，国民生活は危機状態に追い込まれていた．生活危機の反発と一連の民主化の動きに即応して，労働運動や農民運動を代表とする激しい大衆運動が発生した[2]．戦後の生協運動もこうした一連の動きに支えられて生成・発展する．

　1946 年に入り食糧危機はいっそう激化し，数多くのデモが発生した．同年5月の復活メーデー，つづく食糧メーデーにおけるスローガンや決議も，飢餓状態におかれた社会成員の状況を反映するものであった[3]．

　こうした経済危機は，GHQ の占領政策としての戦後統制経済が本格的に実施されるにしたがって，徐々に解決の方向に向かった．食糧増産（同時に供出の強化）や輸入食糧増加といった食糧事情の緩和措置がとられ，また石炭・鉄鋼などへの傾斜生産方式が徹底され，貿易による生産資材の獲得など経済再建策が行われたからである．

　第2次大戦後の生協運動は，上記のような終戦直後の食糧危機を背景とした時期に「第1の高揚期」[4]をむかえる．図 4-2 は東京における地域組合の設立状況である．これを見ると，終戦間もない頃より設立が始まり，翌 1946 年の3月～10月には毎月2桁の地域組合が設立されていたことがわかる．春から秋にかけて設立が集中するのは，食糧の入手が困難な時期だから

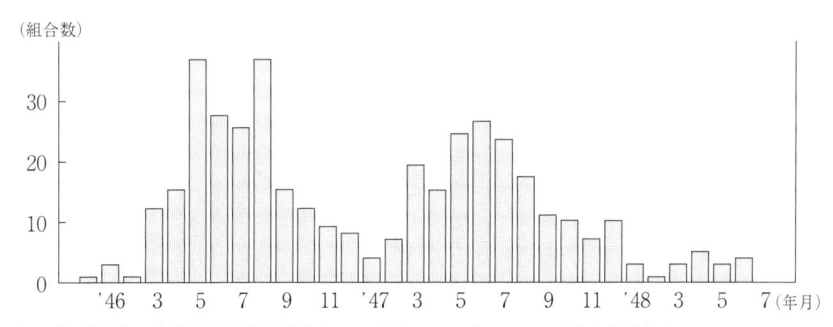

注：1）『現代日本生活協同組合運動史』日生協，1964 年 45 ページより作成した．
　　2）原資料は『生活協同組合便覧』による．
　　3）地域組合の増加分のみである．

図 4-2　東京における地域組合の月別設立状況

である．反面，かぼちゃ，さつまいもが出回る秋頃や米穀の配給が比較的順調になる 10 月以降は設立数が減少する．そして，1948 年になって食糧事情が好転すると，設立は鎮静化するのである．

この動きは全国生協の設立においても同様であった．1947 年 5 月の段階で調査生協数は 2,703 にのぼっており，これは戦前において確認できる最後の 1941 年段階での全国 203 生協と比較しても極めて多い（日生協［1964］381）．「第 1 の高揚期」とよぶゆえんである．

以上の動きと並行して戦後すぐに全国組織化された動きが，1945 年 11 月の「日本協同組合同盟」（日協と略，会長賀川豊彦）の創立である．これは生協のみを対象とした団体ではなく，農協，漁協も視野に入れ発足したが，後に農協法や生協法など法制度の整備がなされるにつれ分離していった[5]．

1946-47 年頃の生協急増の契機とその特徴は次のように整理される．第 1 に，食糧危機を契機とする，主に都市住民そして学生による食糧調達・確保を目的とするものであった．そのため，短時間かつ準備もなく生協が設立された点が特徴である．別名を「買出組合」ともいわれた．

第 2 に，職域生協が多かった点である．職域生協とは，同一の職場内で働いていることが結成の契機となって確立した生協のことで，1 つの企業・事

務所の構内で従業員の購買組織としてつくられた職場内職域生協と,職域生協であっても家族の利用増も考慮して組合員の社宅や居住地に店舗を展開している居住地職域生協とに分かれる(川野編［1986］564).

当時は,全生協のうち7~8割が職域生協であったが,その中には戦前の工場付属生協の再建されたものや,産業報国会または会社購買会・厚生課が転身したもの,さらに労働組合を基礎に設立されたものがあった.また一部の比較的大規模な組合を除いては,零細規模で事業活動も幼稚であった点も特徴である.

第3に地域生協に関しては,一部戦前からの消費組合を除いては町内会単位の小規模な生協であった点である.その町内会は,戦争中は行政機関の末端組織として機能,いわば上から組織化したものであったが,それが戦後にも連続している点が特徴的であった(日生協［1964］50).

第4に,したがって,それら生協の力量はまだ零細・脆弱であり,食糧事情が好転するとともに生協への結集は弱まることになる.事実,ドッジ・ラインが強行され,金融統制の下,生協への融資がなくなると,活動停止ないし解散に追い込まれる結果になった.生協の第1の高揚期は以上のような特徴であった(以上は日生協編［1977］を主に参考にした).

この時期にはまた,消費生活協同組合法(以下生協法)が施行された(1948年10月).生協法制定は,憲法を中心とする法体系の再編成を契機としていたが,経済統制強化による生協運動への障害を除外するためにも必要であった(同上,50).

生協法は,一方では業種別の協同組合法(農業協同組合法,中小企業協同組合法など)と同様に独禁法24条において法の適用除外の認知を受けていた.つまり協同組合は大資本の提携・協定とは性格が違いあくまでも経済的弱者による相互扶助の結合体であり,その限りにおいて法制度的にも保証されていたのである(宮村［1988］41-2).しかし他方で,生協法は,生協育成を積極目的として掲げず,一般企業との平等競争の原理を主張したことや,員外利用を禁止,都道府県を越える地域的な連合会事業は指導・連絡調整に

制限したこと，さらに，信用事業を認めなかったことなど，資金難に陥っていた当時の生協にとって大きな問題となった（日生協編［1977］61）．以後，日本の生協事業は生協法の制約の中で展開するが，同時に生協法改正が重要な運動目標となり，近年の改正まで継続することとなった（生協法成立についてより詳しくは，中川他編（［2012］96-100）が参考になる）．

(2) 生協運動の停滞と新全国組織の創立

経済安定9原則（1948年12月），続く翌年のドッジ・ラインによる単一為替レートの設定と「超均衡予算」（林［1996］31）の実現は，通貨の安定やインフレの収束をもたらしたが，一挙にデフレ不況の局面に陥った（図4-3）．中小企業の倒産や失業者の増大は，生協事業にも深刻な影響を及ぼしたのである．

生協は，ドッジ・ラインによる急激な統制廃止[6]のもとで，機敏に対応で

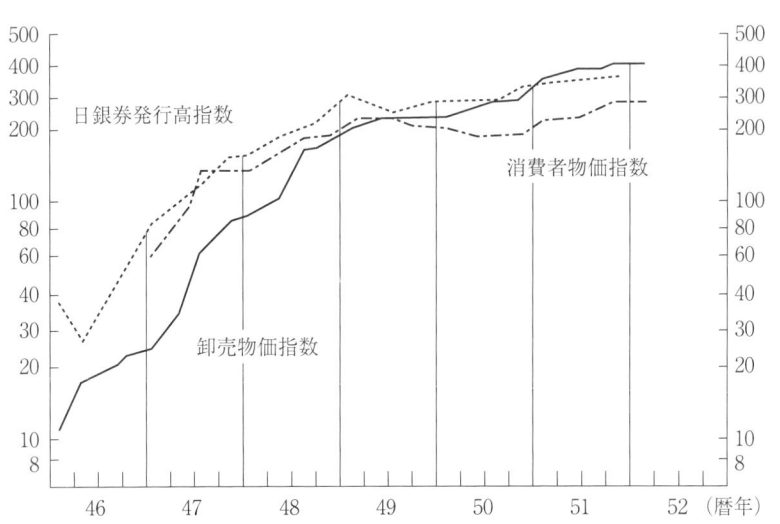

注：安藤良雄『近代日本経済史要覧［第2版］』東京大学出版会，1985年，150ページより．1934-36年＝1
　　昭和27年度『経済白書』による．

図4-3　戦後インフレーションの推移

きる経営力量と成員の組織基盤をもたず，統制経済に事実上組み込まれ自主的な発展の努力も怠っていたため，大きな打撃をうけた．

こうした中で，危機打開の方策が全国組織を中心に模索された．その結果が，ひとつには共同購入運動，そしていまひとつは班や家庭会[7]など生協基礎組織確立の方向であった．しかし，これらの対策は，当時の各単協および全国組織の力量では充分に発揮できず，時期尚早ともいえた．後の鶴岡生協の実践や1960年代の展開を待たねばならなかった．

さて，食糧危機を契機とした生協運動の第1の高揚期は，食糧危機の克服，またドッジ・ラインの強行による経済統制の廃止など外的要因の変化によって，次第に衰退する．これは同時に，日協など組織的・財政的力量の低さも相まって発生した事態であった．そこで，1950年に日本生活協同組合連合会（以下，日生協と略すことにする．ただし，当時は日協連と呼んでいたし，日本生協連と略す場合も多いが，煩雑さを避けるため本書では日生協の表記で統一する）への新たな組織再編がすすめられた．

日生協の初期の事業は，最初の事業計画によれば，①組織・経営強化のための活動，②教育・宣伝活動，③中央金庫の設立促進活動，④生協運動を阻んでいる障害を排除するための活動（つまり，活動の自由を阻む法律・税・独占価格体系などに対して，他団体と協力して改善に取り組むこと），⑤調査活動，⑥情報の提供，⑦機関紙の発行，⑧斡旋事業の8点に大きく分けられる（日生協編[1977] 96-7）．これらの活動は，弱い事業経営力量を強化するための研修や教育，調査・宣伝，情報の共有などの活動に重点がおかれていた．

具体的にどのような取り組みがなされたのか．まず，食糧危機がおさまるにつれ，生協事業経営が危機的な状況に陥り，「この時期の多くの生協は経営管理に必要な最低限の記帳能力さえ欠如しているという段階」（同上，100）であったことを反映して，組織活動と経営活動の初歩的な指導を重視した．次に，生協運動の発展を阻害する外的要因の解消のため，組織的な行動，すなわち「資金難打開の努力や生協法改正，税制改正のための努力が活

発に行なわれ，物価値上げ反対運動が取組まれた」（同上，97）のである．前者は生協が経営体・資本体として自律的に成長する要件であり，後者はそれを阻む外的要因の変更を迫ったものであった．

(3) 地域勤労者生協の展開による戦後第 2 の高揚期の到来

1950 年代からの生協運動の展開は，「戦後第 2 の高揚期」と呼ばれ，労働者の労働運動を契機とする地域勤労者生協[8]の設立が中心となった．戦後第 1 の高揚期は，食糧獲得を契機として生協が設立されたが，地域勤労者生協はドッジ・ラインの下での生活危機に対する労働者の生活防衛が契機となって発展したといえる．1950 年以降の生協組合員は 200～300 万人台で推移するものの，生協数は 1951 年の 606 から 1959 年には 1,030 に増加する．また，供給高は 1950 年代初頭では 100 億円未満だったものが後半には 300 億円に達するようになった（同上，659）．

この時期の地域勤労者生協の特徴は，大要以下のように整理される．第 1 に，地区労など労働組合の地区組織を基本単位とし，かつ労働行政の指導を受けてすすめられたことである．したがって，労働者が主体となった「下からの組織化」ではなく，設立主体が労働組合ないし労働行政という「上からの生協づくり」が特徴的といえよう．たとえば鳥取県では，1950 年に労働行政の一環として労働者生協——鳥取県西部勤労者消費生活協同組合——の育成方針を決定し，県当局が生協設立資金を用意し，育成指導も同時に行っている．そしてその理由は，「労働省の推進方針とともに，ドッジラインによる県内産業の危機のもとで賃金の遅欠配が広がり，激化する労働運動を緩和する必要性にあった」（同上，137）からという．つまり，生協そのものが社会体制維持ないし危機回避の手段として用いられていたのである[9]．

第 2 の特徴として，1950 年代に創立された生協のうち，はじめは労働組合による職域生協として設立されたが，後に地域に進出し地域勤労者生協となる事例や，その逆に，地域生協的な性格を強く有していたものの，組織労働者との連携強化の結果，地域勤労者生協として発展する事例が現れたこと

である．それは日生協が，1955年以降の運動方針において，労働者の組織化とその地域への進出を積極的に推進したことも大きな要因であった．

しかし，第3の特徴として，地域勤労者生協が，職域を越えた店舗配置をすすめ地域生協化の形態をとったとしても，組織化された勤労者が担い手の中心となっている限り，地域の一般住民を対象とする地域市民生協とは性格が異なっていたのである．

このように地域勤労者生協は，労働組合依存の傾向が強く，結果，生協の主体的な組織・経営力量の向上を遅らせることになった．日生協の1959年運動方針では，①民主的な運営が守られずトップの独断で個人商店化していること，②経理の公開が守られず粉飾決算が行われていること，③職員教育が不足し人材が育たないことなど，事業経営失敗の諸要因を指摘している．

しかし，以上のような性格を有するとはいえ，1955年からの好況も相まって，地域勤労者生協は1950年代後半まで一定程度展開したのである．

3. 高度経済成長期の生協事業の特徴

(1) 高度経済成長開始期の生協運動

1955年から，日本の高度経済成長が開始する．高度経済成長の最大の特徴は，重化学工業を中心にした大規模な設備投資と技術革新が進行し，途中いくつかの停滞を含みながらも，史上空前の経済成長をすすめたことであった．

このような設備投資主導の経済成長によって，鉄鋼・造船・電力産業が強化され，石油・石油化学・家庭電気・自動車などの新しい産業が生成・発展した[10]．

生協運動についてはどうか．まず外的要因についてみれば，1955年以降の経済成長とともに耐久消費財が普及し，同時にそれらの購入を可能とした購買力の向上があげられる．生協が成長可能な客観的条件が整ってきたのである．ただし，そのことは生協事業経営と競合する卸・小売商業間との競争

激化（そしてそれにつながる反生協運動の発生）をもたらす可能性も内包していた．

また，内的要因についていえば，生協の事業高・組合員数の拡大は1960年代であり，1950年代後半はまだ助走段階であった．その理由は，第1に，この時期は労働組合や組織労働者を中心とした地域勤労者生協が活動主体であり，労働組合の積極面が運営上有利に働くこともあったが，地域の主婦層を巻き込む組織的拡大には時期尚早だったことである．第2に，1950年代に店舗を商品供給手段とした生協があったとしても，多くは初歩的であり，スーパーマーケット方式の導入は未だ本格的でなかったことである．とはいっても，生協店舗でのセルフサービス方式は1951年の神奈川県横浜市の菊名生協が嚆矢であり，1956年にはすでに日生協の運動方針に採用されていた．いわゆる「流通革命」論が流行し，セルフサービス方式のスーパーマーケットの全国進出が1960年前後からという点を考慮すれば，非常に早い時期の導入だったといえよう[11]．

(2) 地域勤労者生協から地域市民生協への転換

1960年代に入り，地域勤労者生協の中には経営が安定し上昇をつづける生協が存在する一方で，経営不振に陥る生協も頻発した．また炭鉱合理化の影響をもろに受け，経営不振・合併や解散を余儀なくされた炭鉱生協も多発した[12]．北海道にあっては，産炭地の炭鉱生協が，労働組合の主導で数多く作られていった．しかしながら，石炭から石油へのエネルギー転換を契機として，1960年代後半から衰退に向かう．炭鉱生協は内部構造的にも，労組幹部による事業経営には無理があった（北海道生協運動史編集委員会［1987］を参照のこと）．

高度経済成長が日本の産業構造を大きく転換させてゆく中で，生協においても労組員を担い手とした勤労者生協の転換期を迎えた．特に，スーパーマーケット方式の導入で事業経営拡大をすすめる局面で，はっきりと表面化する．

転換の必要性を如実に示すのが，1964年の日生協運動方針である．そこには，以下のように述べる．

「全国各地にスーパーマーケット・スーパーストアが出現し，生協のあるところでスーパー店舗のない市はもはやないような状態になっている」なかで，成功し発展している生協がある一方，不振に陥っている生協もある．その理由は「スーパーマーケット時代だからスーパーマーケットを採用するんだとか，スーパーマーケット方式さえ採用すれば，現在の危機がのりきれるんだと安易に考えてきた生協も少なくない」が，大きな問題は，一応の成功をおさめている生協でも「同じ地に，より大規模な一般のスーパー店や，少し経営原則を勉強している店舗があらわれると，供給高が一度に半分になったり」する．なぜならば「組合員に基礎をおいた運営をおこなっていないので，組合員は単なる顧客になっている」からである．また，「資金の面でも組合員にたよらず，安易に労働金庫等からの借入れでまかなっているときは，供給高が半減すれば，たちまち資金面でも破綻するという場合が多い．さらにスーパーマーケット方式を採用することの意味や，考え方が常勤職員に徹底するような組織的討議がおこなわれていないことも非常に多い」（日生協編［1977］257-8）．

地域勤労者生協の不振については，「生協自身の主体的な方針・計画がなかったり弱い場合が非常に多い．たとえば，地区労をバックにしているという組織へのよりかかりと安易感が非常に強い．しかし実際は地区労の幹部が役員になっているだけで，組合員大衆への意識的教育的教育活動（ママ）もやらず，日常活動の面で生協としての具体的な結びつきを，結果として軽視している．……そしてさらに，役員人事には異常な関心がもたれ……常勤の理事長・専務理事の人事を，はっきりした展望をもたないまま安易に地区労からのおしだし人事や，場あたり人事でおこなっているところでは，きびしい小売競争のなかで破綻してきている」ことが原因であるとする．こうした一方で「組合員にたよるという基本方針のもとに組合員の状況，生協の主体的な力量等の現実をふまえて，自主的で総合的な計画をもって着実な歩みを

つづけている，まさに自分の力による生協がのびている．この意味で，組合員の組織活動が，今生協全体の活動のうえで前面的に再評価され，重視されるようになってきている」(同上，259)．

以上は，高度経済成長の進展するなか，産業や商業でも大きな変革の時期を迎えたという客観的条件のもとで，地域勤労者生協の内的要因の立ち遅れ，ないし当時の主体的力量の欠如（組合員の顧客化，資金不足，組織活動の未熟さ，職員の未成熟さなど）が露呈した結果であるといえよう．

地域勤労者生協はこうして一時代の役割を終え，地域市民生協の時代を迎える．

では，地域市民生協の時代を特徴づけるものは何であろうか．地域市民生協の発展を支えた強力な手段が，班による組合員組織化であった．その先進的な事例が山形県の鶴岡生協の実践である．鶴岡生協では班活動を「協同組合運動の基礎組織」として重視した[13]．1964年の日生協総会でも，班を同様に位置づけたことから，鶴岡生協の活動が後の生協運動のあり方に大きな影響を与えることになる．

生協がこの時期から班活動を推進した要因は，次の2点に集約される．第1に，1950年代の地域勤労者生協の経営不振が，組合員の教育活動・組織活動の軽視からきていたことの反省である．これは労働組合主導による生協運営の必然的な結果でもある．反省を踏まえるならば，主婦たちを結合する班という「基礎組織」は不可欠の存在であったのである．

第2に，班の重要性はすでに提起されていた[14]が，生協運営上，重要性が認識され実践に移されるには，1960年代の社会経済状況という客観的契機と，担い手である地域住民の主体的契機が必要であった．鶴岡生協の場合，1960年代の消費者物価問題やスーパーの地域進出への対抗が運動の契機となった．そして，問題に直面し，かつ生協を支えていた担い手が地域の家庭の主婦たちであった．こうした内外の条件が満たされて班活動による組織化が実現したのである．

班という組合員組織は，1960年代から1980年代にかけて，日本の生協に

おける代表的な組織形態となり，その後，国際的にも注目されるところとなった．

(3) 生協における第3の高揚期の到来

日本の高度経済成長は，個別企業による経済活動の結果の総和として実現しただけではなく，政府自らが企業の資本蓄積を促進した点が特徴であった．そのため，公害防止や社会保障の充実は後衛に追いやられ，何よりも経済活動が重視されたのであった（林［1996］126）．

1960年代は，独占資本による重化学工業を中心として急速な発展を遂げたが，同時に農村においては過疎問題，大都市においては人口集中と不十分な社会資本投資によるいわゆる都市問題を引き起こした（宮本［1976］）．また，食品汚染被害を含む公害問題が激化したのもこの時期からであった．こうした問題や物価問題に対抗する消費者運動もこの時期から高揚する．

一連の消費者運動の中で，生協は，1965年以前は独占資本によるマーケティングに対する，正しい商品知識をもち不当表示や販売方法にだまされない「賢い消費者」の育成に取り組んできた．1965年以後は消費者の生活問題に直接立ち向かい，調査・宣伝活動から告発に至る運動を行うようになる．消費者運動の推進主体のひとつとして生協運動も確立したといってよい[15]．

このような社会経済要因の変化や主体的契機の変化にともない，1965年以後の生協運動は「戦後第3の高揚期」と呼ばれる時期を迎える．そして，この時期に主要都市を中心に設立した新しい地域生協は，消費者運動や市民運動の高揚を背景に，消費者である主婦を運動主体としたため，「市民生協」と呼ばれるようになった（日生協編［1977］355）．

戦後第3の高揚期における生協運動の特徴は以下のように整理できる．

まず運動目標は，高度成長期における独占企業の高蓄積政策の結果発生する生活と健康問題に抵抗し，「くらしと健康を守る」ことが中心課題となった．地域勤労者生協においては，労働者福祉の実現が目標だったが，地域市民生協においては，地域住民を基盤とした市民運動ないし消費者運動として

の性格が強まったのである．これは，生協「第3の高揚期」における運動目標の積極面といえよう．

　事業形態の特徴は，急速成長をめざすため多店舗展開を行い，主として都市の中心部ではなく，周辺部の新興住宅地を中心に進出したことである．1965年頃までの生協のスーパー化は，ほとんど単独店舗の大型化，セルフ化であった．だが，以後は，最初からスーパーチェーンとしての多店舗展開をすすめた．また，その反面，共同購入運動（たとえば安全な牛乳を飲む運動など）の延長線上に成立した生協もあった．こうした生協は自然，班組織を重視するが，一部生協に限られており，この時期はあくまでも店舗展開型の生協が主流であった．

　この時期の生協運動の特徴で留意すべき点は，大学生協が地域生協設立を支援したこと，またその際に「落下傘方式」でスーパーマーケット型の店舗展開をすすめたことである．たとえば札幌市民生協は，大学生協から地域へ進出し設立を行う際に，事業形態を共同購入型か店舗型か選択し，人口急増中であった札幌の地域性や，当時現れだしたスーパーマーケットを鑑み，業態として導入したのである．大学生協がこの時期，地域生協設立の大きな力となったのには理由がある．それは，1つは地域勤労者生協など既存生協には人材が不足しており，大学生協には意欲のある豊富な人材がいたこと，2つには，大学生協が成長を続けても，組合員数や活動区域の点で限界があったことである．

　本来，生協の発展プロセスとして，消費者問題の地域的な深化と住民各層の地域生活様式の状況，消費者運動の展開内容などの主体的契機，そして地域の産業構造，小売商業資本の進出度合いなどの客観的契機によって多様な形態がありうる．担い手による組織化や設立運動，事業形態の決定は，両者の統一のもとにすすめられるべきであろう．しかし，高度経済成長の潮流に乗った「市民生協」の急速成長と，「落下傘方式」による生協設立の試みは，生協事業を「第3の高揚期」と呼ぶにふさわしい存在にしたが，後に組合員活動軽視など問題を引き起こす．

ここで事業経営拡大の基礎になったところの，日生協と事業連の統一という全国組織再編にふれておく必要がある．

生協法制定当時は，府県を越える連合体が共同で卸売事業を行うことは禁じられていた．日生協には指導的な役割しか与えられていなかった．しかし，1954年の法改正により「連合会の購買事業活動の地域制限」は撤廃され（同上，229），全国的な卸売連合会の創立が可能となり，1958年には全日本事業生活協同組合連合会（事業連）が設立された．設立の直接的な契機は上記の通りであるが，その他に以下の背景が指摘されている．第1に，1950年代後半になり，多くの生協が事業経営の基礎を確立，事業成長の力量を身につけ始めた点があげられる．第2に，高度経済成長にともなう消費構造変化や商業界における競争激化の中で，生協間の共同連帯の必要性が増大した点があげられる．第3に，独占資本による市場支配強化の中で，管理価格やカルテルによる価格つり上げ，再販契約の押しつけなどに対して，生協が事業面でも結束し，その圧力を打ち破る必要が出てきたことによる（同上，227-8）．

こうして全国事業組織は設立された．しかし，指導組織としての日生協と購買事業組織としての事業連が別法人となることは，生協事業の分裂をもたらす危険性もあり反対意見も出されていた．全国組織問題は，単協・県連の参加要件，単協組合員の意思決定の希薄化問題，各レベルでの商品開発，事業活動の競合・補完問題などを設立当初から抱えていたことをここでは指摘しておく．

生協事業における商品開発，特に食料品の開発・普及は中心をなすものである．いわゆるCO-OP商品が，消費者運動との関わりで本格的に確立するのは，事業連と日生協との統合以後である．

CO-OP商品の開発意図は大きく2つに分けられる[16]．1つは独占資本による流通支配の下で，再販売価格・管理価格が強制され，主体的な価格引き下げができず，自らの力でCO-OP商品を開発する必要があったことである．2つには，安全・安心性が確保されている商品利用，有害商品排除を組合員

が求めていた点である．食品添加物の指定品目増加や食品汚染問題をはじめ，にせ牛缶事件や色もの牛乳など「うそつき食品」に対する反対運動が起こり，また1964年には第1回全国消費者大会を開催し物価値上げ反対デモを実施するなど，日生協において全国統一のCO-OP商品が開発される気運にあった．こうした結果，環境配慮型のCO-OP商品として，洗剤「コープソフト」が開発されたのである．

(4) 急速成長路線の破綻と福島総括

1960年代に急成長を遂げたのはスーパーマーケット型，すなわち落下傘方式によって店舗を増やした生協（札幌市民生協や東京生協を代表とする）であった．しかし，それらの生協のある部分は，組合員組織の力量以上に店舗展開をすすめ，借入金の増大と財政構造の悪化をまねき，資金面の行き詰まりや経営困難に陥った．

こうした事態の背景には生協の地域政策が影響を与えていた．地域政策とは1968年より検討された小売業間競争におけるシェア拡大の諸方策の総称をいう．具体的な計画は「人」「物」「金」の3つの対策に区分される．「人」の対策では，人材を大学生協連との協力で配置し，研修会をすすめ職員教育を徹底すること，「物」の対策ではCO-OP商品のいっそうの開発促進，衣料品の本格展開，アメリカのチェーンストア，集配送機能についての視察，「金」の対策では，労金・労災等，農協・漁協等，市中金融機関からの借り入れにおくこと，としていた[17]．

これは，組合員組織による生協づくりの視点が欠落している政策であり，地域政策，急速成長路線は結果として行きづまる．

1970年の日生協第20回福島総会の有名な「福島結語」はこういった状況の下で交わされたものである．そこでは，「落下傘方式」による急速な店舗展開を行うことの問題を指摘し，組合員に依拠した事業活動の重視がうたわれた．その結果として，組合員組織を重視する生協運営が全国生協の基本ともなり，その後の生協事業は大きな発展を遂げることになる．

福島結語は，おおよそ以下の文言で締めくくられている．

　「現在強行されている高度経済成長政策の下で，物価の上昇，有害食品の氾濫，社会保障の後退，公害などによって，国民の生活と健康は破壊され，その中で生協に対する期待は，却て非常にたかまっていることをお互いに確認し，その国民的要望に応え，わたくし達は生協運動の発展，拡大をはかることを決意致しました．／そして生協運動は本来組合員に依拠し，民主的運営を貫徹することが何より大切であり，組合員組織の充実こそが生協発展の基礎であることを意志統一しました．／つまり，組合員の願望やエネルギーをいかに汲みとり，生協の日常運営に結合させるかということです．その主体的力量を基礎に商品政策，店舗政策を検討することが大切であり，この基調を軽視して経営戦略的観点でビッグストアの進出に対処したり，急速成長を考えた場合には，却て本末を転倒して，生協運動を危機に陥れることになる……」そして，「特に CO-OP 商品は生協のシンボルであり，組織拡大の武器であるという立場から積極的な開発と純良性が強調され，また生協の資金対策としては今後のきびしい経済情勢の下でゆるぎない発展を克ちとるためにも，組合員による自己資金の充実が何よりの基礎でありその急務が強調されました」．「要は大衆を信頼し，組合員に依拠した活動こそが，生協運動の基本であり，それをふんまえて，すべての方針や政策がたてられなければならない」とある（同上，425-7）．

　1970 年代以降，生協運動の発展は，以上の福島総括を踏まえてすすめられた．福島総括の焦点は，第 1 に組合員に依拠した事業経営の重要さ，第 2 に生協は「ビッグストア」と力で対抗することはできないこと，第 3 に商品開発（CO-OP 商品）の重要性と自己資金の必要性，であった．この総括に則った事業経営が，1970 年代からの生協運動発展の推進力になったのである．

4. 1970年代以降の生協運動の発展

(1) 高度経済成長の終焉と物価問題の激化

　1970年代に入り，1971年のニクソンショックと1973年秋のオイルショックを契機として「狂乱物価」と物「不足」が発生する．10年以上も継続した日本の高度経済成長は終焉し，以後低成長時代に突入する．

　生活面でいえば，トイレットペーパー，洗剤，灯油など生活必需品の不足と値上げ，さらに公共料金の大幅な値上げが引き起こされた．不況とインフレが同時に進行するスタグフレーションの下で深刻な生活困難に陥ることになった．

　このような動きに対し，生協は全国・各地方消団連や消費者団体と連携し，たとえば独占企業による灯油価格の不当値上げや売り惜しみに対し，北海道・東北など各地で灯油裁判を行った．この期のひとつの動きとして指摘できよう．

　また，AF2や合成着色料など食品添加物問題に対して，各単協によるコープ商品および日生協によるCO-OP商品の開発・普及がすすめられた．

　こうした運動の結果，1970年代から1980年代にかけて日本の生協は急成長し，日生協に加盟する組合員数だけをみても，1976年に500万人を突破し，その後も，急速な勢いで組合員数と事業高が増加し，10年後の1986年には1,000万人を超えるまでに至り，事業高においても1976年の3,700億円（地域生協のみ）から1985年には1兆3千億円に達するようになる．

(2) 班組織による組合員活動の発展と共同購入業態の開発

　1970年代の生協事業経営は，共同購入事業の著しい進展が特徴的である．それを可能としたのが班組織であった．班組織は，1960年代にはすでに重視されていた．班組織が飛躍的に増加するのは1970年代に入ってからであった．1970年から1975年にかけての全国生協の班数は2万から10万3千

へ，班員総数は25万人から100万人，班組織率は8.5%から19.2%へと急増した（同上，441）．

班組織は，「生協運動上の基礎組織である」と1960年代に定式化されており，生協組合員は，班会議の場を通して運営参加が保証された．より細部の活動については，各生協ないし班の実践にまかされていた．後に班組織が発展するにつれ，積極的組合員がグループ活動やサークル活動，商品研究，委員会活動を手がけるようになり，班を土台にして組合員活動が質・量ともに発展するようになった．

組合員組織活動の進展の結果，生協への新規加入の促進，出資金増強，利用結集など事業拡大に関わる実践がすすめられ，事業規模がいっそう拡大することにもなった．また，組合員活動が組合員参加による店舗づくりに発展し，大規模商業資本の地域進出に歯止めをかける取り組みに発展した事例も現れてきている（これについては，全国生協労働組合連合会編［1980］における，ダイエーの進出とそれに対応した鶴岡生協の取り組みが参考になる）．

班組織拡大の方針は，各組合員の意志が班会議などを通して生協運営により反映されることを可能にした．それを事業形態的にも実現させたのが共同（単協によっては協同とも表記）購入という商品供給形態であった．

共同購入そのものは，1970年代における生協独自の事業形態ではなく，1950年代から牛乳の共同購入運動などの形で徐々に行われていた．消費者運動の高揚とともに，その運動主体も経営体に発展し，取扱う商品群も拡大してきた．そして，共同購入運動から店舗も有する地域生協に発展する例も現れる．他にも，店舗で展開してきたが共同購入も導入する例や，現在まで共同購入のみを行う例もみられる．共同購入業態の導入過程は多様で，たとえば，当初は共同購入運動を行っていたが後に地域生協として発展した例として，盛岡市民生協，名古屋勤労者生協などがあげられる．また従来は店舗展開を行っていたが共同購入を後になって採用した例として札幌市民生協など多くがあげられる．現在も共同購入を中心に展開をすすめる生活クラブ生協が知られている．ともあれ，後に，共同購入は店舗形態と並び生協の2大

業態として確立することになる．

　以上のように，班組織による共同購入という事業形態が，生協運動の伸張に大きく寄与した．しかし，業態開発や班組織導入のみが伸張要因だったわけではない．

　共同購入は，確かに，事業経営面からみれば，店舗に比較して少ない投資で経営が可能で，比較的優位な業態であった．しかし当初は，班単位での注文書の回覧・集計・提出・集金に組合員，特に班長の負担が大きかった．組合員労働に事業経営の多くを依存していた．後に OCR による個人別注文，自動振込方式の導入やピッキング・センターの設立による商品選別の技術開発もすすみ，急速拡大が可能となった（田中 [1998] 78-86）．組織運営の面でみれば，班組織は，当時の生活様式（核家族世帯の増大，都市近郊人口の増大など）と社会経済の諸条件（不況による女性の専業主婦化）が相まって形成可能となったのである．したがって，生協の事業形態とは，組合員の生活様式の諸変化によって変わりうる存在といえた．

(3) CO-OP 商品と産直事業

　1970 年代～1980 年半ばの事業伸張を支えたのが，「安全・安心」な商品を，という組合員要求に応えた CO-OP 商品や産直品の開発・供給である．

　CO-OP 商品の役割については，1982 年に日生協の総会で決定された「コープ商品の意義と役割」および「コープ商品開発の基本方針」に端的に示されている．そこでは，①組合員の商品に対する要求を実現し，くらしと健康を守る，②組合員の協同と連帯を促進し，生協運動を拡大・発展させる，③現代の商品をめぐる諸問題を社会的に提起し，改善する，④生協運動を主張し，競争の中で事業活動を強める，の 4 点が意義づけられ（生協総合研究所編 [1992] 263-74），①組合員の要求と商品活動を基礎とした開発，②品質・機能・価格のそれぞれに訴求点を明らかにした開発，③生活の要求に応え，生協の商品を充実させる多品種の開発，④生協の事業を強める開発，の4 点が商品開発の基本方針として示されている．

以上のような「基本方針」によって，日本各地の組合員が要求する，食糧の安全・安心・低廉性といった商品の開発を，日生協の「CO-OP 商品」として実現していった．

　反面，地域的・階層的な違いを有しながら広がってゆく各単協組合員の要求に，果たして CO-OP 商品が充分に応えることができているのかどうかが，問題点としてあげられよう．実際，この時期は全国各地で様々な生協が設立され，急伸張したが，その結果，組合員の高い要求に応える商品開発が可能な地域生協（主に大手生協）と，CO-OP 商品の依存度の高い生協（主に中小生協や地方生協）とに分化し，逆に CO-OP 商品の存在理由が希薄になる危険性を含むようになった．そこで 1980 年代後半には，新たな事業が検討されるようになるのである．

　産直事業に関しては，事業を本格化したのがこの時期であった．それを明確に示すのが，1982 年度の日生協の総会方針である．そこでは，食糧自給率の向上を目指すために，日本農業の発展を必要とし，消費者の利益を守るための政策転換が提起され，産直活動を重視している．組合員がより良い食料品を要求し，かつ応えるという積極的な事業活動とその成果が，たとえ組合員層ごと単協ごとの姿勢の強弱はあれ，この時期の生協運動には認められる．そして 1990 年代に入っても生協事業に占める食料品の扱い割合は極めて高くなっている．

　つまり，日本の生協においては，様々な業態の追求と様々な商品開発をすすめてきたが，その 1980 年代の到達点が「安全・安心」な食料品に比重をおいた事業経営であったといえよう．

　以上，日本の生協は，戦後まもない時期（第 1 の高揚期）には，食糧危機に際して食糧確保を第 1 目的として結成されたが，食糧難の解消とともに生協運動も停滞する．その後，いわば産業資本主義期のような日本の労働者の生活実態から，労働運動を契機とした地域勤労者生協が展開してゆく（第 2 の高揚期）．そして，地域勤労者生協が，労働運動の後退や近代的な商業理論（チェーンストア理論）に遅れてゆく中で，地域市民生協に転換する．ま

た公害問題や高物価問題といった課題の解決のために，生協の担い手も勤労者から家庭の主婦に転換するのであった（第3の高揚期）．しかし，急速な成長路線は「福島総括」において反省され，以後の生協運動は班組織を基礎組織とする新たな展開を模索する．1970-80年代の中葉まで，共同購入という業態を開発した生協運動が大きく成長してゆく過程であった．その時期は，CO-OP商品の開発，共同購入事業の成長，食糧取扱いの増大などによって組合員の利用向上を促進した．

　以上の結果，生協事業は組合員数，事業高，商品供給の仕組み（店舗・共同購入業態と班組織）など世界でも際だった発展を遂げている．

　このように，戦後日本の資本主義において発生する地域住民の生活問題を，何らかの形で解決するための運動の1つが生協運動であったのである．

注
1) 本章の検討にあたっては，主に日生協編［1977］，日生協［1964］，生協総合研究所編［1992］，日生協創立50周年記念歴史編纂委員会［2002a］，同［2002b］を参考にした．なお，協同組合史とは「勝者の歴史」（生協幹部へのインタビューの際に発せられた言葉）でもあるので，刊行主体によって内容に温度差があることに注意する必要がある．最近では，「戦後革新勢力」つまり，「政治や社会の民主的な変革をめざす進歩的で革新的な運動団体」（五十嵐編［2011］10）の1つに戦後協同組合を位置づける研究も現れている．たとえば，山縣宏寿「占領期における生協運動の再生」（五十嵐編［2011］313-30）では，終戦後すばやく結成された日協同盟（日本協同組合同盟）の特徴，歴史的位置について検討を加えている．生協職員（労働組合）側の見地としては，「戦後日本の生協運動史と生協労働者」生協労連・生協研運営委員会編（［1986］206-43）が参考になる．
2) 労働組合でいえば，1945年末には855組合60万人を擁し戦前の最高水準を突破した．1946年1月には日本労働組合総同盟，同年2月には日本農民組合が結成された．
3) 復活メーデーには約50万人という大集団が皇居前に結集し「食糧の人民管理，働けるだけ食わせろ」「隠匿物資の摘発，大邸宅を開放せよ」などのスローガンが決議されたという（日生協［1977］30）．
4) 「高揚期」という表現は『25年史』に初めて登場する（日生協編［1977］）．その後，様々な文献に使用されるようになる．本書においてもその表現にならった．生協総合研究所編（［1992］96-117）も参照のこと．

5) 農協や漁協も視野にいれていた理由として，当時の「官制協同組合」の民主化も課題となっていたことがあげられる．この時期，日協に組織化する組合とそれ以外の組合も併せて，組合数 6,500，組合員総数 300 万人に近づくに至ったという（日生協編［1977］10-4，川野重任編［1986］389）．なお，1945 年 11 月に創立された日本協同組合同盟の機関紙，『日本協同組合新聞』は 1988 年に復刊された．日本協同組合同盟［1988］がそれである．
6) 1948 年から 50 年にかけて，茶の公定価格の廃止，野菜の配給制度の廃止，繊維製品の統制廃止，水産物の統制廃止と，米穀・砂糖・油脂などの一部を除き消費物資の大部分の統制が廃止された（日生協［1977］72-3）．
7) 家庭会とは，生協において料理・生花・手芸などの講習や映画など娯楽の催しをおこなう婦人による組織．日本では大正 13（1924）年に神戸消費組合において初めて結成されている．本位田祥男（［1960］94-5），山本（［1982］160）を参照のこと．
8) 現在この名称の生協は存在していない．『新版協同組合事典』によれば，地域勤労者生協とは，「一定の職場をもつ幾つかの労働組合が，横に手を組んで組織の中心，つまり地区労が労働者福祉活動の一環としてそれを位置づけ，それに同地区内の市民も含めて購買生協活動をおこなうもの」（川野重任［1986］563）である．本書で述べるように 1950 年代に全国で続々と設立されたが，主に労働組合員が経営を管理し，本来的に経営面の弱点を有していた．結局，経営力量を向上させた生協が地域市民生協に転換し，生き残ることとなる．
9) 鳥取県において労働政策の一環として設立された西部生協の事例分析については，原山「生協運動のなかの消費者」（同［2011］93-183）が詳細な分析を行っている．ここで原山は，労働政策として上から作られた生協が，労働組合とは異なる消費者への対応として変容してゆく過程を，商業界との対立，消費と労働との分離，高度経済成長の契機など，様々な位相から検討を加えている．全国各地の戦後生協史もこうした視点で改めてまとめ直す必要があるのではないか．
10) 林直道は，高度経済成長を可能にした要因として，膨大な設備投資とそれを可能にした資金と労働力が存在していたと説明している（林［1996］の第 2 章参照）．
11) 『25 年史』によれば，1956 年には 10 数店舗の生協がセルフサービスを導入したが，そのころは全国小売店でまだ約 100 店舗に過ぎなかったという．生協がいかに先駆的な役割を果したかが理解できる（日生協編［1977］181）．
12) 炭鉱生協については同上（149-54）とともに，北海道については北海道生協運動史編集委員会［1987］が，道内炭鉱生協の設立から解散までを概史としてまとめており参考になる．
13) 佐藤日出夫・美土路達雄によれば，1961 年 6 月の鶴岡生協総代会で「班は生協の基礎組織」であると確認した（同編編［1968］95）．なお，鶴岡生協，現在の共立社生協の取り組みについては，沢田・平井［2006］が公にされている．
14) 1949 年の日協の運動方針には，班会・家庭会と呼ばれる小グループの組織を確

立・強化し，経営の基礎を固めることを提起し，決定をしている（日生協編［1977］288-9）．
15)　小谷正守・保田芳昭によれば，1950年代当時は独占資本のマーケティング戦略の一環に組み込まれた消費者運動の段階だったものが，1960年代に入り消費者団体の商品テストや教育ではもはや消費者被害の予防や事後措置が不可能になるような事態が続発し，そこから消費者問題の根源へ迫る活動が多面的に展開するようになったとしている（同編［1980］125-8）．
16)　CO-OP商品という用語は，日生協が開発した特定の商品種類のことを指し，その他，各単協で開発したものはコープ商品と呼び区別する．名称の区分やその検討は，宮村（［1988］252-68）において詳細に行われている．
17)　地域生協における地域政策については，その時々で内容に差異がある．全国連の姿勢については，日生協編（［1977］364-71）がある．また，生協職員側からの見地は生協労連・生協研運営委員会編（［1986］194-205）が参考になる．

第5章
生協の展開過程（2）
―1980年代後半より現在まで―

1. 生協事業と社会経済情勢：1980年代後半〜90年代

(1) 生協組織・事業の到達点

　1970年代から現在にかけての生協は，事業経営面からみれば，まさに「急速成長」と呼べるほどの伸張を示した．この要因は，一面では共同購入という，組合員組織の結合が同時に可能な新業態開発のゆえであったとともに，高度経済成長後に発生した諸矛盾に対応する事業活動として時宜にかなっていた点が指摘できよう．

　しかしながら，1990年代以降の生協はこれまでにない局面を迎えるようになる．多少の紆余曲折を経験しつつも，ここ数十年間は右肩上がりで伸張してきた生協事業の総事業高や1人当たり利用高などが，1990年代半ば以降には停滞ないし逓減するようになってきたのである．

　まず，今日の生協の到達点を確認する．表5-1は，日生協に加盟する会員生協に対して毎年行う生協経営実態調査を基に集計したものである．この調査はほとんどすべての単協が協力しており，厚生労働省社会・援護局の統計とともに生協の概要を数値的につかむための代表的な資料となっている．

　組合員数をみてみる．1985年度の組合員数は1,018万人，1995年度の組合員数は1,863万人で，毎年80万人強の組合員数増が見られた．ただし，組合員数の伸び率を見ると，1980年代は前年対比10％近い伸張率を示していたのに比して，2000年以降は，せいぜい1〜3％程度にとどまっている．

表 5-1　生協の年次別推移

年次	生協数	組合員数（万人）	伸び率（％）	組合員出資金（億円）	総事業高（億円）	伸び率（％）	1人当たり出資金（万円）	1人当たり利用高（万円）
1985	657	1,018	110.5	1,141	18,731	110.7	11,208	183,998
1990	658	1,410	105.5	2,404	27,772	111.0	17,050	196,965
1995	647	1,863	103.4	4,130	32,739	101.6	22,169	175,732
2000	597	2,104	101.1	5,080	32,832	98.5	24,162	156,046
2005	629	2,352	103.1	6,592	33,268	101.6	28,173	141,446
2010	595	2,621	101.7	7,295	33,223	99.1	27,822	126,757

注：1）『生協の経営統計』各年次より作成．
　　2）2005 年以降の生協数は大学生協を含む．
　　3）2005 年以降の組合員出資金は日生協非加入の大学生協を含む．
　　4）伸び率は対前年対比．

　次に総事業高を見ると，1980 年代には毎年，前年対比 10％ 程度の伸び率を示し，1990 年代には 3 兆円を超えるに至った．1990 年代後半には前年割れの年も生じ，2000 年代に入り，供給高の伸びは停滞しているといってよい．その停滞傾向を示す重要な指標が 1 人当たりの利用高である．1980 年代には増加傾向にあった 1 人当たり利用高が，1990 年度の年間 196,965 円をピークに以後減少を続けている．2010 年現在では，年間約 12 万円強で，数年間にわたるデフレの影響とはいえ，利用高の逓減は今も続いている．この傾向はあくまでも平均値であり，全国生協において同じ状況ではではないが，従来の成長過程とは明らかに位相を異にしている．
　こうした状況は，今日の生協が消費生活の中で無視のできない存在に成長したことを示す一方で，事業経営において新たな対応を余儀なくされている段階ともいえる．
　協同組合の事業経営は，担い手である組合員の生活実態を反映するとともに，政治経済情勢など外的要因とも関連して展開する．特に 1980 年代後半以降，生協事業に大きな影響を及ぼした外的要因として小売商業との競争激化が指摘できる．というのも，生協事業再編の内容が店舗事業形態の再構築として現れているからである．以下では，プラザ合意以降の，生協事業における大規模店舗化をめぐった動向や議論を確認する．

(2) 経済構造調整と流通規制緩和

　1985年のプラザ合意は，アメリカの経済困難（双子の赤字）を各国が協調介入することによって支えることを主目的としていた．その結果，日本は急激な円高に突入するが，アメリカと日本との貿易摩擦の解消とはならず，日本の経済政策の転換を必要とするようになる．中曽根首相（当時）の私的諮問機関による「前川レポート」では，日米間の収支不均衡の縮小，産業構造の転換，内需拡大などが目標として掲げられた．そのための手段は市場メカニズムの活用であり，公共事業部門の民営化や様々な規制緩和などが実行されていった．

　国際的には貿易不均衡解消のために日本農業が集中放火を浴び，農産物総自由化の気運が高まる．そして，1993年12月にガット・ウルグアイ・ラウンドの農業合意を時の政府が受け入れ，1994年12月にはWTO協定が国会で批准される．こうして，コメをはじめすべての農産物に輸入自由化の道が開かれることになった．

　1989-90年の日米構造協議，その後の日米包括経済協議等においてアメリカ側が主張する「大規模小売店舗法（大店法）」等の規制緩和は，大手小売業の進出をより容易にし，生協店舗との競争がいっそう激化してゆく．2000年5月をもって大店法が廃止され，新たに大規模店舗立地法（大店立地法）が施行されるようになった（2001年1月31日に完全廃止）．

　生協事業と商業活動との関係でいえば，中小小売商業保護と生協店舗展開との対立をめぐって，いわゆる「生協規制問題」がこれまで発生していた．しかし，それは，一面では生協運動の民主的側面を抑圧する政治的な契機から発生していたが（柳［1986］），反面では，経営偏重の「急速成長」路線が中小小売商業との摩擦を招いていたという実態も反映していた（生協労連・生協運営委員会編［1986］237）．いずれにせよ，この生協規制は生協事業を根底から覆すことにはならなかった．ところが，1990年代の「大競争」時代にあっては，グローバル化した大規模小売商業資本との小売競争に直面することになる．アメリカの強力な要求があった大店法廃止など，一連の規制

緩和の動きはそれを根拠づけている.

　こうした外的状況の下で，日本の生協は事業構造再編をすすめようとした．事業構造再編とは，具体的には，県域を越えた新たな事業連合・事業連帯を結成する方向と，大規模店舗展開の方向である．

2. 生協事業構造再編の契機と内容

(1) 大型店舗事業と「消費の組織化」論

　生協事業構造再編のために店舗事業が検討され，大規模店舗化が各地で進められたが，その事業を補強する代表的な理論が「消費の組織化」論であった（野村他編［1986］4）．その主張は概ね次のようである．すなわち，1980年代後半における生協の到達点である組合員組織率20～30％と小売りシェア約2.6％を飛躍的に高めていき，社会的な影響力をつける必要がある．そのための主力業態は店舗である．そして，その成功には県域を越えたリージョナルな連帯を構想し，大手量販店に競争できる力量を身につけるため，大手生協の力を結集した実践が必要だ，という主張である．

　店舗事業において注目すべきは，「消費の組織化」戦略推進のために，大型店の展開による非食品領域やサービス分野にまで踏み込んだ商品供給が主張され，実践されていることである（野村編［1992］87-99）．この主張は食品供給で70％のシェアを実現していた地域生協の供給事業を，より一般スーパーのような商品供給構成比に変えようとするいわば協同組合の「企業化」段階を典型的に示す事業方向といってよい．協同組合の「企業化」段階の意味するものとして，協同組合における内部留保の増大とそれを基礎とした経営者機能の自立化が想定されている（鈴木・中嶋編［1995］161-81）．事実，地域生協においては，80-90年代にかけて，店舗面積の規模が増大している．第1に，1店舗当たりの売り場面積が1989年の605平方メートルから1997年には912平方メートルに50％程も増加したこと，第2に100坪（330平方メートル）以下の店舗が減少して，3,000平方メートル以上の大規

模店舗が増加している等である（佐藤［2000］33）．

以上の理論的根拠をもとに，1990年前後から，県域を越えた事業連帯・事業連合やコモ・ジャパン（日本生協店舗近代化機構）のような新しい形の連帯組織が，具体的に結成されるようになった．

(2) コモ・ジャパンの設立と内容

コモ・ジャパンは1990年11月に日生協に加盟する大手11生協によって設立された[1]．

その設立趣意書によると，1990年代の流通再編と競争激化の中で，全国の購買生協は「総世帯数の20％を超える組合員となり，班活動を中心とした組合員の活動力は，他の様々な事業体に例をみない大きなものに成長してきた」．だが，組合員の要求にこたえた事業規模となるときわめて脆弱であるため，生協活動の遅れた面を強化し，「消費者の生活を守り育てるためには」「本格的な店舗展開が全国の生協に強く求められている」．そこで「日本生協店舗近代化機構」を設立し，「全国の拠点的地域生協が共同して」「店舗展開の促進」や，「加盟する生協が各地方で生協間の連帯を強め」，「広範な消費者の生活要求に広く応える」ような事業力量をつけるために寄与する，と述べている．

コモ・ジャパン設立の背景としては，日生協幹部（当時の高村勲会長を含む）らが，ヨーロッパ視察を通して日本の生協事業経営に危機感を持ったことにある（日生協創立50周年記念歴史編纂委員会［2002b］310）．

コモ・ジャパンの事業内容は大きく4点に分けられる．第1は店舗の開発と支援である．つまり共通の店舗モデルをつくり，それを基準に加盟生協に積極的に店舗展開をさせようとする事業である．いわゆるハード面の事業といえる．第2にはソフト面にあたる商品の仕入れ，開発事業である．第3は，人材の育成に関する事業である．「コモテック・こうべ」という長期留学制度（2年間）を設け，大型店舗運営を任せられる人材育成のため，教育・研修を行う．第4は競争に打ち勝つための情報システムの開発である．そのた

めに(株)コープ情報システムセンターを設立し，より高度なシステム開発と経済的効果の追求を行っている．

　つまりコモ・ジャパンとは，大規模小売商業との競争に打ち勝てる，店舗展開を基本とした事業戦略であった．しかしコモ・ジャパンへの参加生協すべてがこれまで店舗を中心に事業をすすめてきたわけではない．いわゆる店舗型生協は加盟生協中半数にも満たず，コモ・ジャパンと加盟生協の現実の展開とは必ずしも一致していない．店舗型の大規模生協にはコープこうべ，コープさっぽろ，ユーコープ事業連合，都民生協が属し，これに対して，共同購入型生協としてめいきん生協，エフコープ，いずみ市民生協と分かれる（野村他編［1986］193）．コモ・ジャパンに加盟していることは，共同購入中心の生協も今後は店舗展開に重点を移すことを示唆する．

　コモ・ジャパンとは以上のような事業内容をもったものであるが，趣意書の短い文章の中にも注意すべき部分があった．第1は，組合員の生活実態を把握し，その主体的要求によってすすめられるのではなく，大型店出店のために経営体質の近代化が求められ，そのための連帯化であるという点である．「組合員参加」という姿勢よりも，戦略的により一般の小売商業に近づく「企業化」の方向が確認できる．

　第2は，コモ・ジャパンに加盟する生協が，得られたノウハウを使って，各地方単協を支援するという趣旨が読み取れるが，各単協独自の事業展開ではなく，大手でなければ参集不可能の事業内容を押しつける恐れを含む点である．コモ・ジャパンの商品開発を例にとれば，低価格商品を開発したとしても，あくまでもそれは「引き取り数量責任をもった商品」として各単協に供給している（高村［1997］93-100）．これは，低価格商品開発が可能となった一方で，大量生産ロットを余儀なくされ，単協の側からみれば，大量ロット商品の買い取りを強制されている状況を示している．

　結果として，各単協レベルで考えてみれば，より大量ロットを扱えるような大型店舗化や多店舗化の追求が必要となり，その目標達成のために，生協事業の一層の大型化を必要とすることに，また事業連帯を追求することにな

るのである[2]．それは同時に，中小生協の切り捨てにもつながっている．

3. 県域を越えた事業連帯・事業連合の動向

　生協における事業連帯・事業連合とは，都道府県内にあった単協同士が，共同仕入れや共同商品開発などを行う段階（事業連帯）と，法人組織を結成して共同事業を行う段階（事業連合）を区分して考えることができる．そして，1990年代の事業連帯・事業連合は，都道府県域を越える連帯・連合が検討されていた．

　県域を越えた事業連合[3]は，1990年代に入り全国の様々な地域で始められてた．この時期から，日本の生協事業が都府県内連帯・連合から県域を越えて連帯・連合をすすめる新たな段階に入った．ではなぜ，事業連合・連帯なのか．生協が県を越えて合併できない法制度上の制約は，かつての生協法第5条にあった．そこには「組合は，都道府県の区域を越えて，これを設立することはできない．但し，職域による消費生活協同組合で止むを得ない事業のあるもの及び消費生活協同組合連合会（以下連合会という．）はこのかぎりでない」と規定していた．事実，県内で主要生協がスケールメリットを追求してほぼ一本にまとまると，次は県域を越えた「事業連帯」の追求が目標となる．しかし県域を越える場合にはこの生協法上の制約から，単協を組合員とした事業連合として成立させているのが実態だったのである．

　単協の経済的な理由としては以下の点が指摘できる．つまり，店舗業態をすすめるには多額の投資を必要とするとともに，大規模店舗をマネジメントできる人材を必要とする．また，できるだけ仕入れコストを抑えて剰余を確保したい．こうした理由が事業連合化の契機となっていた．

　2008年に生協法が改正され，限定的ではあるが，県域を超えた事業が可能となった．しかし，法制度上の制約の有無に関わらず，事業連合結成によって，事業の効率性追求とは別に組織運営でのコントロールがより困難となる．事業経営拡大と組織運営との対立点をどのように統一してすすめるか，

またそれが可能なのかどうかが，事業連合設立の当初から現在までの課題となっている．

なお，県域を越える事業連合（連帯）の事業内容には，商品，店舗・販売，物流，情報システム，職員教育など管理に関わる事項がある（表5-2）．表を見ると，事業連合は1990年代に設立が進んだが，2000年以後も近畿，中四国などのブロックでも設立がすすんでいることがわかる．次に，首都圏を

表5-2 主な事業連合の概要（2009年3月現在）

	設立年次	加盟会員生協数	事業区域	事業高（億円）	主な事業内容
コープ東北サンネット	95	7	岩手，山形，宮城，秋田，福島，青森	716	供給事業
コープネット	92	8	茨城，栃木，群馬，千葉，埼玉，東京，長野，新潟	3,775	供給事業，利用事業
パルシステム（首都圏コープ）	90	10	東京，神奈川，千葉，埼玉，山梨，茨城，栃木，群馬，福島，静岡	1,581	供給事業，共済事業，その他
ユーコープ	90	6	神奈川，静岡，山梨	1,657	供給事業，供給支援事業，共通事務事業
生活クラブ	90	29	東京，神奈川，埼玉，千葉，長野，北海道，茨城，山梨，岩手など全国	576	共同仕入事業，申込情報誌事業『生活と自治』発行，電算システム利用料，共済事業
コープ北陸	96	3	福井，石川，富山	225	供給事業，物流事業，システム事業
東海コープ	94	4	愛知，岐阜，三重	740	供給事業，物流事業，情報システム事業
コープきんき	03	7	滋賀，京都，大阪，奈良，和歌山	1,386	供給事業
コープ中国四国	05	9	鳥取，島根，岡山，広島，山口，香川，徳島，愛媛，高知	728	供給事業
コープ九州	93	8	福岡，佐賀，長崎，熊本，大分，宮崎，鹿児島，沖縄	901	供給事業
グリーンコープ	92	14	大阪，兵庫，岡山，島根，鳥取，広島，山口～九州全県（沖縄を除く）	502	供給事業，共済事業

注：1)『生協年鑑』(2010年) により作成した．
　　2) 他に，事業高100億円以下の事業連合として，「コープ自然派」「きらり」がある．

中心として，事業連合の事業区域が重なっている都府県が目立つことである．一般小売業とだけではなく，生協内との競争も激化している．

　これら事業をどの程度まで統合化するかによって，各事業連合にはいくつかのタイプに区分できる．田代洋一［2008］は，個別機能ごと（たとえば，店舗開発・店舗事業，共同購入，生鮮品や産直などの取組）の協同をめざすいわば「部分的機能連帯型」のタイプと全面的な合併までを志向する「統合型」，任意組織のゆるやかな「共同仕入型」に分けた．「統合型」の場合，県域を越えた大型生協合併につながってゆく．実際，2008 年の改正生協法を契機とした「解禁」の後は，コープネット事業連合に参加していた東京，埼玉，千葉の生協が統合し，2013 年 3 月に「コープみらい」となるなど，再編がすすんでいる．

　ただし，事業連合という組織形態にあっては，単協組合員のコントロールがどこまで可能かどうかが課題となる．また県域を越えた合併は，組合員参加の希薄化がすすみ，「協同組合らしさ」が失われることが危惧される．ここをどう乗り越えるかが，大きな課題として残っている[4]．

4. 生協事業構造再編をめぐる論点

　1990 年代の生協事業構造再編に対しては，当時も賛否両論があった．

　大規模店舗事業を推進する側にあっては，大筋として次のような論拠であった．まず，大手スーパーとの競合に耐えてゆくために，先進生協がシステム・店舗業態・商品開発など事業連帯を推進し，小売シェアを世帯組織率にまで高めてゆく「消費の組織化」が必要である．そして，そのためには，アイテム数に制限があり，専ら主婦を供給対象とする，事業効率が悪い共同購入形態ではなく，アイテム数が多く，多様な顧客が利用可能な店舗形態に期待する．店舗展開は同時に大手スーパーとの競争に直面するから，それに対応できる力量をつけるためにコモ・ジャパンの結成を積極的に評価する．また，「組合員組織の属性を無視して効率性の発揮はできない」とはいいつつ

も，都道府県域を越えた，あるいは全国統一的な事業連帯に対して「より高い事業水準をめざす積極的なアプローチ」(野村編［1992］139）であると評価する．

　では，既存の日生協組織でなぜ CO-OP 商品のような商品開発や，施設・店舗開発ができなかったのか．コモ・ジャパンにせよ，新たな事業連合にせよ，なぜ，既存の日生協という連合組織で事業推進できないのか．この理由は次の点にある．つまり，中小生協もふくめ多種多様な組合員構成の日生協では，大手生協と中小生協との性格が違いすぎ，それぞれの実態と主張に見合った方針が打ち出せないのである．それを裏付けるものとして，高村勣（1985-93 年日生協理事長）は，コモ・ジャパンを打ちだした翌年の日生協総会では，「大単協エゴ」「中小単協切り捨て」「日本生協連分裂」等々の過激な言葉が飛び出し，「連合会の古い体質を今さらに痛感した」と述懐している（高村［1997］93-100）．そうした現状に対して，「あの時期にコモ・ジャパンが発足していなかったならば，この数年の空白はとり返しのつかないものになったのではなかろうか」とも述べている．

　以上の推進理由に疑義を呈する立場としては以下がある．山田定市は，コモ・ジャパンや地域事業連合の展開に対し，「このような大規模化，広域化が生協事業運営において主導的位置に立つならば，協同組合が目指す民主的経営とそのための民主的チェック機能はいちじるしく損なわれる」（山田［1993］4-17）と述べる．そして，中小規模の生協もふくめた「生協活動の多彩な存在を重視し，地域に根ざした民主的運営をいかに実現するか」が，生協の社会的役割であり，民主的運営の創造的実践であると強調する．

　実務者側からも，コモ・ジャパンに対する疑問が出されていた．平田稔（元道央市民生協理事長）は，店舗の近代化には同意をしつつも，「なぜ，コモ・ジャパンなのか．店づくりは地域組合員の意向に沿って進めるべきで，全国の大手生協が集まったところで店が作れるわけではない」（『日経流通新聞』1993 年 9 月 14 日付）と批判していた．

　以上の議論を踏まえて，90 年代の生協事業構造再編を特徴づければ，ほ

ぼ次の点に集約される．

　生協は組合員要求を民主的プロセスで事業経営に反映させる組織であり，店舗の「大型化・近代化」事業も，組合員要請を基本として決定されなければならない．そして，その運営システムを組織内部に用意しておく必要もある．店舗，共同購入など事業形態や商品はあくまでも組合員要請に対応した手段として存在していることを確認する必要がある．

　大手生協の連帯組織と，県域を越えた事業連合，そして日生協，単協との関係をどう捉えるのかという点でみれば，各地域生協成員の各種要請に応え得る手段を織り込みながら，連帯・連合組織がすすめられる必要があろう．連帯・連合を目的に転化しないことが重要といえる．

　こうした意思決定のプロセスも重要な論点ではあったが，店舗の大型化・近代化には，生協としては巨大な資金調達を必要とする．したがって，事業構造再編をめぐる焦点は，それをすすめるとしてもどうやって資金調達を行うかが，重要な点であった．

　生協の場合，資金調達のためには，組合債の発行や市中金融機関からの借り入れを必要とする．しかし，単年度の剰余や積み立て剰余が減ったならば借入金の金利負担が重くのしかかり経営難に直結することになる．組合債であっても，市中金利よりも利率が高いから購入しているような組合員へは，金利引き下げは提案しづらい面もあった．

　90年代に経営破綻を引き起こしたコープさっぽろなど北海道の3生協の問題はここに起因する．

5. 北海道3生協問題の発生

　北海道3生協問題とは，釧路市民生協，コープさっぽろ，道央市民生協の経営危機が1996年初頭から相次いで表面化し，地域および全国に大きな影響を投げかけた問題のことをいう．3生協の経営危機問題の発生は，共通する要因を指摘する必要があるとともに，これまで3生協が独自に事業展開し

てきた経緯から，個別の原因を指摘する必要もある[5]．

(1) 釧路市民生協の経営破綻問題

まず釧路市民生協について見る．釧路市民生協が，約67億円もの累積赤字を抱え経営危機に陥ったことが判明したのは1995年暮れから1996年1月にかけてである．不採算店の閉鎖や役員報酬カットによる独自の対応にも限界があり，ついに日生協に救援依頼を行うにいたった．

釧路市民生協問題の特徴は，いわゆる粉飾決算が行われていたことにある[6]．決算書において備品や建物などの資産はより過大に計上，未払金などの負債は過少に計上され，総資産が実態よりも多めに設定されていたのである．粉飾決算操作をせざるを得なくなった背景として以下の点が指摘できる．

第1には地域の産業構造との関わりである．釧路市はかつては炭鉱の街でもあり，釧路市民生協も太平洋炭鉱の職域生協が出発点であった．炭鉱の廃止など地域経済の衰退が生協事業に影響を及ぼした点は不可欠の要素である．

第2には，近年の小売業間競争の激化である．当時約20万の人口を擁する釧路市は北海道においても大手スーパーとの競争が激化している地域であった．釧路市民生協は店舗展開を中心にこれまで展開してきたが，大手小売業との競争激化が経営破綻の要因として大きいものがあったといえる．

こうした事態のもとで組合員や役職員はどのような対応をしたのか．1996年5月の総代会では，総代定員301名中297名の参加があった．これは経営破綻を契機に組合員参加の意識が鮮明になったことを示している．総代会での議論では，生協をなくすわけにはいかないという声とともに，組合員結集の点では自らも反省する余地があったとの意見も出ている（大西［1996］31）．危機を契機として生協組合員の再結集が図られようとしている．

役職員についていえば，賃金引き下げ，休日日数の削減，パート労働者の削減等をすすめている．また，一部債務の返済に役員や幹部職員の個人資産を充てる検討もすすめられた．

コープさっぽろから人材派遣も受けたが，そのコープさっぽろが間もなく

経営危機に陥るのである．

(2) コープさっぽろの経営悪化問題

　コープさっぽろは，1997年の3月期で20億円以上にのぼる赤字を計上した．『日本経済新聞』(1997年5月29日付) には，赤字計上の理由として，「支払利息や人件費など従来次年度に繰り延べていた経費を一括計上したことが直接の要因だが，背景には経営実態を明らかにして職員や組合員で危機意識を共有し，収益体質改善につなげる」目的があったと指摘している．では，この時期になぜ経営悪化の実態を明らかにしたのか．

　その前年5月5日のコープさっぽろ常勤役員会の場で，コープさっぽろトップの理事長が退任に追い込まれた．ワンマンで知られる経営トップの事実上の解任により，コープさっぽろの再建をすすめる契機がおとずれ，初めて経営悪化の事実を公にできたのである．ただ，こうした「造反」が行われたのも，コープさっぽろの経営状態が極めて悪化していたからであろう．

　ここに至るまでコープさっぽろの抱える問題はどのように整理できるのか．

　上野雅樹 (元コープさっぽろ専務理事) は，1990年代にコープさっぽろが直面していた問題として「慢性的な営業成績の不振，それを執行不全の問題に矮小化したトップマネジメント，世代交代の遅れ，何よりも組合員活動家の高年齢化と活動のステレオタイプ化である」点を指摘する (上野 [1997] 5)．こうした危機感から『生協フォーラム21』という部長クラスや労組メンバーなどによる会が結成された．この会が1994年6月に作成した『コープさっぽろの危機と私たちの提言』は，コープさっぽろの危機を意識していたものであった．だが，理事会トップによって全否定され，労働組合や中堅幹部職員と理事会トップとの対立は深まってゆくのである．こうした矛盾が釧路市民生協の経営破綻などを契機に一挙に爆発したのが，1996年5月の常勤役員会での解任であったともいえる．

　常勤トップの解任後，コープさっぽろでは三者協議会——理事会・労働組合・協友会 (労組と中堅幹部たち) ——を結成し，職員が一体となって経営

改善に乗り出しているが業績は低迷したままであった．1998年には日生協からの資金援助や新理事長の派遣など全国の生協による支援がすすめられている．そして，コープさっぽろ常勤トップの解任事件のあったすぐ後に道央市民生協の経営悪化問題も表面化する．

(3) 道央市民生協の経営悪化問題

道央市民生協の経営悪化（約300億円の供給高で，実質約5億円の経常赤字）が表面化したのは1997年3月期決算の頃である．続く5月30日の総代会では，経営悪化の要因として，釧路市民生協の経営破綻による不安から組合債が引き出されたことと，千歳・恵庭など小売業間の競争激化が指摘された．さらに，経営危機を招いた事業経営の問題として，①1994-95年に営業力に見合わない投資があったこと，②出資金の不足を，債券，銀行借入金に依存する体質を改善できなかったこと，③常に右肩上がりを想定した経営戦略から転換するのが遅れたこと，④改装・出店について組合員の意見を中心として決定するという面が不十分であったこと，を総括している．

ところで道央市民生協においても，その経営実態を理事会に隠蔽していた事実が判明し，経営役員たちが総代会で辞任するという結果となった．

組合員はこの時どのような反応であったか．1997年2月の組合員アンケートにおいて，生協を支持する組合員は8割を占めていた（道央市民生協『第30回定例総代会議案書』1997年5月30日）．理由として，コープ定期便の存在によるものが34.4%と最も高く，次いで有機・低農薬の野菜や果物を扱っているという理由により27.5%，コープマークの安全商品を扱っているという理由により22.5%の組合員支持を得ていた．また，1996年度の供給高では前年を上回っていることからも，組合員の結集不足だけに問題の所在があったとはいいきれない．経済環境が急激に厳しくなった中で，借入金依存の体質から脱却できないままに経営が悪化した事例ではなかったかと考えられる．

以上，北海道3生協の経営悪化・破綻問題の経過をみてきた．北海道では

これら3生協問題以外にも，人口減少がすすみ，コープさっぽろとの合併も不可能となり，解散にいたった夕張市民生協の事例がある．

6. 90年代生協事業の総括

(1) 北海道3生協問題の総括とその後

　1997年6月に行われた日生協総会では，北海道3生協の問題は，基本戦略上の誤りがあったとともに，経営実態を隠して組合員から資金を集めるなどの，経営倫理上の問題があったと指摘している．端的に言えば，「経営倫理と事業運営の問題」だったのである．

　その後，経営困難に陥った北海道内各生協へ，日生協からの役員派遣や資金援助などの支援がすすめられた．前述の「基本戦略上の誤り」とは，80年代の総合スーパー化（GMS）戦略である．本州大手のスーパーに対抗するために，コープさっぽろ等では，食品だけではなく衣料品や雑貨などの品ぞろえを行う店舗事業を展開したのである．それに必要な資金は組合員債でまかなったため，この金利負担が経営破綻の大きな要因となった．大規模店舗展開に踏み込んでいたコープさっぽろと道央市民生協の経営破綻の1つの要因はここにある[7]．

　その後，コープさっぽろには日生協から役員が派遣され，大規模なリストラに乗り出す．また，生鮮食品を中心とした品ぞろえに店舗を転換させるとともに，トドック（コープさっぽろの個配事業）にも力を入れる．さらに，北海道内の単協の統合をすすめ（2003年に釧路市民生協，2005年に宗谷市民生協，2006年に道央市民生協・コープどうとう，2007年にコープ十勝との統合），道内の地域生協は，「コープさっぽろ」にほぼ一本化されることになる（コープさっぽろの経営破綻から回復までの経過は，現代生協論編集委員会［2005］189-192が，組合組織と経営との関連が述べられていないものの参考になる）．

(2) コモ・ジャパンの解散と総括

1990年に設立したコモ・ジャパンは，1999年12月の常任幹事会において解散すること決め，翌2000年3月にその活動を終焉させた．なぜ解散したのか．幹事会の経過報告（日生協創立50周年記念歴史編纂委員会［2001b］）1001-1002）も手かがりとして解散理由を2点指摘する．

第1に，コモ・ジャパンの中軸メンバーであったコープさっぽろの経営破綻の影響である．コモ・ジャパン路線の先頭をすすんできたコープさっぽろの大規模店舗事業が――それ以外の理由もあったとしても――破綻につながったことは否定できない．幹事会報告にあっても，「経営環境の激変と流通競争の進行の中で，店舗事業の収益性問題が表面化し，またいくつかの拠点的生協で収益性向上への改革が求められる状況が出ています」（同上，1001）としている．

これは，バブル経済の崩壊後の経済環境の悪化の下で，店舗事業展開のための力量以上の資金調達を行った結果として収益が悪化したのである．

第2に，コモ・ジャパンの商品戦略の問題である．幹事会総括には，「良品質低価格」商品をコモ・ジャパン会員生協で共同開発するという戦略は，「一定の先進的役割を果たしてきましたが，今日の競争激化の中で，より効率的でスピードのある方法論を求められるようになってきています」とある（同上，1001）．この文言では何が問題となったのか分からないが，日生協の50年史では，「低価格実現のためにはコモ・ジャパン会員生協を中心に数量引き取り契約の履行があった」と記している（日生協創立50周年記念歴史編纂委員会［2002b］367）．つまり，低価格実現のために，取引ロットが大きかったとともに，引き取り契約（返品なし）で販売していたのである．中小生協にあっては，もとよりコモ・ジャパン商品を扱うことが難しかったのである．

ただし，コモ・ジャパン路線が完全に終焉したかというと，そうとはいえない．収束宣言には，「こうした，今日の生協事業が置かれている状況と変化を総合的に考慮した結果，拠点生協のみで構成するCOMO・Japanの使

命は基本的に終了し，今後は広く全国の生協の中で進めるべきことは日本生協連への結集を強め，連合会を中心とした協同・連帯の強化の中で進めるべきと判断し，協同・連帯の新たな発展を展望して，COMO・Japan の発展的解消を判断したところです．COMO・Japan の場で進めてきた多くの活動も，今後は日本生協連の場で広く全国の生協を対象に進められて行くように日生協に要望し，そのように準備が進められております」（日生協創立 50 周年記念歴史編纂委員会 [2001b] 1002）とある．

こうした収束宣言では，「そもそも設立された目的はどこまで達成でき，どこが実現できなかったのか，その原因はどこにあったのかという組織内外に向けての説得力のある総括はまだ明らかにされていません」と批判されるのも当然であろう（山本 [2007] 141 を参照のこと）．

むしろ，県域を越えた事業連合，さらには事業連合が全国的に統合した生協が，新たな担い手になると企図しているのではないか．

(3)　90 年代店舗事業の教訓：高村勲は何を語っていたか

ここでコモ・ジャパンを牽引した高村勲（元日生協会長，コープこうべ理事長）が店舗事業についてどのような知見を有していたか確認しよう．

現在では共同購入に加われない人びと，すなわち「働く主婦層の増加，女性の社会活動への参加」などによって自分の生活時間に合わせた買い物の場を求めている．コンビニやスーパーマーケットの営業時間も延びている．これが，生協が店舗展開をすすめることが必要な理由であると高村はいう．ただ，「店舗業態に進出することは，今日の流通業界の激烈な競争場裡に参入していくことを意味する」．「しかし，そのことは，困難な道であっても，生協が消費者の生活を支え，消費者のニーズと消費者利益を実現するためには避けて通れない道である」（高村 [1993] 192）．そこで，コモ・ジャパンによる店舗の近代化，即戦略の人材育成，商品開発などを企図したのである．ただし，そこに生協らしさは存在するのであろうか．高村は生協らしい店舗づくりと条件について以下のように述べている．

「生協の組合員は自らその店のオーナーである．自分たちが「出資・利用・運営」に参加している生協の店によって，自分たちの暮らしを守り，安全を守り，豊かに暮らして行くことができるように意見を言う．生協の店には仲間同士のなごやかさや温かみがいつも漂っている．そのような生協の特性が生協の店の競争力の根源であり，他スーパーの持ち得ないところである．もちろん，そのような生協の店の特性を創り出し，組合員の共感を高めてゆくのに，それなりの政策と工夫と時間を必要とすることも事実である．そのためには，生協店舗の職員の教育とモラールが，たんなる店員労働者のレベルに止まってはならない．競合店を圧する店舗運営や商品政策の力量とともに，組合員との接点にある職員の気配りある接遇が大切なことであり，生命線でもある」（同上，196，下線は著者）．

ここに，店舗事業における組合員と職員のあり方についても高村は述べている．組合員は店のオーナであるから，店に寄って意見をいう（組合員参加）．職員は，単なる店舗労働者であってはならないし，生協の職員でなければならない（部分労働者ではなく，高い経営能力と協同組合教育の必要性）．店舗事業展開にあたってはこれらの条件が同時に必要であると述べていたのである．

90年代後半の店舗事業を総括するならば――高村が業態を共同購入と店舗だけに限定している点は問題としても――担い手である組合員力量と職員力量の問題も同時に振り返る必要があるといえよう．

注
1) コモ・ジャパンへの参加時の11生協とは，コープさっぽろ，みやぎ生協，さいたまコープ，ちばコープ，都民生協，ユーコープ事業連合，めいきん生協，京都生協，大阪いずみ市民生協，コープこうべ，エフコープである．なおコモ・ジャパンの設立主旨等については，渥美俊一他［1992］を参照のこと．
2) 田中秀樹は，事業連帯の現局面について，こうした店舗の構造改革や店舗事業の本格的確立の必要性を否定はしないものの，「生協の事業構造は新たな生活変化のエネルギーを常に吸収し，それによって事業を活性化させる仕組みをもっていない限り，時代の変化とともに歴史的役割を終えることになりかねない」（田中

[1998] 90) としていた．

3) 事業連帯，事業連合という用語の厳密な定義はなされていない．これまで，都道府県内であっても事業区域を越えた連帯や，都道府県域を越えた事業連帯自体は，日生協をはじめ全国で行われてきた．しかし90年代以降の新たな事業連帯のあり方は，流通規制緩和政策による新たな競争環境に巻き込まれたところに対応，組織化している点で，これまでとは一線を画している．そうした新たな事業の連帯のことを本稿では事業連合と称して，一般的な事業連帯と区分する．改正生協法以前の文献であるが，高橋（[1994] 151-66) が参考になる．

4) 田代は，事業連合への組合員参加のあり方について以下のように述べる．「市場経済を前提とした今日のポイントとしては，組合員からのクレーム・意見・要望への対応である．単協によせられたそれになるべく現場に近いところで迅速果敢に対応するとともに，連合に専門部署を置いて集約・分析・蓄積しつつ，事業や運営に反映させていくことが必要である．（略）二次組織は本来的に間接（代議員）民主主義になるが，それが閉塞しがちなもとでは，このような参加型民主主義，双方向型コミュニケーションが大切である」田代（[2008] 270).

5) 釧路市民生協については，大西 [1996]．コープさっぽろについては，上野 [1997] を参照されたい．なお，北海道3生協問題の総括は，日生協創立50周年記念歴史編纂委員会 [2002b] でも行われている．

6) 『日本経済新聞』1996年2月14日付北海道欄参照．なお粉飾決算がどのように行われていたかについては，『北海道新聞』1996年3月13日および，大西 [1996] 28ページ参照．

7) コープさっぽろの事実上の経営破たん後，1998年に日生協からコープさっぽろ理事長に就任した内館晟は，コープさっぽろの経営難の要因を，借入金依存体質にあったとともに，組合員にも問題があったと述べている．つまり，市中金利よりも高い出資配当を用意して，「組合員さんにも金利先行で釣った」．2%の組合員で半分以上の出資金を構成するといういびつな構造になっていたのである．岩垂（[2001] 123-4) を参照のこと．

第6章
生協の業態と個配事業

1. 生協における事業形態（業態）

(1) 生協における業態

1970年代から80年代にかけて，日本の地域生協では共同購入事業が大きく伸張し，80年代の後半では，店舗と共同購入という事業形態（＝業態）がほぼ確立した．生協業態別事業高の推移を見ると，1975年では店舗と共同購入の割合は8対1くらいであったが，1970年代後半より急激に共同購入事業が伸び，1980年代後半には店舗と共同購入がほぼ拮抗するようになった（佐藤［2000］33）．その後，1999年に共同購入が店舗供給高を凌駕して現在に至っている．店舗事業が停滞・逓減する中でそれを大きく上回る共同購入事業の伸張があったのである．

1990年代後半からは，共同購入の事業高は滞るようになる．共同購入事業の停滞理由として，組合員層の変化，特に多層化（多年齢化）・高年齢化等の進展に対する，生協事業の対応不足が指摘されている[1]．加えて，激しい競争下の流通業界において，各地域生協の事業高が前年比減ないし事業赤字状態に陥り，その対策のための新業態として，店舗の「大型化」「近代化」，そして事業連合・連帯という事業方向を90年代には強力に推進していた．しかし，その方向の帰着点が「企業化」に他ならないことや，「大型化」が決して組合員のコントロール下ですすみ得ないこと，いくつかの生協では経営破綻に直面する事態に陥ったこともすでに確認した．

こうした状況のなかで，店舗や共同購入に代わる新たな業態として個配[2]事業が現れ，90年代終わり頃から共同購入に代わって急伸長している（日生協の統計には2000年度から現れる）．今後，個配事業が生協事業の中核として展開可能なのかどうか，また生協運動の発展の牽引力となる業態といえるのかどうか，その実態の解明とともに理論的な解明も必要とされている．
　なぜならば，日本における生協の中心的な業態（事業形態）は，かつて共同購入と店舗であったが，共同購入こそが生協らしいという理解がなされてきたからである．確かに，共同購入には職員と組合員が直接接することができる，少ない投資で事業展開が可能であるなどの積極的な意義があった．また，共同購入事業は組合員の労働参加もあったからこそ70-80年代に急成長したのである．
　しかしながら，店舗よりも共同購入の方が供給形態としてすぐれているというのではない．かかる生協の方針・姿勢，組合員の意識，生活実態などに応じて，店舗が供給手段となってもよいし，共同購入や個配が供給手段となってもよいのではないか．同様に，チェーンストア理論としてのペガサス理論（野村他編［1986］154-9）や労務管理の一環としての人事教育制度も，それが生協の本来目的を達成するために必要な限りにおいて，批判的に摂取し，手段として採用することが必要だということである．

(2) 個配事業の現状

　生協における個配事業の推移を見てみよう．日生協の公式ガイドブックには，個配事業は，1990年代後半から首都圏コープ事業連合（現在のパルシステム生協連）やユーコープ事業連合の試行から始まり全国に展開するようになったと述べる[3]．
　後に述べるように，ガイドブックは，1980年代から行われていた道央市民生協の事例を抜いているので正確ではないが，個配導入の背景として，家族構成の変化，女性の就労率の高まり，家族のライフサイクルの変化等を指摘し，班単位での共同購入が困難になってきているとの指摘は首肯できる

第6章　生協の業態と個配事業

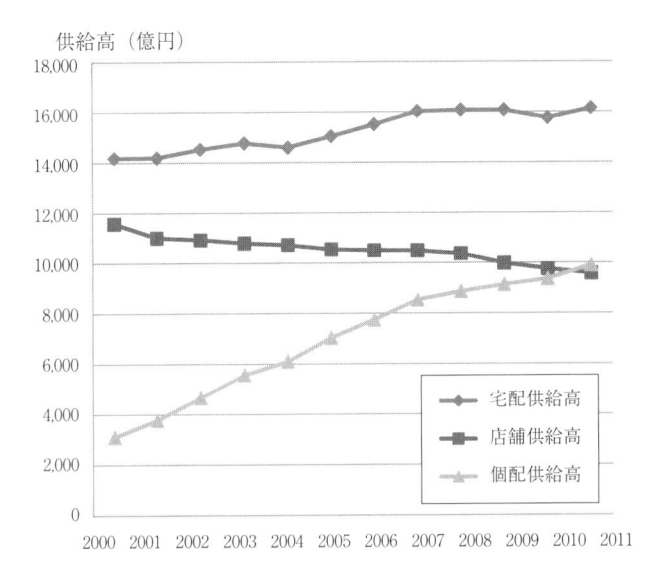

供給高（億円）

注：1）『生協の経営統計』により作成．
　　2）個配供給高は宅配供給高に占める金額である．

図 6-1　店舗・宅配・個配事業高の推移

（日生協編［2009］52-3）．当時（90年代）には，共同購入こそが生協らしいという認識が，実務者や研究者の間にも広がっていた．したがって，個配事業は少しずつ，実験的に，「まだら模様の進行」となってすすめられた．

　図 6-1 を見れば，店舗供給高が逓減する中で，宅配事業（これは個配，共同購入を含む）が伸長し，中でも個配が急成長していることがわかる．統計を取り始めた 2000 年に 3 千億円程度であった個配事業は，2007 年頃に宅配事業の 5 割以上を占めるようになり，2011 年度に 1 兆円を超える．

　2000 年以後は，インターネット環境が常時接続となり，ネットでの注文も行われるようになる．さらに，スマートフォンへの注文対応，配達料金のポイント制による値引き（配達金額が 1 回あたり，もしくは 1 カ月総額で多ければ多いほど配達料金が減額される），高齢者・子育て組合員への値引き（70 歳以上の組合員が 1 人で利用する場合，通常 210 円が半額）などのサービスが提供されるようになってきた（コープさっぽろのトドックの場合）．

こうして，生協事業における個配は，生協独自の新業態として他小売業よりも図抜けている[4]．

2. 個配事業の先進事例

(1) 地域条件と導入の背景

以下では，個配業態をいち早く導入した事例を検討しつつ，協同組合における業態論について考察したい．全国でおそらく最も早くから個配業態を導入していたのが，北海道の旧道央市民生協である（現在はコープさっぽろと統合）．ここでの成立条件を確認しながら，生協業態の意味するものを明らかにする．

旧道央市民生協（以下道央市民生協と表記）は北海道の道央（千歳市・苫小牧市周辺）から道南（様似町，えりも町）にわたる非常に広いエリアを活動拠点にしていた．このエリアは，千歳市や苫小牧市が人口増加地帯である一方，浦河町や様似町，えりも町などは人口減少地帯である．産業人口的にも，前者は第1次産業人口比が低いのに対して，後者は純農漁村の性格が強い地域である．また，所得指標を見ると，全国を100として比べた場合，いずれの市町も低い値を示すが，海岸沿岸は千歳市や苫小牧市と比較して，いっそう低い値を示している．

道央市民生協の設立は1962年である．王子製紙の労働組合が組合つぶしの闘争の過程で物資販売を始めたのが設立の契機である（詳しくは佐藤［2000］40-51）．いわゆる職場内職域生協として生成，発展したのである．創立時の名称は「苫小牧市地区労働者生活協同組合」であった．当初の事業形態は店舗を中心とし，1960年代は順調に成長を続け，後に地域勤労者生協から地域市民生協へと事業を拡大・発展させてゆく．だが，1970年代に入って一挙に経営難に陥る．当時の経営危機の原因として，①急速拡大期に新店舗を作っていったが，店長などマネジメントができる力量を備えた人材が不足していたこと，②拡大期に過剰在庫を抱えてしまい，1973年の石油

パニックで影響を被ったこと，などが内部資料等で指摘されている．これを契機として，1970年代の後半からそれまでの経営体質を変えつつ，組合員本位の姿勢をめざす経営に移っていこうとした（これら一連の経過とその後の職員対策については，佐藤・大高［1995］104-11に詳しい）．

設立当初の道央市民生協の活動域は苫小牧・千歳市内のみであったが，1978年に浦河生協と合併し一挙に活動域を拡大する．その結果，店舗展開のみでは店舗までの距離が遠い組合員の利用が望めず，利用向上のためにも店舗とは別の商品供給事業が必要とされた．同時に，1970年代後半はダイエーの道内1号店が苫小牧市に進出するなど，小売業間の競争が激化する時期でもあり，道央市民生協としても新たな商品供給手段が必要とされていた．

以上のような地域的・歴史的な特徴を有する道央市民生協が，1981年から個配事業を開始する．この業態を選択した外的・内的要因はいったい何であろうか．

第1に，活動域が道央・道南の広域にわたるという地理的な要因である．家ごとの距離が離れている，荷渡しの場所が限定される，冬場に仕分けをする場所がないなど，共同購入には困難な条件を抱えていたことが個配事業に向かった要因としてあげられる．

第2に，女性の社会進出という社会的な要因である．女性（組合員）の社会進出にともない，家事時間や自由時間が減少し買い物時間も減少する．したがって，それに対応した事業を検討する必要がでてきたのである．ただし営業時間の延長という対応では，組合員の買い物時間の短縮には貢献しない．特に，北海道は冬の移動時間が長く，費用も高くなる．その時間をできれば別の活動に使うことができるような新事業構築が生協側に求められたのである．

第3に，事業経営上の判断があげられる．道央市民生協では，当時すでに生協事業における共同購入が限界に来ていると状況評価をしており，新たな業態を模索していたのである．

当時の理事会資料（1981年3月4日）によれば，道央市民生協では新事業

導入に先駆けて，1980年頃，共同購入事業の実態調査を試みている．その結果，共同購入事業は店舗活動と比較して，①地域の組合員組織率が低くとも成立可能である，②組合員の生活に占める生協商品のウエイトが小さくとも成立する，③市場戦略が野放図でも一定の組合員参加で成功可能である，④組合員と専従者の不払い労働が存在し，また初期投資が少なくてすむ，などの理由から比較優位な事業として分析していた．と同時に，店舗展開が中心の生協においては，共同購入事業化の客観的条件はほとんど満たしているとも分析していた．その点で，道央市民生協は，共同購入事業の導入は充分可能であった．しかし，共同購入は，専従者の献身的な労働と組合員の献身的な協力，すなわち「不払い労働」によって支えられている．そこで道央市民生協は，新たな業態を模索する際に，「不払い労働」に依存する共同購入ではなく，別のシステムを模索したのである（開始当時の理事会の考え方については，山本編［1996］76-8も参照）．

道央市民生協における新業態の目指す方向は，理事会資料に明解に述べられている．それを整理すれば，①新しい市場の創造，特に共同購入での「不払い労働」とは違ったシステムを導入すること，②北海道の風土気候の中で班単位の配送では荷渡し場所が限定されるので組合員に不便を与えない方法を採ること，③組合員の毎日の買い物の中心が生鮮食品であり，生鮮を取扱い商品の第1とすること，④組合員家庭における生鮮食品の保管能力（冷蔵庫）と保存期間は週2～3日と考えられるから，週2回の配送は必要になること，それは個別配送による効率の悪さを解消するためにも必要であること，などである．

こうして道央市民生協の新業態「コープ定期便」という個配事業は1981年から始まった．

(2) 個配事業の概要と意義

道央市民生協の個配事業は，当初から，店舗を利用できない組合員に対しても，店舗と同等に商品提供をする意図をもっていた．したがって，開始当

初から商品構成やサービスも店舗事業に準じていた．商品種類は 200 アイテムを用意し（90 年代には 1,000 アイテム以上．書籍の定期購読，DPE，クリーニング，配置薬，保険，航空機の予約，旅行案内も備えた），生鮮食料を重視し，少量少額（たとえば牛乳 1 本）でも定期的な配達を行っていた．また，店舗の利用回数とほぼ等しい週 2 回の配達を原則としていた．

個配商品価格は，店舗価格と連動させて決めておらず，まったく独自の価格設定を行っている．商品によっては店舗価格よりも安い商品もある．

ただし，商品が高価格となれば利用しなくなる傾向もみられる．その理由として，道央市民生協エリアにおける所得指標の低さが関係すると考えられる．店舗商品に比べて価格差が大きくないのだから，店舗商品も含めた生協の商品価格そのものが問われていることになる．

前章で述べたように，道央市民生協は 1997 年の総代会で経常赤字を示し，経営改善に乗り出し，その後，コープさっぽろと経営統合を行った．

コープさっぽろは，「トドック」という愛称の個配事業をすすめ，全事業高（2012 年度で約 2,500 億円）の約 3 割（約 740 億円）を占めるようになっている．したがって，道央市民生協の個配事業が，トドックの一部に合流して現在に至ったともいえる．いずれにせよ，道央市民生協における個配事業の事例は，北海道的な地域性を背景に，共同購入事業の限界性をいち早くみいだし，組合員の生活実態と要請を個配業態構築に反映させた点で先進事例といってよい．

個配事業をめぐってはいくつかの論点が存在している．1 つは，組合員の「不払い労働」に依存して共同購入は行われているからなるべく負担を減らすべきか，それとも組合員参加が共同購入の本質であるから不払い労働の提供は協同組合として当然であるのかという論点である．これについては，組合員の生活スタイルや考え方の変化に応じて生協事業形態も変わってゆくものだとみれば，実践的に解決できる論点であろう．

2 つには，共同購入でないことは組合員活動に不利ではないか，という論点である．これについて，大井本部長（1995 年当時の個配事業の本部長）は，

組合員活動について,「大方は自然発生にまかせている. 上から押しつけても定着しない」とし「組合員は人間の幸せを願って生協に接点を求めている. 協同すれば潤いが出る, そんな視点で組合員自身が自由にサークルやグループ, 実行委員会を作って行動していくことについては, できる限りお手伝いをする」, これが生協としての基本スタンスであるとしている（調査インタビューおよび「個配事業の取り組み」[1996]『生協運動』No. 531, 5月による).

生協事業において, 班活動は古くから重視されていたが, 1950-60年代は, 共同購入という事業形態と結合して考えられてはいなかった（大窪［1994］46-47). 共同購入事業の成長とともに, 事業をすすめる基礎手段として班の結成を「強制」し, 次第に, 班＝組合員活動と認識するようになった側面は否めない. 無論, 既存の班の積極的役割を否定するものではないが, 組合員層の生活様式の変化とともに班組織は変容しうる存在なのである[5].

3. 生協の業態をめぐる論点と課題

(1) 個配事業の前提条件

1990年代後半からの個配事業の全国的な伸長は, 生協事業経営そのものの成長が伸び悩む中で, 新事業への模索の中から生まれてきたのであるが, この個配を生協事業の中に今後どのように位置づけるか, という点では2つの考え方が存在している.

1つは, 共同購入の延長線上として位置づける場合である. 運営の基礎組織として存在していた班が, 個配によって弱体化したり, 組織運営上も問題となるのではないか. したがって, 個配を導入するとしても, 共同購入事業を重視しつつ, 個配をあくまでも補完機能として位置づける. いわば「共同購入事業補完型」である.

第2に, 個配を積極的に位置づける場合である. 商品代金とは別に, 配達料を利用組合員から徴収する. そこでの留意点は, 配達先の増加による配達

効率など事業効率の低下，個人集配品のシステムを作るための配送センターへの新規投資の懸念など，もっぱら事業効率におかれる．個配を新たな業態をして位置づける，いわば「新規事業型」である．

いずれの位置づけにおいても，組合員組織の生活実態・要請と事業経営が内的に統一された業態の1つとして個配事業が可能なのである．したがって，今後の新事業を展望する上でも，組合員の生活実態・要請と経営を統一させることが重要点となろう．

(2) 生協業態の課題

生協における事業形態は，これまで，各地域生協の生成・発展過程の内的性格に対応した形で決定してきた．同時に，その時代の外的要因，すなわち社会経済条件や市場条件にも規定されて具体的に展開をすすめてきた．

高度経済成長期以前には，中小零細な店舗が生協店舗の特徴であったが，高度経済成長以降では，いち早くスーパーチェーン理論を導入し，それを生協店舗へ適用してきた．同時に，消費者運動から発生してきた生協は，共同購入を主体として，これもまた成長を遂げてきた．1970年代の共同購入事業の急伸は，1960年代後半の日生協の「地域政策」による急速拡大路線の失敗から，組合員組織による生協運動をすすめたところに成長要因の1つがある．また，組合員各層が比較的自由時間を持つ家庭の主婦であったことも大きな要因であった．さらに，共同購入をすすめる上で，注文，配達，集金方法の技術革新がもたらされたことも，1970年代の急伸の要因であった．個配伸長の背景にも，ITの進展や配送システムの開発など大きな事業環境の変化があった．

こうした地域生協における業態展開の特徴を踏まえた上で，今後の生協事業経営の方向性を検討すれば，次の各点が重要となろう．

第1に，既存生協の事業形態が社会経済環境の変化へ，いかに事業対応するか，が課題となろう．流通再編の激しい進行への対応，組合員の多様化や組合員活動の多様化への対応が具体的に重要となってこようが，その際に，

検討すべきことがある．

　組合員参加による商品づくりは無論のこと，そのための供給手段である事業形態については，共同購入か店舗かもしくは個配か選択ではなく，かかる生協組合員の意識，地域社会における生活実態などに応じて創造する必要がある．それには，個配に限らず，通信販売，移動販売車のような業態すら想定すべきであろう．さらに，高齢社会に向けての医療・介護事業など，くらしを支える業態の創造が必要になってくると考えられる．

　第2に，商品供給事業のみが生協事業ではなく，組合員教育やそれ以外の活動全般が事業に含まれる（広義の生協事業）．特に，現代資本主義の下で発生した諸矛盾，つまり地球規模，あるいは地域的に発現する諸問題に，どのように主体的力量を発揮し取り組んでゆけるか，そして，その課題を実現させるためにどのような生協事業が可能かどうかが検討されるべきであろう．業態はあくまでも目的実現のための手段として位置づける必要がある．

注
1)　兼子厚之によれば，1980年代の共同購入利用者の年齢層は，30歳代の子育て期にある比較的高学歴で収入の高い都市部の構成比が高かったが，1990年代を迎え組合員層の高齢化と多層化（多年齢化）がすすむにつれ，生協の運営にも大きな変化がもたらされると指摘している（生協総合研究所編［1992］125-6を参照）．また，田中秀樹は，共同購入の伸張は生協事業そのものを大きく伸ばす要素となったが，共同購入事業内部に質的変化，特に情報システム化を伴い，その情報システム化が組合員の労働参加を結果として希薄化させ，逆に組合員の顧客化を押しすすめる傾向をもたらしたと述べる．1990年代の共同購入事業の到達点は，「業態としての成熟化」（田中［1998］86）がなされた反面，組合員層の生協ばなれを促進する段階を迎えたのである．
2)　今となっては「個配」は普通の用語となったが，1軒1軒に配達する意味で，「宅配」「戸配」という呼称もあった．生協の場合，「個配」の原点は共同購入にあるから，共同購入を補完し，個人にも配達する意味でもっぱら使われている．なお，個配も「業態」の1つであるが，百貨店・専門店・スーパーなど小売業の営業形態の略（日本経済新聞社『経済新語辞典』1994年度）という一般的な理解とは少し異なっている．本書では，個配とは，生協も含む小売業の事業形態の1つとして考える．もっとも，学術的な定義づけはされておらず，協同組合における

「業態」論——様々な条件の下で多様な形態があり得るから，ではどのような条件が新業態を生み出すのか——は今後掘り下げた検討をする必要があると思われる．
3) 『生協ハンドブック』の記述も含めて，関係者には，都市住民の生活実態の変化が，共同購入から個配への事業転換をもたらしたとの意識が強いようである．現代生協論編集委員会（[2005] 200）にも同様の記述がある．

　組合員に依拠し，共同購入に代わって個配という新業態を導入したというストーリー立ては分かりやすいが，もともと共同購入が成立不可能な散居集落のような地域，冬季は仕分けの場所がなかったり玄関も寒かったりする地域では，そもそも共同購入は難しいという想像力が必要と思う．その点，中川・杉本編[2012] は，歴史的経過を正確に捉えている．
4) 北海道にあっては，道内全域がコープさっぽろの活動エリアとなってる．そこに大手小売業のイオングループやセブン＆アイグループが個配事業に参入し始めている．今のところ，50% 以上の道内組合員組織率を実現し，ピッキングから配送，廃油の回収などの物流ルートを構築している生協が大きくリードしている．
5) 道央市民生協が個配事業を開始したときに，班活動がないからという理由で全国から批判を受けた．これに対して，平田元理事長（1986 年当時専務理事）は以下のように反論している．「しかしそれでは，班での分け合いとか集金する事が班活動なのかと私は反問します．確かにそれらの事は人と人のつき合いの動機にはなるかも知れない．しかしそれだって生活の中での時間の使い方としては犠牲を強いているのではないかと．……例えば健康診断なんかも自分 1 人ではなかなか行きにくいという時，血圧測定器なんかは高いものではないから持っている家庭があるかも知れない，その家に定期的に集まって月 1 回検査してみようじゃないかとかいう事ですよ．こういう事が班活動—人間同志の協同という事の本質的な意味じゃないですか．仕分けとか集金がなくなれば消えるような班は，私からみれば班でないと同じですよ．」「逆に SSC の仕組みが成功すれば本当の意味での班活動を組織することができるんです．SSC によって組合員の時間が節約される．その節約された時間を使ってね集まって，どうしたらもっと良い社会，より良い生き方ができるのかなんていうテーマで班の話し合いをしたらどうですかと問題提起ができる，その条件を我々は作っている」「従って組合員の協同組織を作って行く事を否定して SSC をやったのではなく，本質を見定めた上で当面やれる事の中味を作るという事なんですよ．」（道央市民生協内部報 [1986]『生協人』133 号，3 月による．SSC とは同生協の個配事業のことである）．

第7章
食糧問題と生協

1. 生協における食糧事業

(1) 生協事業における食糧

　日本の生協において，食糧[1]は供給事業の中心をなしている．これは，戦後数度の高揚期を経て確立した生協事業の特質といえる．特に，生協食糧事業は，資本主義における食糧問題の発生に対抗し，安全で安心できる食糧供給の実現を中心課題として展開してきた．しかしながら，生協事業の拡大に伴って，食料品取扱総額も次第に増加し，また組合員のおかれている生活様式の変容にしたがって，生協食糧事業の内容が徐々に，そして状況によっては極端に変化している．

　生協食糧事業の今後のゆくえを明らかにするためには，これまでの食糧事業がどのように展開してきたのかを確認する必要がある．食糧供給事業において核心部分にあたるのが，生協の食糧・農業問題に対する基本理念である．その基本理念が，元々どのようなものであり，現在はどのように変化し，また変化していないのか．そして，理念を事業化する上で，どのような取り組みが行われてきたのか．こうした筋道で考えてみよう．

　以下，安全・安心な食糧を求めた組合員たちの運動は，戦後日本の消費者運動の中心的存在となったが，詳細は第8章で扱うこととし，第7章では，生協食糧事業と産直運動の変遷について主に扱う．

(2) 食糧問題とは何か

　資本主義経済は様々な発展の程度があるし，食糧の問題についても，食糧不足による飢餓など，人類史を貫通する問題もある．まず食糧問題の定義から確認しよう．宮村光重は，食糧問題を「Ⅰ 問題の一般性」「Ⅱ 独自的概念の発生」「Ⅲ 問題性の理論的根拠」「Ⅳ 問題性の展開」に分け，Ⅰの部分を以下のように定義する（宮村［1987］132-4．なお『大月経済学辞典』の「食糧問題」の項と同じ）．

　〈人間の食べ物という意味での食糧にかかわる問題は，時代と社会を問わず存在する．それを食糧素材の物理化学的，栄養的な側面，つまり使用価値視点から捉える研究は，食品学とよばれ，経済学が直接に課題とする分野にはならない．食糧をめぐる問題は，しばしば人々の生活と社会存立の基盤をゆさぶる．この研究は社会科学の課題であるが，当該社会で食糧問題という独自な領域として把握されるとはかぎらない．一般に，食糧の獲得・消費・存在様式が，人間と社会の一存続条件である点から，食糧の問題は，歴史学あるいは経済学の固有な課題に包含されうる．〉

　宮村による「食糧問題」の定義のポイントは，普遍的，一般的には食糧問題は存在するに違いないが，一定の社会的条件，経済的条件の下で，なにゆえに食糧の問題が食糧問題として成立するかが，問題点であるとしている点にある（この概念に関わる補足説明としては，宮村［1991］442-68 が詳しい）．

　そこで，独占資本主義の展開に伴う食糧問題の問題性について，である．宮村は 7 点をあげているが，現代において重要な点は以下の 6 点であろう．

①一国内・国際的に食糧の過剰と不足が，生産の社会的構造と不可分な関連で発生する．そのため食糧過剰対策までが食糧問題の領域にはいり，農業問題との同発性を示す．
②世界的・国際的に食糧が政治戦略上の武器とされる．
③食糧流通市場部門が大資本の独自の投資場面となり，総資本中の食糧関連資本の比重を高める．

④食品加工業の発展が，原料・経営問題と結合した食糧問題を生む．
⑤経済的再生産が自然循環系を攪乱し，農法・加工技術と結びついて食糧汚染がひろがり，食糧の安全性が食糧問題の構成部分となる．
⑥水産物の生産・流通・消費上の重要性が増し，海洋の平和・公正的利用が世界的世論となり，水産食糧・漁業問題ぬきに食糧問題は扱えない．

日本の戦後生協運動が大きく発展したのは，上記の食糧問題が，発生順序や問題性の強弱はあったとしても，国内的な，あるいは国際的な広がりをもって発生したからに他ならない．

その食糧問題に対して，日本の生協は，食品安全・安心を守るための運動を展開してきた．それは，協同組合における本質の一面である組合員の組織的な結合（association）の発揮であった．また，食糧供給を中心に事業展開してきたのは，食糧問題に対抗する事業を実現しようとしたからであり，農業や水産業と結びついた産直も，これらの文脈から確認できる事業展開なのである．

しかし，制限されているとはいえ資本として生協が事業展開するとき，コスト削減，効率性を追求するとともに，より安価な仕入れ・安価な提供を必要とするようになる．小売企業間との競争激化の下で，組織規模が拡大するとともにその傾向が強まる．もちろん，安全・安心を担保した形ですすめるのではあるが，生き残りのために，低価格戦略が優先課題となることも起こりうる．

安全・安心を目指す生協理念の根本が揺らぎ，食糧事業の性格が変容する場合もあり得るのである．

(3) 生協食糧事業の到達点

生協事業における食糧の位置を明らかにするために，食料品の事業割合を確認しよう．日本の生協に関する統計は厚生省社会・援護局地域福祉課による『消費生活協同組合（連合会）実態調査結果表』および日生協による『生協の経営統計』がある．前者は日本のすべての生協に対して行っているもの

第 7 章　食糧問題と生協

表 7-1　生協事業総額に占める食品の割合

(百万円, %)

		総額	食品	衣料品	雑貨	その他
金額	1975	601,492	330,914	49,624	26,637	194,317
	1985	1,805,174	1,202,805	93,542	85,525	423,302
	1995	3,054,154	2,059,018	139,471	515,569	340,095
	2005	2,939,611	2,101,688	82,217	353,205	402,502
構成比	1975	100	55.0	8.3	4.4	32.3
	1985	100	66.6	5.2	4.7	23.4
	1995	100	67.4	4.6	16.9	11.1
	2005	100	71.5	2.8	12.0	13.7

注：1)　厚生省社会援護局『消費生活協同組合実態調査』により作成．
　　2)　地域生協，職域生協の計である（連合会は除く）．

であり，後者は日生協会員生協に調査票を送り回収されたものを集計している．前者は，食料品を扱う必要のない生協（たとえば学校生協）も含み，地域生協における食糧事業の実勢を正確には反映していないが，傾向を知る上では役に立つ．

表 7-1 は前者『消費生活協同組合（連合会）実態調査結果表』のデータを再整理したものである．この表により，生協事業総額に占める食品の割合が 1975 年以降増加していることがわかる．1975 年段階では事業総額，約 6,015 億円のうち，約 3,309 億円，つまり 55.0％ が食品であったが，1995 年では，事業総額が 3 兆円を超え，うち食品だけで 2 兆円，67.4％ を占めるに至った．つまり生協事業高の伸び以上の速さで食料品取扱高が伸張したのである．2005 年では，事業総額がやや減少し，3 兆円を下回る．しかしながら，食品割合は 71.5％ と増加し続けている．

『生協の経営統計』にしても，生協における食糧供給事業は約 7 割に達し，生協事業の中心であることは疑いないところである．

日本の全世帯の家計において 1990 年代以降は，消費支出に占める食料費の割合は高々 20％ 台であるのに対して，小売業としての生協事業がより食料品にウエイトを置いていることがいえよう．

こうした生協事業の特徴は，いかなる背景から生じたのか．それは，地域

市民生協が 1960 年代から大きく発展した要因とも深く関わる．つまり，第 1 に，農業は国民経済の基盤に位置づけられ，食糧は民族の存亡とも関わる要件であるにもかかわらず，1960 年代以後，日本の食糧自給率は先進資本主義国の中でも極めて劣位におかれているからである．この方向に対する，団体・組織的な運動が生協食糧事業にも反映したといってよい[2]．

第 2 に，一般の食料品に対する安全問題の存在である．戦後まもない時期から食料品の物価値下げ運動が行われたとともに，森永ヒ素ミルク事件をはじめとする食品公害問題は経済成長と軌を一にして進行した．生協運動が食糧事業を軸に展開したのも，地域的な強弱はあるとはいえ，こうした社会経済的背景に基づいている．

しかし，近年の食糧・農業情勢，そして政治経済情勢という外的要因変化を反映し，生協食糧事業は転換しつつある．

2. 生協食糧事業の転換過程

(1) 日生協方針の変転

ここで，1980 年代以降の生協事業における食糧政策を振り返る．理由は，各地域生協ごとに食糧に対する基本姿勢，事業内容は異なっているものの，全国生協総体の動向としては，「生協陣営にとって大きなターニングポイントとなった」（宮村［1988］143 を参照）といわれる 1982 年日生協総会方針からが重要と考えるからである[3]．

1982 年に日生協の第 32 回総会で採択された「CO-OP 商品政策」では，「消費者組合員の食生活要求の実現には，日本の農漁業の再建手だてが基本的に必要」であること，よって「消費者要求をみたすために，やみくもな食糧輸入に依存することは生協として取るべきにあらず」という方向が確認され，全国の各生協にとどまらず，農協と生協の提携にも大きな影響を与えることになった．

翌年の日生協第 33 回総会では，政策的に一層前進した内容が提示される．

すなわち,「農産物の自由化問題は重大な国際政治問題となっている」(『議案書』)とともに,「臨調路線に基づく外国食糧への依存拡大の方向と日本の食糧自給率と農業を守る方向との間での国内的争点ともなっている」(同)という情勢分析の下に,食品の安全行政の確立を求め,無原則な自由化に反対し日本の食糧・農業を守る活動を提起していた(これについては,日生協・食糧問題調査委員会([1984a] 11-2)の記述を参考にした).しかも,以上の基本政策に即して,風土にあった食生活の擁護・向上・改善の運動,産直活動の推進と産地交流,食糧問題の学習などが具体的課題として打ち出されたのであった.

これを受けた具体的取り組みの1つが全国産直調査であった.この調査は,1983年から開始され,ほぼ4年おきに報告書も発行され現在も続いているが,元々は上述の方針に基づき始められたものだったのである(その後,報告書の性格も,青果物と米の産直に限定したり,競争重視の産直活動に視点が移ったり,相当変容した.最新では2012年に産直調査結果が公表されている).1985年からは,「全国産直研究会」が始まり,講演(特別報告),実践報告,パネルディスカッションなどが毎年行われている(第5回からは「全国産直交流会」に名称変更.この変遷については,山本明文[2005]が詳しい).

しかし,こうした方針を確認したにもかかわらず,1985年,プラザ合意を契機とする急激な円高への移行以後,生協食糧事業には大きく転換してゆく.

具体例で確認しよう.日生協食糧政策の中で,食料品・農産物の輸入を積極的に始めた例を牛肉を事例に見てみる.

日本は1991年4月から牛肉輸入自由化に踏み切ったが,日生協ではすでに1988年6月に「全国牛肉対策プロジェクトチーム」を編成し,きたる自由化にそなえ,オーストラリア牛肉の輸入の可能性を調査,検討していた.1990年の9月には共同仕入れ事業を目的とした「輸入牛肉部会」を発足させ,牛肉輸入自由化に向けた体制を整備.この「輸入牛肉部会」に参加した

生協はコープさっぽろ，みやぎ生協，コープとうきょう，めいきん生協，京都生協，大阪いずみ市民生協，コープこうべ，おかやまコープの8生協である（後にコモ・ジャパンに参集することになる11生協のうち7生協がこのプロジェクトに参加していた）．

そして「輸入牛肉部会」が，輸入先決定や品質選定，残留農薬検査の準備などをすすめた結果，牛肉が1991年4月より輸入される．つまり，牛肉に関する動きを見る限り，第32，33回日生協総会方針の姿勢を転換させたのである．

1993年の日生協総会においては，米や乳製品などの「基礎的食糧」については自給を行い，輸入自由化には反対する決議がなされたが，その他の農産物の輸入については特に異論を唱えなかった．「新食糧法」導入の際の，コメに対する日生協の基本的考え方にしても，日本農業の将来像をどうとらえ，現実の動きに対応しようとしているのか不明な部分が多い[4]．

1998年7月には，農業基本法改定に関する日生協の見解をまとめた答申『食料・農業・農村政策に関する生協の提言』（日本生活協同組合連合会理事会食料・農業政策検討小委員会）が出された．

この答申では，日生協が日本の食糧・農業の現状をどう考え，どのような食糧・農業政策を提起し，生協としての実践活動を提起するのか，が期待された．しかし，答申には，1980年代前半の日生協総会で指摘された情勢分析，すなわち食品の安全性・品質・価格などの問題がいかなる農業・食糧政策のゆえにもたらされたものか，また現在の農業・食糧政策——具体的にはWTO体制の下での国内政策——をどのように評価するのか，の視点が充分ではない．

答申における生協側からの具体的要求は，①消費者視点の確立，②環境保全型農業・食料システムの確立，農村地域社会の維持，③自給力の維持・向上，食料の安定供給，④力強い農業経営の育成と生産者・地域の自主性尊重，⑤国際的な消費者の権利保障と公正な貿易ルールの確立，⑥新しい理念に基づく，透明性・自主性を保障する行政への転換，の6点に整理されたが（日

生協［1998］21-3)，「両論併記」の項目が目だち，生協としての方針・姿勢の曖昧さが特徴づけられている．

たとえば，食糧自給率に関する記述では，一方では「自給力の維持・向上，農地の確保と保全，力強い農業経営の育成が大切」と唱えつつ，もう一方では「安定した輸入と備蓄のシステムを確立していくことも求められ」ている，としている（同［1998］9)．また，農業への株式会社の参入に関する部分では，一方では「農業所得のみで成りたつ自立した専業的農家の経営確立を支援する施策の強化が必要」と述べつつ，もう一方では「力強い農業の発展のためには，経営としての農業の確立をめざした多様な担い手の育成と参加が求められ」るとし，そのためには「農業者の創意が発揮でき，農業生産だけでなく，加工や販売も手がけられる多様な経営形態・法人化も認められるべき」であると指摘する（同［1998］10-1)．

つまり，日生協が運動をすすめる際の指針となるべき答申書の内容が，論理の一貫性をあえて避けた（ないし欠いた）主張となっているのである[5]．

生協食糧供給事業を推進するためには，食料・農業に関する情勢分析と方針設定を行うことが不可欠にもかかわらず，農業基本法改定論議では曖昧なままで終始したといえよう．

日生協は2005年4月，理事会の下におかれていた「農業・食生活への提言」検討委員会が答申を提出した．答申の内容は「日本の農業に関する提言」「食生活に関わる問題提起」「農業・食生活に関する生協の課題についての提起」という3つの編にまとめられた．これらの文書，特に「日本の農業に関する提言」（以下「提言」）は，農業生産団体だけではなく，地域生協の中からも批判が相次いだものとなった．「提言」は以下の5項目からなっている[6]．

①環境保全型農業の推進，②食品安全行政の確立，③日本の農産物の品質と競争力の向上，④国際環境の変化に対応した農政の確立，⑤自給率の向上に向けた自給力の強化．

また，「食生活に関わる問題提起」（以下「提起」）は以下の6項目からなっ

ている．

　①すべての世代が食育にかかわっていきましょう．②食事作りにかかわって食のスキルを身につけましょう．③マスメディアの一面を誇張した情報にまどわされないように，食の知識やスキルを身につけていきましょう．④食事は，楽しくおいしく食べましょう．⑤主体的に食について学べる環境や地域を創り上げましょう．⑥よりよい食生活の実現に向けて．

　各論には触れないが，1点だけ指摘する[7]．「提言」も「提起」も文書中に「消費者」という文言が現れる．たとえば以下のように（下線は著者）．

　「私たち消費者はおいしい多様な食材を新鮮な状態でバランスよく，しかも食文化や季節感とともに食べたいという思いを抱いており，日本農業はこうした消費者のニーズにきめ細かく応えられる重要なポジションにあります」（日生協編［2008］183）．

　「高い品質の農産物がリーズナブルな価格で提供されることは消費者の共通した願いです」（同［2008］196）．

　「自給率の向上のためには，フードチェーンが一体となって，消費者のニーズに合った品質の良い商品をリーズナブルな価格で供給することが必要です」（同［2008］200）．

　ここでいう消費者とは，具体的に，誰を，どの集団を想定しているのか不明である．生協の組合員を指すならば，組合員と表記すべきであろう．抽象的なレベルでの消費者は経済モデルの中には存在するが，実際には，外食企業や輸出産業，高・低所得者，農村住民，農林漁業者，も消費者となり得る．消費者を抽象化することで，対立する生産者──こちらは，法人組織もあるとはいえ家族農業者が大部分である──との矛盾を大きくし，問題発生の原因を生産者に求める効果を企図したのではないか．

　「消費者」は，「提起」にも現れ，ここで生協（特に日生協）の思惑がうかがえる．

　「生協は，組合員や消費者の信頼が高まるよう，正確な情報を伝える役割を果たしていきます．」（武見［2007］136）．

第7章　食糧問題と生協

「命を育む産業としての農業は，私たちの食生活の基点でもあります．安全で品質のよい農作物をリーズナブルな価格で提供するよう，より確かな商品作りに取り組むとともに，食の情報発信の重要な担い手として消費者や都市住民との交流や相互理解につとめて行動することを望みます．(同[2007] 139)．

「提起」では，消費者と組合員，消費者と都市住民のように，並列に表記しており，「消費者」が組合員とも，都市住民とも異なる存在であることがわかる．では，ここでの消費者とは非組合員を指しているのか，それとも外食企業なのか，生協のような事業体なのか，という疑問が生じざるを得ない．

その後，この答申は，会員生協の意見を必ずしも反映していなかったことから各所から批判を招き，日生協役員の交代を機に効力を弱めてゆくことになる．

以上のように，日生協による食糧事業経営の近年の動きは，1980年代前半とは違い，輸入による多様な，そして安価な食糧仕入れの方向に転換したとみてもよい[8]．この転換要因はおおよそ以下の点に整理できる．第1には，1985年以降の急激な円高が安価な食糧輸入を可能にし，生協食糧事業において，食糧輸入ひいては海外産地開発すらも有力な新事業に成長したことが考えられる．そして一度海外とのルートを確立したならば，そのルートの維持拡大が事業目的に転化し，結果として食糧供給事業の転換が進行しているのである．第2に，日生協会員はあくまでも単協であり，生活する組合員の直接的コントロールを受けず，経営純化しやすい点があげられよう．組合員活動によって事業経営の「企業化」方向に一定の制限が与えられる余地を残す単協とは，食糧事業政策の点で違いが生じたのではないか．

ところで，現在の生協食糧供給事業の中心は産直事業である．産直事業には生産者と消費者との交流が事業目的にもあげられるほど，組合員参加を条件としている場合が多い．その意味では産直事業には「企業化」傾向が制限される余地を残すと考えるが，実態を以下確認する．

(2) 生協産直の展開

　生協食糧供給事業の特色は，特に生鮮食品において「産直」と呼ばれる流通を行っている点にある．産直は，これまで「産地直送」「産地直結」「産消提携」など様々な呼び方がなされてきた[9]．産直の初発段階には，いわゆる市場外流通による生産と消費を直結する形態とほぼ同義ととらえられていた．生協にあっては価格・品質メリットを追求するとともに，生産者と消費者の相互交流をすすめる運動として取り組まれてきた．

　現在の生協食糧事業における産直の位置については，生協産直調査結果を通して確認できる．ただ単協数が少ないため，必ずしも全国生協による産直事業の内実を反映しているとはいえない．しかし，生協食糧供給事業におけるおおよその産直比率を知ることはできよう．最新の2010年第8回産直調査によれば，産直調査に答えた73単協および事業連合の総事業高（生鮮6品すなわち農産・畜産・牛乳・卵・米・水産）は9,091億円にのぼり，うち産直は2,756億円，約30.2％を占めている．前回（2006年）と比較して約18％の伸長を示している．2002年の調査以降，生協産直の事業高と産直比率は概ねこの程度で推移しており，事業経営としては確立したが，運動としての産直は「停滞」といってよい状況に陥っている（田中［2008］193）．

　戦後の産直は，活動主体・活動理念・活動内容・活動時期などによっていくつかの段階に分けられる．また，産直をとりあげた研究は活動実態に少し遅れてすすめられた．論者によって産直の定義とその発生時期はまちまちである．だが，産直形態が特別に注目され実践されるようになった嚆矢は，「流通革命」が唱えられた1960年代と考えてよいであろう．つまり，商品流通経路の変革を示す代表的形態として産直が取りあげられたのである．当初の産直はかならずしも協同組合によって担われておらず，野市や朝市，振売りをも産直の一形態に含める場合もある．大高全洋と岡部守に依拠しつつ[10]，戦後産直の特徴を段階的に整理すれば以下のようになろう．すなわち，1960年代前半までの第1段階は，生産から消費に至る流通過程において，中間マージンが単純に節約されるという「流通経路短絡論」に基づいた産直実践の

時期であった．1960年代後半より始まる第2段階は，消費者グループなど団体による「安全食品入手論」に基づく運動である．

　そして，第3段階の1970年代に入り，生協や系統農協など協同組合による産直事業が本格化する．第3段階の特徴は，消費者物価高騰の背景にある生鮮食品の転送，遠隔地間輸送，過剰包装・規格などの問題を産直事業によって解消しようとする組織的な「流通正常化論」（大高）であった．生協産直はこの段階に事業として確立したといってもよい．

　第4段階は，系統農協と生協が産直事業に組織的に取り組み始める1980年代である．1970年代までの個別農家や生産者グループとの取り組みから，より広がりと深まりを増す段階といえよう．先にも述べたように1980年代の生協産直は全国規模の実態調査が初めて行われ，実践を蓄積する段階に成長してきた．しかし，この時期は，日米貿易摩擦解消を目指す農産物自由化問題が激化するとともに，1985年プラザ合意以降の急速な円高の下で農産物輸入が加速化される．輸入食糧の増大は，生協産直ひいては食糧供給事業に少なからず影響を及ぼす．1つは，輸入食糧の安全性問題の影響による，生協食糧への関心・利用の増加というプラスの影響である．反面，多種多様な食料品が購入可能となり，産直から離反するというマイナスの影響も危惧されるようになった．こうした，相対立する動きの結果，生協産直が量・質とも変化し始めたのが1980年代後半だったといえよう．

　第5段階が1990年代である．この時期の産直にも，食糧供給事業の現段階にみられるような動きが総体的に現れている．

　第1に生協事業量の増大に伴い，卸売市場を経由する「市場流通型産直」（大高）が本格的に始まった．ただしその評価については慎重さが必要であろう．卸売市場を経由する産直は，卸売市場法に基づく公共性原則を有効に発揮させる中で，生協と卸売業者との提携をすすめる積極的側面が一方では考えられる．しかし他方で，卸売市場の民主化をはかり推進するという姿勢を堅持しない利用は「ミイラ取りがミイラになる愚行を犯す」危険性がある点に留意する必要があろう．

第2にこれまで生協など消費者団体が活動主体であったが，有機農産物の専門流通事業体や量販店などの参入によって多様化が進展し，競争も激化している[11]．その意味では生協産直事業に「競争力」付加を求める段階となっている．しかし，その競争力の内実は各単協ごとに差異が存在する．商品の品質追求と低価格追求の双方を考慮した要求はむろんのこと，安定供給のための産地確保や産地ローテーションの構築も課題となっている．それは同時に，産地への低価格の押しつけや自己都合による出荷を強いる危険性も含んでいる．

　1990年代の特徴として第3に指摘したいのは，各単協ごとの産直の理念・事業内容に差異が生じている点である．特に，輸入食糧に対する姿勢，関連して「国際産直」を産直に含めるか，など基本的理念が問われてきている．各地域生協ごとの産直事業の違いは，たとえば，県内産直と県外産直を「顔と暮らしの見える産直品」か否かで分けている事例や，単に提携しているだけならば「コープ産直品」と呼び，産地と組合員との交流も含めた取引を特別に「フードプラン品」と呼んでいる事例で示される．輸入食糧に対する取り組みでいえば，一方の極には国産品にこだわる単協の例があり，他方では，日本で生産することが困難あるいは生産していない限りで取り扱う単協や，国内生産ができても品質・価格の面で輸入品の方が優位性のある商品であれば取り扱う単協も存在する．そして，それらの中間に位置する生協も多数存在する．

　しかし，輸入食糧の取り扱いや海外産地の位置づけについていえば，大手生協は積極利用の方向にあるといえる．輸入品取扱いや海外産地開発に対する考えは，「産地開発となってくると率直にいって，われわれのような単協レベルではなかなか手がけられないと思っています．現にやっているのは，日本生協連の進めておられることへの相乗りです」，「組合員が必要であれば，海外産品についても，きちっとした位置づけなり吟味をして提供しなければいけない」，「組合員の暮らしに役立つという観点からいえば輸入商品については好き嫌いに関係なく扱わざるを得ない」など，こうした発言が産直交流

会の討論において随所で行われており（第11回全国産直研究交流会），その意味では，産直事業推進と食糧輸入・海外産地開発事業推進の並進が現在の生協食糧供給事業の特徴といえる．

　2000年代に入り，産直事業としては一定の規模を確保しているが，その内容としては，生産者と消費者が客観的な基準を通して結びつくための商品仕様書や産直基準の作成，より客観的な基準を示すためのトレーサビリティシステムや第三者認証システムの導入が図られるなど，かつての産消提携といった理念が変わりつつある．こうした現段階を，第6段階「システム化した産直」として位置づけることができよう．ここでのシステムとは，事物の複合化や系列化した「系統・体系（system）」のことではなく，多くの部分から構成される複合の一単位に単純化された要素に近い概念である．したがって，工学的な機械や装置も，それらを操作する人間も含めた利用技術も，その技術を生産活動に体系的に組み入れた企業全体も「システム」なのである（三浦［1971］143-6）．この段階の産直においては，認証システムやトレーサビリティシステム，GAPによる表示や情報を通したシステム化が求められるようになる．他方，食と農が本来持っている文化的要素，非市場経済的要素といった複雑な要素は捨象され，「消費者」の購入する規格化，標準化した農産物・食品に産直品が限定されてゆくようになる．この段階の産直すべてがそうとはいえないものの，ベクトルとしては確かにシステム化へ向かいつつある．

　以上，産直の展開過程を6段階にわけて検討した．こうした産直の方向に関わって，田中秀樹は，産直そのものが質的に変化を起こしてきているとする．つまり，生消提携的な産直運動は，地産地消運動や直売市に転換し，「新たな食料運動」として展開しているのである（田中［2008］193-4）．

　こうした動きが生じるのも，生協の食糧事業の中でも産直は，運動的な要素を本来的に含んでいたからである．産直を市場外流通とのみ把握するならば別だが，生産者と生活主体との，人と人との交流を媒介にした事業を協同組合として追求するならば，事業経営と運動の統一をはからなければならな

い．生協食糧事業経営に「企業化」傾向が現れているとしても，組合員によるそれへの制限が必要なのである．

3. 食糧供給における事業経営と組織運営の統一

　生協食糧事業が，国内農産物の供給を基本とすべきなのは，何も組合員意識によるからだけではない．現在日本においては，国内食糧よりも輸入食糧の方がより安価に入手可能である．しかし，低価格農産物の輸入は，それが一般化した段階では，労働者の賃上げ運動が不十分であれば，相対的な低賃金の条件ともなってゆく．生協運動が反対物に転化するのである．生協運動と労働運動との提携が必要な根拠はここにある（美土路（[1994a] 254-6），また宮村（[1988] 119-23）も参照）．安価な輸入農産物に依存する生協事業経営の問題はこの点からも指摘できる．

　食糧自給率が低下し，国内農業が危機的状況に陥っている現実からみて，生協が取扱う農産物すべてを国内産で賄うことは，一部生協を除いて，非常に困難になっている．生協によっては地域総合産直と称して，農村地域再編を同時に実践している事例もみられるが，いくつかの困難にも直面している．しかし，産地に向けて「商品仕様書」を作成し標準化をすすめる等，「商品力」の向上が今後の実践課題であるかどうかは疑問が残る．自然的諸条件にすぐれて規定される農産物の特殊性を認識すれば，「商品力の向上」には限界がある．また，経営的側面は生協事業の一面であるがすべてではなく，産直に運動的余地を排除することは協同組合の一種自殺行為ともなりうる．

　田中秀樹も述べるように，「現在の生協は，商品のみに関心を寄せ，商品の向う側の世界に無関心であるという，「消費者」の生協，あるいは流通生協としての限界を示し始めた」（田中 [1997] 54）とするならば，生産者と消費者との，使用価値を媒介とする相互承認，相互依存関係の強化こそが必要ではないだろうか．

　生協運営にあっては，第1に，食糧事業の効率化ではなく，組合員各層の

要求に応じた，農産物・食糧供給事業の再検討にある．というのも，食生活の様式や農業生産は，自然条件や地域による差異が本来的に大きく，また天候による短期的な変動も大きい．こうした条件の下で，生協事業を成立させるには，経営効率だけではなく，組合員層のおかれた状況の把握が不可欠ではないか．

　第2に，安価な輸入食糧への依存は，生協を反対物へ転化させることにつながる．だからこそ，生協事業経営においても，生協と労働組合との提携，また生協と農村（農家）との提携を検討する必要がある．

　なお，地域生協による農産・食品事業，特に輸入農産物の扱い方に関しては，各生協が位置する地域の農業展開いかん，組合員の教育程度や自覚，家族の健康状況，所得など組合員の購入条件によって個別的な差異が生じよう．地域生協における"生協らしさ"の度合いを，農産・食品供給事業において，国内産でより安全な農産物取扱いをどの程度行っているかの量的把握のみでは，一面的評価に陥りやすい．生協の"生協らしさ"は組合員参加の運営システムを維持しているかどうか，そして目的はどこにありそのためにどのような運営を行っているかによって内在的に評価されるべきであろう．そうでないと，高所得の組合員によって組織され，国内の特産品・優良品の取扱いを可能とする生協のみを「よい生協」として捉える皮相な理解に陥ることになる．

　生協食糧供給事業は組合員活動や組織運営と分離して，その方向性を議論できず，むしろ対立する両者を統一的に把握しなければならない．これは，食糧部門に限らず，生協事業全般に関わることである．そして，事業経営のあり方は，組合員，専従職員，役職員等の性格と機関運営の実態を検討して，統一的な把握が可能となる．

　注
1)　食糧という用語の使用理由については，宮村（［1987］130-2）を参照のこと．食べ物の問題を，商品化されたレベルでは決して扱いきれない根源的なものとして捉え，それにふさわしい用語として，食料でも，食品でもなく，食糧を使用す

る．
2) 日生協・食糧問題調査委員会（[1984a] 9-10）は，この点について的確な指摘を行っていた．
3) 1982年の日生協総会における方向とその後の変容については，宮村（[1988] 133-46）が詳しい．
4) 「新食糧法」に対する日生協の対応は，日生協「全国コメ事業政策専門委員会」が1995年3月に日生協理事会へ提出した答申が参考になる．そこでは，新食糧法が，コメの備蓄を明文化して位置づけたこと，生産者の自主性を認めて販売の自由に途を開いたこと，コメの単線ルートによる流通規制を廃して流通の活性化へ途をひらいたこと，などの理由で答申が新食糧法を高く評価しているとのべている（河相 [1996] 29）．
5) 農業基本法改定に対する日生協の姿勢に関する議論については，「特集II 食料・農業・農村問題を考える」[1998]『生協運営資料 No.180』75-114, 3月．宮村 [1998] 54-60を参照されたい．両者とも報告書の「中間とりまとめ」をめぐる議論を行っているが，最終答申も中間報告と同様の報告となっているので，それぞれの主張は参考になる．
6) 日生協「日本の農業に関する提言」は，日生協編（[2008] 175-203）で読むことができる（「食生活」部分は省略してある）．「食生活に関わる問題提起」は，武見編（[2007] 131-40）に掲載している．
7) 2005年に成立した食育基本法の下で，生協においても食事バランスガイドを活用した食育活動を推進してきた．その基本は，商品化された食料品を選ぶ能力（選食力）を育てることを基軸としている．産直は違うという批判もあろうが，「安全」確保のために，規格化・標準化した（すなわち商品化のすすんだ）農産物を扱う産地を選別して提携する方向にある．日生協による「食生活に関わる問題提起」も，底流にある思考形式は同様である．食育基本法そのものの検討は，佐藤（[2006] 14-34）を参照のこと．
8) それは，たとえば，日生協元理事長の高村勣氏が，「生協も広域かつ多角的に国内産地を開発し，商品によっては積極的に海外ルートを確保していく必要がある」として，水産物や牛肉などの海外産地の開拓に積極的な姿勢をみせていることからも明らかだった．高村（[1993] 207-8）を参照のこと．
9) いわゆる産直に関する諸研究を整理したものとして，田中秀樹「産直論の系譜」（[2008] 198-224）が参考となる．
10) 大高全洋（[1995] 204）．大高は，産直運動の段階ごとの整理を岡部守のものを参考にして行っている（岡部守 [1978] 6-7），同（[1988] 1-5）．岡部の業績に対して，大高は1990年段階の整理を新たに加えている．
11) たとえば，三国英実編 [1995]，日生協 [1996] を参照されたい．

第8章
食品安全問題と生協の対応

1. 食品安全確保の問題と生協

　日本の生協は，高度経済成長以降，食品の安全と安心を確保するために，独自の商品開発，産直に代表される生・消の提携，衛生・安全管理対策，行政への要求活動などに取り組んできた．こうした取り組みの背景には，一連の消費者問題，特に食糧問題の発生・深化が存在していた．それゆえ，1980年代以降は生協事業総額の約6〜7割を食品によって占められるようになったのである．しかし，新たな食糧問題が相次いで発生し，消費者の組織的な対応がいっそう必要な昨今の情勢にもかかわらず，消費者運動の中心である生協そのものの性格変容がすすんでいる．特に，2008年1月に発覚した「CO-OP手作り餃子事件」は，CO-OP商品を購入した組合員家族に重篤な被害をもたらした点で，食品安全に取り組んできた生協の信頼が根底から揺らいだ事件であった．

　以下では，生協における食品安全の取り組み内容の変遷を，戦後消費者運動を振り返りつつ，消費者運動高揚の要因を確認する．生協における食品の安全確保の取り組みを画期区分し，社会情勢変化と関連づけながら，画期ごとの特徴を明らかにする．最後に，現局面における，生協の安全確保の取り組み内容と課題を考察したい．

　検討に入る前に，ここでの「食品の安全」という言葉の意味内容を確認しておこう．食品の安全といった場合の「食品」とは，もっぱら商品化された

食料品全般をさすが,「食」とは本来,保存や調理など食生活過程も含む意味内容としてとらえられる.ただし,ここでの食品の安全とは,購入対象である食料品に限定したところの品質問題——経済学としては使用価値に関わる問題——としてとらえることにする.

現在の食品安全基本法（2003年制定）の下では,食品の安全性とは,リスク,つまり「食品中に危害因子が存在することによって健康への悪影響が発生する確率と重篤度の関数」(小池ほか [2011] 60) として理解されている.つまり,リスクは「ある」「なし」(絶対危険,絶対安全) といった二項対立論ではなく,確率論として,危害因子による量的度合と健康へ与える影響との程度問題としてとらえられる.食品安全基本法制定に伴って設置された食品安全委員会は,この食品のリスク評価（食品健康影響評価）を,客観的かつ中立公正に行う機関である.そして,食品のリスク管理は関係行政機関が行うこととしている.このように,食品の安全性をめぐっては,科学的見地によって客観的に判断する仕組みが整えられてきたが,だからといって「安心」が担保されているわけではない.食品安全委員会では,リスクコミュニケーション（消費者,食品安全事業者など関係者が相互に情報や意見を交換すること）によって,消費者の不安（安心への危惧）を解決しようとしている.しかしながら,消費者問題の歴史を振り返って見ると,「科学的」な知見は絶えず変化するものである.また,食品安全性問題の多くは,科学的根拠がないか,あるいは不充分な未知の分野に属する（田代 [2012] 165）.安全への客観的なアプローチが必要なことはいうまでもないが,安心意識へも充分な配慮が求められるのである.

2. 食品の安全確保の取り組みと消費者運動

(1) 消費者運動の発生と内容

日本における消費者組織の形成と運動は第2次大戦後からはじまるといってよい[1].第2次大戦直後の消費者運動は,「米よこせ」運動に代表される

ように，なによりもまず基礎的生活物資の確保を目的として始められた．最低の生活状態から脱出するための，生存権の保障を要求した運動だったといってよい．そして後には，急激なインフレーションに対する，物価の値上げ反対や適正な価格要求が中心となっていった．

したがって，食品の安全確保のための運動は，高度経済成長期に活発化するのであって，戦後直後では運動課題の中心とはならなかった．ただし，部分的には行われていたと推測される．国民生活センター編『戦後消費者運動史』によれば，主婦連による，たくあんに含有するタール系色素オーラミンに対する使用禁止要求，不買運動が 1951 年に行われている（国民生活センター編 [1997] 40-1）．この問題は，主婦連の日用品検査部の商品テストによる発見が契機であり，日常普段の食生活総体の問題化ではないものの，食品の安全確保運動の嚆矢といえよう．

食品の安全確保をめぐって，行政は当時どのような姿勢であったか．食品安全に関わる基本法である食品衛生法は 1947 年に制定されている．食品衛生法の目的は同法第 1 条によれば次のようである．「この法律は，飲食に起因する衛生上の危害の発生を防止し，公衆衛生の向上及び増進に寄与することを目的とする」．法律制定年次それ自体は，決して遅いものとはいえない．しかしこの法律には，汚染食品を購入・摂取した結果，被害を直接受けるであろう消費者の権利確保の点が不十分であった．いいかえれば，法の目的が，製造者の，食品製造の際の安全確保を主眼とするものであったのである．この問題は，後節で扱うように，21 世紀前半まで継続する大きな課題となっていた．

(2) 高度経済成長期における消費者運動の激化と背景

消費者団体が，食品の安全確保を運動の重点項目に据えるようになるのは，1955 年頃からであり，高度経済成長の開始時期にほぼ等しい．先の『戦後消費者運動史』をもとに歴史を振り返れば，1955 年以前には，豆腐値上げ反対，10 円豆腐運動（主婦連，1953 年），牛乳値下げ懇話会開催，10 円牛乳

運動 (主婦連, 1954 年) などの取り組みがみられるが, 1955 年の森永ヒ素ミルク事件を契機として, 日生協・主婦連・婦人民主クラブ・総評・新産別などによる全国消費者団体連絡会結成 (1956 年), 第 1 回全国消費者大会 (1957 年) など消費者団体の動きが活発化する. そして, 運動内容も, 不当表示ジュース追放運動 (主婦連, 1957 年), 独禁法緩和反対連絡懇談会 (消団連など, 1958 年), 牛乳消費者と酪農民を守る国民大会 (主婦連・日農など 14 の生産者・消費者団体, 1958 年), プラスチック製品の品質表示を要望 (主婦連, 1960 年) などと多様化してゆく (同上, 年表参照).

1960 年代に入っても, 消費者問題の深化とともに, 消費者運動は質・量とも大きく発展してゆくのである. ところで, 1960 年代の消費者運動は, 運動の性格によって大きく 2 つに分けられる. まず, 1965 年以前は, 独占資本によるマーケティングに対する, いわゆる「賢い消費者」の育成に取り組むという性格が強かった. それは, 1962 年の, アメリカ合衆国ケネデイ大統領による「消費者の 4 つの権利」宣言にみられるような, 消費者の権利を国や自治体が制度的に保証し, また消費者の自己教育によって消費者問題は防衛できるという見地である.

しかし, 1965 年以後は消費者問題に関する調査, 宣伝活動, そして告発にいたる運動に発展していった. この性格変化は, 消費者問題の内容変化を反映している. たとえば, 新潟水俣病における食品衛生調査会の原因答申が 1967 年, イタイイタイ病における厚生省の公害病認定が 1968 年である. カネミ油症事件は 1968 年に発生している. 1969 年には日本消費者連盟 (日消連) が結成され, 同年にコーラ飲料メーカーを独禁法違反で告発している. 1965 年以後, 物価問題にせよ, 商品の安全性問題にせよ, 消費者が自己教育によって対処できる範囲を大きく超えたところに多くの問題が発生してきたのである.

食品の安全問題に関していえば, 1955 年に発生した森永ヒ素ミルク事件は, どちらかといえば食品製造企業単独の事件であった. しかし, 1960 年代に入り, 食品添加物の表示基準改正や指定品目の急増がすすみ, 食品添加

物の発ガン性が多く指摘されるようになると，食品の安全問題は，企業単独の問題ではなく，すべての加工食品製造業や食品行政をも巻き込むことになってゆくのである．これらの動きに伴い，消費者問題の定義内容自体も変更を余儀なくされる．すなわち，「使用価値や価格において問題がある商品が無知な消費者に販売されるという不公正な取引問題」[2]ではなく，消費者の「生活の上で発生するあるいは起こり得る可能性のある消費者被害と権利侵害のすべて」が消費者問題として定義づけられるようになる．

以上のように日本では，高度経済成長に伴う諸矛盾が消費者問題として現れ，問題の深化に伴って消費者運動も発展してきたといえよう．

3. 食品の安全確保をめぐる生協の取り組み

こうした，食品の安全問題に生協がどのように関わってきたのか．

生協は，消費者運動の中で一定の位置を，それも重要な位置を占めていた．というのも，戦後日本の消費者運動は運動継続のための組織，財政基盤が確立しているとはいえず，生協の組織力量が期待されていたからである（下垣内［1994］22-3 および 28-9）．

生協による食品の安全確保の取り組みは，いくつかの画期に分けて整理することができる（表8-1）．安全問題の発現内容が時代によって異なり，したがって取り組む課題も異なるからである．また，生協事業経営の成長度合いと内容に応じて，食品の安全確保対策に強弱が生じていたからでもある．生協とひと口にいっても，地域市民生協個々の取り組みにも差異があり，結成時期や地域状況，組合員の主体的契機などによって性格を異にする．ここでは，日本生協連における安全問題への取り組みを中心にみてみたい．

(1) 第1期：食品の安全確保運動前夜の食糧確保運動

生協による食品の安全確保の歴史は，概ね5期に分けることができる．第1期は第2次大戦後から1960年前後までである．この時期の生協運動は，

表 8-1　食品の安全

	年次	社会問題，事件	消費者運動，対策
第1期	1947		食品衛生法公布
	1948		
	1951		着色料オーラミン使用禁止要請（主婦連）
	1953	熊本水俣病発生，着色料オーラミン使用禁止	米価値上げ反対消費者大会
	1955	森永ヒ素ミルク事件	
	1956		全国消団連設立
	1960		
	1962	サリドマイド事件	
	1966	AF2 指定	有害タール系色素反対運動（主婦連）
	1967		
	1968	カネミ油症事件	消費者保護基本法公布
	1969	牛乳残留農薬事件（BHC，ディルドリン）	
第2期	1971		DDT 全面禁止
			PCB 追放大会
	1972		食品衛生法改正
			通産省家電への PCB 使用禁止通達
	1973	AF2 の発ガン性発表（国立遺伝研究所）	サッカリンの使用禁止（4月）
			サッカリン使用禁止解除（12月）
	1974		AF2 入り食品追放運動総決起大会
	1975		サッカリン追放運動連絡会結成
	1976	アメリカより OPP，TBZ の指定要請	
	1977	OPP，OPPNa を指定	OPP ボイコット集会
	1980	厚生省過酸化水素の発ガン性発表．その後残留しなければ良しとされる．	はんぺんなどからプロピレングリコール排除
第3期	1981	プロピレングリコール使用基準設定	
	1982	臭素酸カリウム，BHA の使用基準改訂（使用禁止）	
	1983	BHA 規制実施延期	
	1985	有毒ワイン事件	
	1986	チェルノブイリ原発事故	
	1988		食品添加物全面表示義務付け
	1989	GATT 農産物交渉	
第4期	1992	イマザリルを食品添加物として指定	
	1994	米緊急輸入	
	1995	食品衛生法，栄養改善法改正，WTO 発足	食品衛生法改定についての8項目要求（全国消団連），動物用医薬品研究会設置
	1996	O-157 等食中毒の拡大	
	1997	遺伝子組み換え食品への関心の高まり	遺伝子組み換え食品表示を求める運動
	2000	雪印集団食中毒事件	
	2001	BSE の国内発生	
	2003		食品安全基本法の制定，食品安全委員会の設置，食品衛生法改正
第5期	2007	ミートホープ事件	
	2008	CO-OP 手作り餃子事件	
	2009		消費者庁の設置，消費者委員会の発足
	2011	3.11 大震災，福島第一原発事故	

注：日生協 [1999]，日生協編 [1977] などを参考に作成．

第8章　食品安全問題と生協の対応

確保に関する年表

生協の取り組み
消費生活協同組合法公布 日本生活協同組合連合会結成
CO-OP バターから酸化防止剤，合成保存料，かび防止剤，着色料排除．CO-OP みかん缶開発
CO-OP 商品へのタール系色素排除の決定 「CO-OP 商品の開発について」決定
チクロの生協店舗からの即時追放呼びかけ CO-OP 無漂白小麦粉開発 CO-OP 無かんすいラーメン開発．PCB 追放署名と自治体要請行動． サッカリン排除決定．AF2 排除決定．「CO-OP 商品政策」提案
保存料，着色料，発色剤不使用ハム・ソーセージ開発 OPP 無添加レモン契約輸入 はんぺんなどからプロピレングリコール排除
うどんなどからプロピレングリコール排除 BHA 不使用宣言．「CO-OP 商品政策」決定．食品添加物新規指定 11 品)目の不使用決定（第 32 回総会)「食品添加物の規制強化」「消費者本位の食品衛生法改正」 （第 33 回総会)「食品添加物の総量規制」を掲げる Z リスト委員会設置
天然添加物研究会設置 「食品安全行政の充実強化を求める特別決議」（第 45 回日生協総会） 食品の安全行政と社会システムに関する研究会
遺伝子組み換え食品「表示ガイドライン」とりまとめ 食品の安全政策・策定委員会 「食品衛生法」の改正を求める国会誓願署名
日本生協連・冷凍ギョーザ問題検証委員会による報告

終戦直後の再建時を第 1 の高揚期，そして 1940 年代末からの労働運動の一環とする拡大時を第 2 の高揚期として大きく区分される（本書第 4 章を参照）．いずれの高揚期においても生協運動は，食品の安全確保よりもむしろ，食糧の安定的で安価な確保，特に主穀の確保を目的としていた．組織主体も第 2 の高揚期においては勤労者であり，職域・地域勤労者生協が事業の中心であった．また事業力量も高いとはいえず，1950 年で組合員数約 220 万人，1995 年と比較すれば約 20 分の 1 にすぎなかった（旧厚生省調査）．

ところで，戦後日本における食品公害の嚆矢が，森永ヒ素ミルク事件をはじめ 1950 年代中葉であったから，第 1 期に生協が何らかの取り組みをしてしかるべきであった．しかし，ひとつの「事件」は，その発生から食品公害への拡大・深化，そして解決まで長期にわたる[3]．だから，第 1 期中に発生した事件，たとえば，水俣病や森永ヒ素ミルク事件に対して，生協運動が本格的に取りあげたのは第 2 期に入ってからであった．

(2) 第 2 期：食品の安全確保問題の激化と食品添加物問題

第 2 期は 1960 年代前半から 1980 年代前半までである．1960 年代後半からは，高度経済成長のあらゆる諸矛盾が爆発的に現れた時期であった．4 大公害問題の深刻化も，日常普段の食生活における安全問題，不良商品問題などの発生もまさにこの時期からであった．そして，日常的に摂取する食品の安全問題は，食品添加物問題として集中的に現れる．前節で触れたような消費者運動の高揚と相まって，生協運動は主に食品添加物問題に対して取り組まれた．

では，食品添加物問題はどのように展開していったか．日生協の資料によって確認しよう（以下の記述については，日生協［2000］を参考にした）．この時期の注目点は，食品添加物指定品目の激増であった．指定品目数が急増したのは 1960 年代であった．1947 年の食品衛生法制定の翌年に 60 品目が指定されて以来，1952 年には 73 品目，1957 年には 189 品目，1962 年には 291 品目に急増する．そして，1963 年には 1 年で 20 品目の指定増となり

合計311品目，さらにその翌年には35品目増えて346品目に達したのであった．このように1964年には2000年現在の指定品目数にほぼ等しいところまで増加したのであるが，指定品目から削除される合成食品添加物も常にあった．たとえば，1966年にはタール系色素7品目が指定解除される．また1968年には甘味料のズルチンが指定品目から削除されている．これらはいずれも発ガン性が問題視されたことから指定削除となった．1974年には悪名高い防腐剤のAF2が指定品目から削除されている．AF2はそれ以前から発ガン性が指摘されていたが，厚生省（当時）が事態を放置していたのであった．1983年には11品目を一挙に新規指定，同時に14品目の使用基準緩和が行われた．1980年代の合成食品添加物指定増の背景には，加工食品の製造をすすめる食品工業の要請とともに，アメリカ合衆国からの貿易摩擦緩和要求，すなわち外国で認められている添加物は日本も認めるべしという圧力が存在した[4]．

合成食品添加物問題に対する生協運動はどのようなものであったか．1つは，疑わしい添加物の排除，使用禁止の要請行動である．特に，1980年代前半の，食品添加物規制緩和への反対運動は最も高揚した運動であった．この運動は，抗議集会，署名活動，国会請願，厚生省への交渉など多岐にわたったが，1984年4月には330万人もの署名を集約した，まさに全国的な活動であった（日生協組織部［1984］を参照）．もう1つは商品開発による対抗である．「CO-OP商品」の呼び名で知られる生協オリジナル商品は，安全性が疑問視される合成食品添加物や他の化学物質不使用を目的に開発されたものであった．また1985年には，国が許可した食品添加物でも問題があると判断した場合，CO-OP商品から排除するための委員会，いわゆるZリスト委員会を設置，17品目の排除リストを作成した（宮崎［2000］120）．

こうして，合成食品添加物を中心とした食品の安全確保のための取り組みは，1980年代中葉には，ひとつの社会的なインパクトを与えたのであった．その結果，生協以外の一般小売業にあっても，合成保存料や合成着色料不使用の表示を行っている例が目立つ．そうした取り組みの源流は生協を代表と

した消費者運動にある．

　以上のように，生協が食品の安全問題に，主体的，積極的に関わったのは，1960年代からであったことが確認できる．この時期の生協組織は，勤労者を担い手とするものから，地域住民とくに家庭で家事を担う専業主婦を担い手とするものへ転換していった．時代の社会的要請が生協組織の転換をもたらしたともいえよう．1970年代には，班や共同購入といった独自の流通システム開発によって生協事業はさらに伸張する．その牽引力となったのは，食品の安全確保をもとめる女性の組合員であった．食品添加物をめぐる取り組みは，社会の客観的情勢と生協の一般的契機が一致したところの運動であったといえよう．

(3)　第3期：生協事業の転換と組合員の安全性意識

　1980年代中葉から1990年代にかけて，生協の供給高や組合員数は，以前のような急激な伸張は見られなくなる．「転換期」と称されるような，生協運動の1つの転機を迎えたのである．端的にいえば，内的には，地域住民の多くを組合員として組織化した結果，組合員の多様化，多層化に遭遇し，事業内容に一定の変容を迫られる局面に至ったのである．また外部要因としては，小売業間競争の激化が，生協事業に新たな対応を必要とさせたのである．こうした時期を第3期として，食品の安全確保の取り組みをみていきたい．

　第3期は，生協運動史上，無視できない動きが発生した．それは，輸入農産物・食糧依存への政策転換である．日本は，1980年代後半からGATT農産物交渉の結果として，牛肉・オレンジをはじめ一層の農産物輸入自由化をすすめたが，日本生協連もそれに対応して輸入牛肉の積極導入をはかるようになる．こうした動きの背景には，組合員層の多様化に伴い，「安全」な生協商品とともに，「安価」な生協商品の要求が発生，輸入依存の事業傾向が現れてきたことがあげられる．また，大規模小売商業との価格競争が激化してきた点も無視できない要因である．価格競争への対応は，店舗面積，商品数など規模の大型化を志向させ，大手生協主導の事業展開が企図されるよう

になる．

　先にみた表8-1は，日本生協連『食品の「安全」と「安心」』(1999年)の「食の安全に関する年表」等を参考に作成したものである．第3期にはプラザ合意（1985年）以後の急速な円高を契機とした輸入農産物の急増，チェルノブイリ原発事故（1986年）と翌年の放射能汚染食品問題，そして反原発運動が含まれており，戦後生協運動史にあってもインパクトの大きい時期であった．

　反面，第3期には，生協事業の変化をもたらす要因ともなる，組合員層の意識の変化が生じていた．『生協組合員のくらしと意識』（1990年）をもとにして，「加入年次別にみた生協への加入動機」を確認しよう（第9章の表9-10を参照）．

　「生協の主旨に賛成」が加入動機という組合員は，1965年以前の加入者で41.9%だったものが，1981-85年の加入者では24.4%，1990年の加入者で15.2%へと減少している．これは，協同組合の理念・目的よりも，取り扱う商品・サービスの価格や品質そのものが加入理由となる組合員が増加していることを示唆する．

　ただし，「より安い商品が手に入る」ことが加入理由の組合員は，1965年以前の加入者で11.9%だったものが，1981-85年の加入者では6.4%に一度減少し，その後ふたたび増加に転ずる．1990年では組合員の8.1%が加入理由になっており，大きな変化は見られない．しかし，「安全・品質の良い商品」の確保が目的で加入した組合員は，1965年以前の加入者では49.0%，1981-85年の加入者では最も多く78.9%，その後減少をつづけて1990年では74.0%になっている．

　これらの数値は，第1に，生協運動の主旨を理解して加入する組合員は減少し続けていること，第2に，1965年以前では高物価問題への対抗が生協加入理由のひとつであったが，1980年代前半では，それほどの誘因とはならなかったものの，再び安価な商品を要求する組合員が増加していること，第3に，その変動は安全な商品確保を要求する組合員層の動きとほぼ対照的

であること，を示している．こうした推移は，生協事業経営が，1965年以前には高物価問題に対抗する商品開発をすすめ（たとえばCO-OP商品の開発），その後は価格よりもどちらかといえば品質重視に移行，1990年代に入ってふたたび低価格商品の提供に重心が移ったことを示す．

ただし，食品の安全確保要求が依然として生協加入理由の上位にきていることは注目すべきである．1990年代前半の，大手小売商業との価格競争が，そして大規模店舗展開の事業経営が，果たして，組合員要求に応えたものであったのかが問われるのである．

(4) 第4期：農産物総自由化段階と食品の安全確保問題

1990年代半ばから2007年までの第4期は，日本において食品の安全をめぐる動きが新局面に移行する時期といってよい．具体的な状況を列挙して見ると，まず，遺伝子組み換え食品，ダイオキシンといった新たな環境汚染物質が現れたのが特徴的である．また，病原性大腸菌O-157やノロウイルスにみられる食中毒などが，学校給食や高齢者福祉施設などの集団給食現場で発生している．

食料経済的に見ると1990年代は，食料費支出に占める加工食品，外食費割合の増加といった食生活様式の変化，また食糧自給率のカロリーベースで40％までへの低下などが顕著な動きとして指摘できる．また，政治的には，1995年から発足したWTO体制の下での，食品衛生法，栄養改善法の改正，食糧管理法の終焉，そして食糧法への転換などの変化があった．

21世紀に入ると，BSE牛が日本国内でも発生したことが記憶に新しい．もともと，イギリスで1986年から大量発生し，大問題となっていたのであるが，日本では発生しないと考えられていた．しかし，BSEの発生原因となる肉骨粉を牛の食糧として輸入継続していたことが要因となり，ついに2001年9月に日本でも発生する結果となった（詳しくは田代［2012］159-61を参照）．BSE問題の発生には，家畜飼料も含めた食糧のグローバル化の進展とともに，大量の輸入食糧に依存するという日本の低自給率状況が背

景として存在していた．

　また2001年前後に発生した集団食中毒事件や食品偽装は，食品安全行政への国民の大きな不信を招くことになる．そして，それを契機として日本の食品安全行政は大きく転換する．2003年には食品安全基本法を制定し，食品安全委員会を内閣府に設置するとともに，同年には食品衛生法も大きく改正することになる．法律の目的に「食品の安全性の確保」や「国民の健康の保護を図る」ことを明文化するなど抜本的な改正となったのである[5]．

　こうして，生協による食品の安全確保の取り組みは，2000年代に入って一定の成果を上げることができたといえる．しかし，その一方で，2008年には生協における食品の安全確保の点からみれば重大な問題を引き起こした．「CO-OP手作り餃子」による食中毒事件がそれである．以下2007年頃から現在までを第5期として位置づけ，内容を確認しよう．

(5)　第5期：「冷凍ギョーザ問題」と食品の安全確保課題

　「CO-OP手作り餃子」による食中毒事件とは，2008年1月に「CO-OP手作り餃子」をちばコープ・市川店で購入した家族が，調理して食べたところ有機リン系農薬メタミドホスを摂取してしまい，1家族計5人に嘔吐，下痢，手足のしびれなどの症状があらわれ，うち子どもの1人が重篤状態に陥ったことを含む3事例（他に2007年12月に同餃子を同じちばコープ・花見川店で購入した2人家族，2007年10月にイトーヨーカドー加古川店でJTフーズの餃子を購入し，2008年1月に調理して食べたところ嘔吐・下痢などの症状が出た事例）のことである．

　もともとこの冷凍餃子は中国河北省の天洋食品工場で製造し，JTフーズが輸入したものであった．発生当時は日本と中国の主張がかみ合わなかったこともあり，原因究明が容易にはすすまなかった[6]．とはいえ，日生協ブランドとして扱っていたことと，実はこれら事件発生の数か月前にも食中毒事件とはならなかったものの，職員や組合員によってこの商品の異常を指摘していた事例が存在していることが分かり，日生協・全国各生協としての姿勢

が大きく問われることになったのである．

　これらの事例を総称して，日生協では「冷凍ギョーザ問題」として総括し，第三者検証委員会による報告書も提出されている[7]．これら報告書にあっては，日本生協連の危機管理（クライシス・マネジメント）に焦点があてられている．以下では問題発生の背景について検討する．

　生協事業経営にあっては，1990年代の大規模店舗展開の無理を反省し，2000年代に入って食料品を重視した従来の事業内容に重点を移すようになる．ただし，2000年代は，長引く低成長の下で食品スーパー各社の価格競争が激化することとなる．特に，目玉商品としては，より低価格で，利便性のある冷凍調理食品が注目を浴びるようになるのである．実際，家計消費における冷凍調理食品の支出金額は約20年間で見ると急増している（1987年を100とみた場合2006年は220となる．『家計調査年報』）．並行して，調理冷凍食品の輸入量は中国を中心に増加している（2000年代初頭からに限定しても中国からの輸入量は倍増以上を示している．日本冷凍食品協会による）．地域生協における事業経営にあっても，調理冷凍食品の低価格化とそれによる他スーパーへの優位性確保が経営目標となっていたのは疑いないところである．

　こうした方向を助長した組合員の性格変容も起こっていた．1970年代の組合員層は日本の平均収入よりもやや高いところに位置していたが，2000年代にはほぼ同様のそれに変容した．これは，組合員数増加による組織拡大の結果であるが，同時に組合員意識の変容（安全意識よりも低価格の訴求）へとつながっていったのである．またこれは，生協職員や役員の意識変化をまねく．組合員による安全・安心への高い要求よりも低価格要求が大きければ，民間スーパーと同様の仕入れ・販売対応をせざるを得ない．

　結果として，食品の低価格路線，「食のダンピング」による無理がすすめられた結果，日生協，各単協，連合会といった「生協の組織特性は歴史的にみて，自発的に出来上がった組織構造を，複雑な階層構造をもって連合体としているところにあり，クライシス・マネジメントにおけるリスク情報の収

集・分析・発信の脆弱性は，生協組織の規模の大きさ・独立性と複雑さがあいまって，今回の事例を通じて明らかになった問題点のひとつとして指摘できる」（日本生協連・冷凍ギョーザ問題検証委員会　中間報告）といわれるような，生協組織にあっては，問題や事件が発生しやすい状況となっていたのである．

4. 食品の安全確保における生協の今日的課題

　今後，生協運動の方向性を展望したとき，どのような課題があげられるだろうか．

　第1の課題は，食ないし食生活を視野に入れた安全確保対策の必要性である．食品の安全確保対策は，商品の製造，流通，購入段階で発生する問題に限定されている．確かに，食品の安全確保対策として食品衛生法の改善，充実は不可欠である．しかし，組合員の日常生活において必要なのは，食料品購入後の，保存や調理過程における安全対策なども含む．組合員教育の一環として，組合員（消費者）自身の食生活のあり方を見直し，是正するような活動が必要となっているのではないか[8]．

　特に，「冷凍ギョーザ問題」に見るように，手作りではなく，商品化した冷凍食品を購入する状況が遠因となったことを組合員としては学ぶべきであろう．

　第2の課題は，食生活の「安心」をもたらす対策の重要性である．たとえ客観的な「安全性」が確保されたとしても，それが直ちに「安心性」の担保につながったとはいえない（日本農業市場学会編［2008］237）．藤原邦達は，食生活の安全とともに，食生活の安定，すなわち安定的な供給が保証されて初めて安心となると指摘する（藤原［1996］）．生協運動の目的は，「組合員のくらしを守る社会的な活動をすること」であり，食品の安全確保対策はひとつの手段に過ぎない．手段が目的に転化したとき，食糧の海外依存状況が肯定されることになりはしないか．「食品の安全確保」という用語自体が，

生協運動にとって適切かどうか再検討されねばならない．

「冷凍ギョーザ問題」にかかわって，検証委員会は，食品テロ対策を今後の課題として指摘している．社会全体が，そして生協組織が，仮想敵を準備した方向にコストを負担するのが望ましいのかどうか熟考する必要があろう．特に，日本の生協陣営が，各国の低賃金労働に依存した食料調達を事業目的とし続けるのではなく，世界の飢餓・貧困の撲滅への寄与にこそ焦点をあてる必要があるのではないか．そして，商品化した食品のフード・ディフェンスではなく，本物の「手作り餃子」の方向を展望してゆく，そこがポイントとなる．

第3の課題は，食品製造業者，農業生産者等との連携である．1960年代に組合員層の変化が生じ，主婦が生協運動の前面に出ることになった．欠陥商品や高物価に対抗する消費者運動にとっては優位に働いた．しかし，反面，生協運動が消費者の生活擁護運動としてだけ確立していった．たとえば「よりよいものをより安く」というスローガンは，安全性が保証されるならば，安価な食糧輸入に結びつきやすい．しかも，それは労賃が不変な場合，国内の労働力再生産費用を引き下げることにつながる．より安い農産物輸入が決して消費者利益に結びつかないのである．消費者運動としてだけではなく，労働運動をも巻き込んだところの，統一戦線を推進しなければならない．生協運動の先のスローガンもそこで正当性をもつことになる．さらに，農業者や地場農産加工業との，中小製造業者との連携が必要となってくるのである．

第4の課題は，生協としての企業モラルに関してである．偽装表示問題の背景には，価格競争の激化や取引先からの価格引き下げ要求がある．CO-OP商品の中に偽装表示食品や安全性に問題を有する食品が発生したのは，生協食品事業において「食のダンピング」がすすめられていた点も無視できない（「ギョーザ事件から何が見えたか」農文協［2008］『現代農業』5月増刊号を参照のこと）．

コンプライアンスという言葉がある．よく法令遵守と解釈されているが，法令に従っていれば問題ないと考えたり，法令遵守を従業員に呼びかけるこ

とによってやる気を失わせ，組織全体の活力の喪失を招く恐れもある[9]．コンプライアンスの真意は社会の要請に応えることであり，組織防衛のためにコンプライアンス経営を行うことではない．目的と手段を取り違えないようにすることが肝要である．

21世紀において，生協における食品の安全確保の取り組みは，以上のような課題を含みつつ実践されねばならない．日本の生協が，商品・サービス供給を中心として事業経営を続けてゆくとしても，常に念頭におくべき課題であるといえよう．

注
1) 消費者組織（団体）ないし消費者運動とよぶときの"消費者"は多義的に使用されている．本章での消費者とは，単に消費（購買）という経済行動をとる主体という意味だけではなく，購入した商品・サービスを個人および家族の生命と労働力の再生産のために消費する人間という意味で使用する．歴史的にいえば消費者の概念は，自給型経済主体であった個人・家族の生活が市場経済にまきこまれ，購入中心の生活を余儀なくされるところで発生したものと考えられる．本書第3章も参照のこと．
2) 下垣内博（[1994] 36-7）．これは行政側のいう「消費者問題」の定義である．この定義で解釈するならば，商品購入の際だけの問題に限定され，購入後に摂取した食品問題，医療住宅，環境問題などは度外視されてしまう．そこで，下垣内博は，消費者運動の実践活動の結果，消費者問題を新たに定義する（本文参照）に至ったのである．なお，故下垣内博は大阪消団連事務局長を長く務められた．
3) 森永ヒ素ミルク事件も1955年8月に発生したが，1963年の徳島地裁判決では乳業メーカーに無罪判決．やり直し第一審判決で初めて有罪となったのは実に1973年であった．高橋他（[1977] 331-4）を参照．
4) 合成食品添加物の指定緩和問題については，藤原監修［1987］が詳しい．
5) 改正前の食品衛生法第1条は「この法律は，飲食に起因する衛生上の危害の発生を防止し，公衆衛生の向上及び増進に寄与することを目的とする」（1947年公布）となっていたが，2003年の改正後は「この法律は，食品の安全性の確保のために公衆衛生の見地から必要な規制その他の措置を講ずることにより，飲食に起因する衛生上の危害の発生を防止し，もつて国民の健康の保護を図ることを目的とする」となった．

しかしながら，現行の食品衛生法については，山本博史が「しかし，前回95年春の改定条項を撤回させること．そのためにも健康を守り安全な食生活を営み，食料の安全基準をそれぞれの国民が自主的に決定できることは，すべての国の国

民にとっての基本的人権の重要な柱であること．この食糧主権の立場からWTO協定の食品安全基準に関する協定内容を改めさせる運動を起こすこと，こそが肝心の取組であるといえないでしょうか」（山本［2007］133-4）と指摘するように，従来は一律に検査が必要であった輸入食品をモニタリング検査制度に切り替えた「改正条項」が存在するなど課題が残っている．

6) その後，冷凍ギョーザ事件の原因は，天洋食品に対して労働契約上の不満を抱えていた中国人の犯行によるものと報道されている（『日本経済新聞』2010年3月29日付）．詳細は不明である．

7) 「冷凍ギョーザ問題」についての概要は，日生協編（［2009］78-82）．また第三者委員会による総括については，「日本生協連・冷凍ギョーザ問題検証委員会（第三者検証委員会）最終報告」（2008年5月30日）および「同中間報告　第2版」（2008年5月1日改訂）．最終報告書のURLは以下の通り．http://jccu.coop/info/announcement/pdf/announce_080530_01_01.pdf

8) 日本生協連［1999］『食品の「安全」と「安心」』では，安全確保のための生協の基本政策として，食中毒対策を事業活動上の最優先課題とし，「生産・製造から流通・家庭での消費にいたるまで適切な食品の管理がされるよう努力します」（35ページ）としている．しかし，その具体的内容は，商品容器の形状や表示，HACCPなどの製造管理体制の指摘にとどまっている．組合員の食生活上の安全対策は，若干はあるものの（『はやわかり「食品の安全」ブック』68-9ページ），深く考慮されていない．フードチェーンの範囲で安全確保を図るのは，生活者が結集した生協にもかかわらず家庭内教育的視点が欠除している．「消費者の生協」にとどまるならば，家庭内における「安全・安心」は確保できないのである．

9) コンプライアンス問題の第一人者である郷原信郎は，コンプライアンスに関するセミナーが活況を呈したりコンサル会社が大盛況となる中で，多くの弊害が生じていることを指摘する．弊害とは，「抽象的に法令遵守を宣言し，社員に言明するだけの経営者の動機が，命令に反して社員が行った違法行為が覚した場合の「言い訳」を用意しておくことに過ぎないこと，法令遵守によって組織内には違法リスクを恐れて新たな試みを敬遠する「事なかれ主義」が蔓延し，モチベーションを低下させ，組織内に閉塞感を漂わせる結果になっている」ことであり，賢明な組織人たちは気づき始めているのではないかと述べている（郷原［2007］7）．
　一方，日生協は，食品安全確保に関して，「食品の安全の確保は食品に携わるすべての事業者の責務であるという認識を強く持ち，コンプライアンスの徹底を図るとともに，具体的なしくみづくりを行っている必要があります」（日生協［2008］194）との認識にとどまっている．そして，しくみづくりとして，食品の「仕様管理や工程管理」つまり，ISOやHACCP，GAPに裏付けされた管理レベルを上げることが問題解決に繋がると考えている（同194-5）．しかしながら，実は，こうした法令遵守の姿勢が，「冷凍ギョーザ問題」を引き起こす遠因となったのではないか．法令遵守すなわち，「法令を守ることの自己目的化」が，「何々規

則,何々基準,マニュアルを,守ったか守らなかったかをチェックされるから,それを守ろう,守ろうという方向に注意が向いてしまう」（郷原［2011］95）．その結果,肝心の「基本的なところ,根本的なところ」への注意が離れてしまったのではないか．

　現代社会では,想定を超えた問題,規則,基準,マニュアルを当てはめるだけでは解決できない問題が発生し,そのときには,基本的な,根本的なことに遡って考える必要がある．つまり,「自分たちの仕事というのは,そもそも何を目的として,何を目指して,何を実現しようとして行っていたのか」（同上）についてまず考える必要が出てくる．「冷凍ギョーザ問題」は,生協運動の原点とは何かをも問いかけているのである．

第9章
組合員の性格変化と生協組織

1. 生協における担い手の性格変化

　生協組織の担い手は，組合員，専従・臨時職員，役員等によって構成している．これらの担い手各層のうち，地域生協の組合員は，一定の地域に居住（ないし通う）する地域住民によって大部分が占められている．したがって，地域住民，広くいえば社会成員の性格変化が，協同組合に結集する動機を与え，逆に乖離する要因にもなりうる．生協の性格変容や転換を論ずるには，地域の社会成員そのものに下降してその特徴を明らかにする必要があろう．

　本章では，生協の組織成員だけではなく，担い手となりうる社会成員[1]の性格変化を検討する．次に，組合員層の性格変化とその背景を検討しつつ，生協組織運営の課題を考察する．生協組合員の生活実態については，日生協による組合員アンケート調査を通して分析を行う[2]．

　日本の生協事業は数度の高揚期を経て現在に至っているが，その間，職域生協から地域勤労者生協，そして地域市民生協へと牽引者が変遷し，その都度，組合員の性格も変化してきた．

　そこでまず，組合員各層の検討にはいる前に，「生協の担い手」（生協未加入の地域住民も含み，「生協組織の担い手」とは意味が異なる）の変化過程を人口，就業など基礎的な枠組みから検討しよう．

　1950年代から1960年代前半までは，活動の中心となったのは，労働者による生協であったため，生協の担い手は職域内の勤労者かその関係者，ある

表 9-1　都市への人口集中と就業構成の変化

(%)

年	人口 総数	人口 市部	人口 郡部	市部人口10万人以上の割合	産業別就業者 総数	第1次産業	第2次産業	第3次産業
1950	100.0	37.5	62.5	25.6	100.0	48.6	26.8	24.6
1955	100.0	56.3	43.7	34.9	100.0	41.2	28.8	30.3
1960	100.0	63.5	36.5	40.5	100.0	32.7	34.7	32.7
1965	100.0	70.1	29.9	46.5	100.0	24.7	38.1	37.2
1970	100.0	72.2	27.8	51.6	100.0	19.3	40.8	39.9
1975	100.0	75.9	24.1	72.5	100.0	13.9	41.1	45.0
1980	100.0	76.5	23.5	74.9	100.0	11.0	40.5	48.5
1985	100.0	76.7	23.3	75.0	100.0	8.8	34.4	56.8
〈参考〉								
2005	100.0	86.3	13.7	76.3	100.0	4.5	27.3	68.2
2010	100.0	90.7	9.3	76.4	100.0	4.0	24.7	70.2

注：1) 1980 年以前は，橋本（[1987] 114），その後は『日本の統計』を参考に再計算した．
　　2) 産業別就業者割合の計算には，「分類不能」を除いている．

いは，地域勤労者生協の場合，所属する労働組合員（や家族）であったと考えられる．当時の，担い手の性別や職業に関する資料が残されていないのでその詳細については不明である．だが，職域生協の組合員数が地域生協の組合員数を 1964 年まで上回っていたことから，生協の担い手層の差異性を指摘できよう[3]．

　1960 年代半ばより，職域生協の供給高や組合員数は微増するものの，生協数が漸減してゆく．その中で，地域市民生協が急速に増加し，家庭の主婦が担い手となってゆく．それは，高度経済成長による都市の肥大化，具体的には団地やベッドタウンなどの住宅地が大量に形成されたことと無縁ではない．どのくらいの勢いで都市化がすすんだのかを確認しよう．表 9-1 は，高度経済成長期を中心とした都市への人口集中と産業別就業構成の変化を国勢調査により示したものである．それによると，1955 年には市部人口比は 56.3% だったものが，1970 年には 72.2% に急伸する．その反面，第一次産業人口比は 1955 年の 41.2% から 1970 年の 19.3% まで激減する．

　こうして，日本は高度経済成長の間に産業構造が大きく変化し，都市への

表 9-2 核家族世帯の推移

(千人, %)

	普通世帯総数	核家族世帯				
		総数	夫婦のみ	夫婦と子ども	男親と子ども	女親と子ども
1955	17,398(100.0)	10,366(59.6)	6.8	43.1	1.6	8.1
1965	23,117(100.0)	14,443(60.2)	9.8	45.4	1.0	6.4
1975	31,385(100.0)	20,071(64.0)	12.5	45.7	0.8	4.9
1985	37,980(100.0)	22,804(60.0)	13.7	40.0	0.9	5.4
1995	43,900(100.0)	25,760(58.7)	17.4	34.2	1.1	6.0
2005	49,063(100.0)	28,394(57.9)	19.6	29.9	1.3	7.1

注：1) 橋本［1987］および『国勢調査報告』『日本の統計』より作成した．
2) 家族類型は以下のように区分する．
一般世帯＝親族のみ世帯＋非親族を含む世帯＋単独世帯
親族のみ世帯＝核家族世帯＋核家族以外の世帯
核家族世帯＝夫婦のみ＋夫婦と子ども＋男親と子ども＋女親と子ども

人口集中と農村の人口減がすすんだ．それと同時に，白物家電に代表されるような，都市住民の消費生活様式の高度化がもたらされたのである．

都市域における生活様式の代表例として，核家族世帯における，専業主婦による都市的生活様式があげられよう[4]．こうした生活様式が日本の高度経済成長を支えるとともに，支配的になっていったと考えられる．

なお，表 9-1 によれば，2010 年の市部人口と郡部人口の割合は 90.7 対 9.3 となり，都市と農村の人口差が一層拡大している．自治体合併が進んだ影響もあるとはいえ，町村に住む人口は総人口の 1 割を切る状況となっている．

表 9-2 は核家族世帯の推移を示したものである．1955 年から核家族世帯の割合は 6 割前後で推移しており大きな変化はみられないものの，世帯総数そのものが増加し，それにつれて核家族世帯総数も増加している．高度経済成長期における世帯増は，総人口の増加にともなう核家族世帯の増加によってもたらされた，といってよい．ところで，この核家族世帯はいったいどのような年齢構成であったか．その手がかりとなるのが，表 9-3 の，林直道が作成した人口年齢構造指標である．同表は 1950 年と 1970 年の 2 期間に大きく分け，途上国，先進国，そして日本の人口構成を比較したものである．それによると，日本は，1950 年までは，人口年齢構造では発展途上国タイプ

表 9-3 人口年齢構造指標：世界の 2 基本型と日本

	0〜4歳構成比	年齢構造係数			老年化指数	従属人口指数		
		0〜14	15〜64	65〜		総数	年少人口	老年人口
発展途上 10カ国平均								
1950	16.1	41.6	55.2	3.2	7.7	81.1	75.4	5.7
1970	17.3	44.4	52.5	3.1	7.0	90.4	84.5	5.9
先進資本主義 10カ国平均								
1950	9.5	24.9	65.8	9.4	38.0	52.1	37.9	14.2
1970	8.1	24.9	63.3	11.8	47.3	57.9	39.4	18.6
日本								
1950	13.5	35.4	59.6	4.9	14.0	67.7	59.4	8.3
1955	10.5	33.4	61.2	5.3	16.9	63.3	54.6	8.7
1960	8.5	30.2	64.1	5.7	19.0	55.9	47.0	8.9
1965	8.3	25.7	68.0	6.3	24.4	47.1	37.9	9.2
1970	8.6	24.0	68.9	7.1	29.4	45.1	34.9	10.3

注：1) 年齢構造計数＝各年齢人口÷総人口×100
　　　老齢化指数＝65歳以上人口÷0〜14歳人口×100
　　　従属人口指数＝年少人口または老年人口÷15〜64歳人口×100
　　2) 国連人口統計による各国別指標をそれぞれ先進国10カ国，発展途上国10カ国について単純平均したもの．
　　3) 計算は林直道によるものである．
　　4) 林直道（[1996] 84）による．

のそれを示す．つまり，65歳以上の老人層の比重が4.9％と少なく，逆に0〜15歳の若年齢層の比率が高かった．それが，この間に，出生率の急激な低下や乳児死亡率の低下がすすんだ結果，「人口の革命」（林［1996］88）ともいうべき大きな変化がもたらされたのである．これらの結果，日本の人口構造は，1970年までに，林直道の言葉を借りれば「きのこ型」，すなわち，年少人口の割合は極めて少ない先進国型であるが，老年人口は先進国よりも少なく途上国型を残しつつ推移，そして壮年層の割合が極めて高い構造に移行したのである（同上，89）．

こうして，日本は高度経済成長期において労働力人口割合が世界にも例をみないほど高くなった．その結果，家計の側からみれば老人・子どものための負担が軽減されるような，逆に資本の側からみれば低賃金・低福祉政策の

維持存続を容易にするような人口構成にすすんだのである（ただし，人口論的分析のみの経済分析に短絡化してはならないことに注意する必要もある．同上，94）．

　1960年代における生協の担い手の特徴も，以上の文脈から読み取ることができる．つまり，分厚い生産年齢人口層に属する労働者階級である彼らが，高度経済成長期における商品購入の大きな担い手となった（橋本［1987］116）．そして同時にその主婦たちが，1960年代から地域市民生協の担い手ともなっていったのである．

　こうした傾向（労働者階級中心の人口構成，都市への人口集中）は1970年代に入っても弱まりはしなかったが，1970年以降は，生産年齢人口の内部構成変化がすすみ，中高齢化が進行し，日本は高齢化社会に突入することになる（林直道は，生産年齢人口割合の増大は1970-71年に頂点に達すると指摘している．同上，93）．この人口構成変化と生協の担い手の年齢構成変化とは無縁ではなく，生協の担い手の高齢化も進行することになる．

　1970年代に入り，生協は共同購入事業を伸張させるが，この事業を支えたのが専業主婦たちであった．というのも，初期の共同購入事業は，注文書の集約，代金回収，荷下ろし，仕訳など作業がこまかく，専業主婦による班結成と労働参加が不可欠であったからである．専業主婦が大量に存在したからこそ，共同購入事業が発展したといえよう[5]．

　では，この時期，共同購入事業の推進主体としての専業主婦層には，いかなる特徴があったか．図9-1は，1960年から5年ごとにみた年齢別女性労働力率の推移である．ここからまず気づくことは，いわゆるM字型カーブの存在である．M字型カーブは20〜24歳で労働力率の1つ目のピークを迎えた後，結婚，出産により労働力率が低下し，出産，子育てに一段落した30代になって再び労働力率が上昇することをいう．次に，このカーブを年次ごとに見ると，25〜29歳の労働力率の値が1975年に最も下回ったことがわかる．この原因は何か．田渕直子は，1973年のオイルショックを契機に，女性労働が一挙に家庭内に封じ込められた，と指摘している．すなわち，

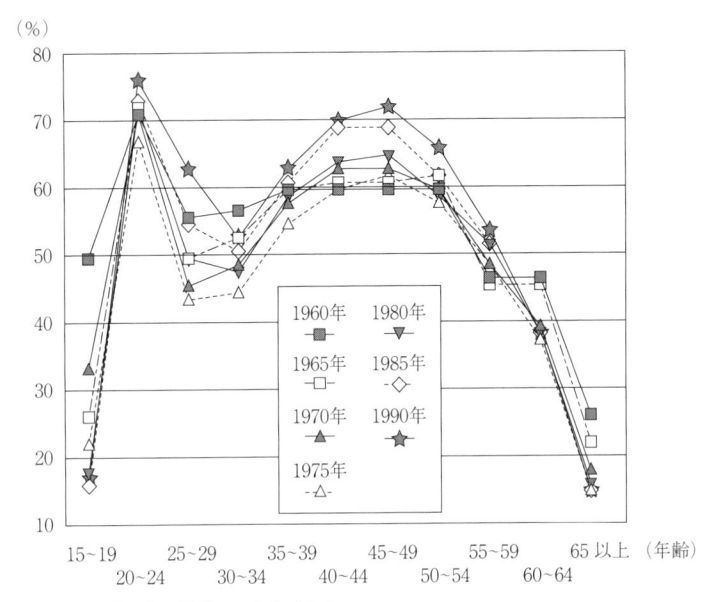

第 9 章　組合員の性格変化と生協組織　　　　　　　　　145

図 9-1　女性労働力率の推移

　1970年代は，女性労働が「雇用の調整弁」となっており，1970年代は「強制的な専業主婦化」が生じたと説明する（田渕［1997］6．また田渕は，同論文で1970年代に，20代から30代前半の専業主婦たちは高等教育やフェミニズム・学生運動の洗礼を受けてきたこと，家計責任者であることなどが共同購入事業を支えた条件であるとしている）．こうして専業主婦化を余儀なくされた女性層が，1970年代の共同購入事業の担い手となったのである．
　1980年代以降，ふたたび専業主婦層は減少し，何がしかの仕事につく主婦が増加する．表9-4は1985年以後の，妻と夫の就業状態別世帯数と割合である．これを見ると，夫が就業者で妻が非就業者の割合が徐々に減少していることがわかる（1985年の42.6％から2005年の33.2％へ）．また逆に，夫も妻も就業している世帯数は，増加数は停滞しているとはいえ，2005年

表 9-4　妻と夫の就業状態別世帯数及び割合

(万世帯, %)

		1985	1995	2005
世帯数	総数	2,591	2,766	2,910
	妻も夫もともに就業者	1,204	1,314	1,315
	うち妻も夫もともに非農林業雇用者	722	908	988
	夫就業者，妻非就業者	1,103	1,071	965
	うち夫非農林業雇用者	952	955	863
	妻就業者，夫非就業者	65	80	104
	うち妻非農林業雇用者	48	64	87
	妻も夫もともに非就業者	203	296	525
割合	総数	100.0	100.0	100.0
	妻も夫もともに就業者	46.5	47.5	45.2
	うち妻も夫もともに非農林業雇用者	27.9	32.8	34.0
	夫就業者，妻非就業者	42.6	38.7	33.2
	うち夫非農林業雇用者	35.6	34.5	29.7
	妻就業者，夫非就業者	2.5	2.9	3.6
	うち妻非農林業雇用者	1.9	2.3	3.0
	妻も夫もともに非就業者	7.8	10.7	18.0

注：1）労働省婦人局『働く女性の実状』，21世紀職業財団『女性労働の分析』による．
　　2）原資料は総務庁統計局「労働力調査特別調査」．1985年，1995年は各年2月，2005年は年平均．
　　3）ここでいう世帯とは典型的世帯（夫婦のみ，夫婦と親，夫婦と子ども，夫婦・子どもと親からなる世帯）のことである．

で1,315万世帯にのぼる．そして，景気変動の影響を受けつつも，女性の就業人口は増加の一途をたどり，パートタイム労働者の割合は増え続けている．特にサービス業の就業数・割合とも急増しているといってよい（表9-5）．

こうして，1970年代の共同購入事業推進の機動力となった主婦層の性格は1980年代以後，変化し続けているのである．

生協の担い手の変化としてさらに指摘できることは，高齢化の進行にともない，65歳以上の家族員がいる世帯が急増している点である．表9-6は世帯構造別にみた65歳以上の者のいる割合である．65歳以上の者のいる世帯は1980年では約850万世帯であったものが，2000年では約1,560万世帯，2010年では，2,000万世帯を超える．割合でいえば，1980年では全世帯のうち24.0％であったものが，2000年では39.4％，2010年では42.6％とこれも急速に増加している．1980年代以降現在までの，生協組合員の家族構成員

表 9-5　産業別女性雇用者数の推移

(万人, %)

	1980	1994	2008
農林漁業	11 (0.8)	15 (0.7)	23 (1.0)
鉱業	1 (0.1)	1 (0.0)	0 (0.0)
建設業	58 (4.3)	86 (4.2)	67 (2.9)
製造業	386 (28.5)	470 (23.1)	322 (14.0)
電気・ガス・熱供給, 水道業	4 (0.3)	5 (0.2)	3 (0.1)
運輸・通信業	39 (3.0)	63 (3.1)	106 (4.6)
卸売・小売業・飲食店	351 (25.9)	552 (27.1)	473 (20.6)
金融・保険業, 不動産業	82 (6.1)	123 (6.0)	117 (5.1)
サービス業	388 (28.7)	672 (33.0)	1,131 (49.3)
公務	33 (2.4)	41 (2.0)	51 (2.2)
全産業	1,354 (100.0)	2,034 (100.0)	2,293 (100.0)

注：1) 総務省統計局「労働力調査」による.
　　2) 日本標準産業分類が改定（2007年11月）されたこと, 及び日本郵政公社が, 民営・分社化された（2007年10月）ことに伴い, 産業分類間の移動があるため時系列比較は注意が必要である.

表 9-6　世帯構造別にみた 65 歳以上の者のいる世帯数

(千世帯, %)

	1980	1992	2000	2010
65歳以上の者のいる世帯	8,495	11,884	15,647	20,705
単独世帯	910	1,865	3,079	5,018
うち男の単独世帯	192	348	681	1,420
（割合）	(21.0)	(18.7)	(22.1)	(28.3)
夫婦のみの世帯	1,379	2,706	4,234	6,190
うちともに65歳以上	722	1,704	2,982	4,876
（割合）	(52.3)	(63.0)	(70.4)	(78.8)
全世帯	35,338	40,273	45,545	48,638
(65歳以上の者のいる世帯の全世帯に占める割合)	(24.0)	(26.9)	(39.4)	(42.6)

注：「国民生活基礎調査」により作成.

の内的変化がここからも推測できる．特に，65歳以上の男の単独世帯の増加は，生協事業における新たな組合員獲得と新事業開発の可能性・必要性を示唆するものである．

　以上，日本における生協の担い手はここ数十年で大きく性格変化を遂げた点を明らかにした．人口，年齢，就業といった国民生活様式の基礎的枠組みの変化は，生協組織と事業経営に対しても大きな影響を及ぼしていることは

間違いない．

　以上は，生協の担い手，すなわち非組合員も含む地域住民各階層の生活様式の変化過程を検討したものである．次に，組合員そのものの性格変化についてみてみよう．

2. 生協組合員層の性格変化と要因

(1) 組合員の年齢層と家族構成

　ここでは『生協組合員のくらしと意識』（1976-87 年は生活問題研究所で発行，1988 年からは日生協による．その後『全国生協組合員意識調査』として，1995 年，1997 年，2000 年以後は 3 年おきに発行されている）を手がかりとして，生協組合員の家族構成，就業状況などとその変化を明らかにしたい．

　表 9-7 は，組合員の年齢層とその変化をみたものである．表では，1977年，1987 年，1994 年，1997 年，2006 年の結果を整理したが，これを見ると，1977 年では 35～40 歳の年齢階層に組合員層のピークがありほぼ正規分布をなしている．その前後の世代を加えれば 30 歳から 45 歳までの層で組合員の

表 9-7　組合員の年齢層の変化　(%)

	1977	1987	1994	1997	2006
25 歳未満	1.1	1.2	1.4	} 6.3	} 2.8
25～30	12.5	11.2	6.1		
30～35	17.6	23.0	12.4	11.9	7.3
35～40	18.0	26.3	14.0	14.7	10.6
40～45	16.5	14.7	17.8	14.6	11.6
45～50	10.3	8.2	16.1	16.2	11.1
50～55	10.1	} 7.4	10.7	11.2	13.4
55～60	6.3		6.7	8.6	13.7
60 歳以上	} 6.5	} 3.2	12.7	14.8	26.1
NA			1.9	1.6	3.4

注：『生協組合員のくらしと意識』1977 年，1987 年，1994 年，1997 年，2006 年版より．

半数以上を占めていたことがわかる．この傾向は，10 年後の 1987 年においても基本的に変わっていない．田中秀樹はこうした傾向から，1970 年代から 1980 年代中ごろまでの組合員層は，乳幼児をかかえた子育て期の婦人が組合員の多くを占めていたこと，特に共同購入に参集する組合員は，1979 年には過半数がこうした世帯であったことを指摘している（田中［1998］52-3）．だが，その傾向はその後変化する．同表によれば，1997 年になると，45〜50 歳までの層のところに年齢のピークがくる．この背景として，生協組合員が急増した結果，かつて一部地域住民によって組織されてきた生協が，国民全体へ広がり，日本の高齢化とともに生協組合員の年齢層の上層シフトが起こったことが指摘できよう．さらに，2006 年になると，平均年齢が初めて 50 歳代を超える．年齢構成としては 30 歳未満は 3％ を下回る一方で，60 歳以上は 26.1％（うち 70 歳以上は 10.1％）となり一層の高齢化が進行している（2009 年，2012 年においてもその傾向はすすむが，2012 年の組合員の平均年齢はほぼ横ばいとなっている．『2012 年度報告書』による）．

　また，回答者の性別を見れば，少数とはいえ男性組合員が存在し，しかも徐々に増加している点も指摘されている（1987 年で 1.7％，1997 年で 4.7％，2006 年で 4.7％，2012 年で 5.4％．同報告書）．これらは，従来とは異なる組合員層によって生協事業が担われ始めており，したがって，こうした新たな組合員層に対応する事業を検討する段階にきているといえよう．

　次に，生協組合員の家族構成とその変化をみたものが表 9-8 である．厚労省「国民生活基礎調査」の結果と比較できるようにした．ここから，生協組合員の家族は，2 世代・3 世代家族を中心としてこれまで担われていたが，最近ではこうした家族の割合は減少しつつあり，逆に単身者や夫婦のみ世帯が増えてきていることがわかる．この傾向は，厚労省「国民生活基礎調査」の数値に一致とまではいかないものの，生協事業，組織の伸張にしたがい，組合員の諸属性が国民各階層のそれへ接近しつつあることを示している．唯一，表 9-8 で「国民生活基礎調査」と生協組合員の家族構成で異なっている点は，単身世帯ないし単独家族において生協加入割合が少ない点であるが，

表 9-8 生協組合員の家族構成

(%)

		単身・単独	夫婦のみ	2世代	3世代	その他 (無回答を含む)
生協	1983	0.6	6.5	73.6	15.0	4.2
	1990	1.8	10.0	66.0	16.9	5.3
	1996	3.6	15.7	60.9	13.0	—
	2006	6.0	22.0	59.0	11.0	3.0
厚労省	1980	18.1	13.1	47.3	16.2	5.4
	1990	21.0	16.6	43.3	13.5	5.6
	1996	23.5	18.9	40.2	11.6	5.9
	2006	25.3	21.5	37.5	9.1	6.6

注：1) 『生協組合員のくらしと意識』『全国生協組合員意識調査』および厚生省『国民生活基礎調査』より作成した．
　　2) 生協では「単身世帯」，厚労省は「単独世帯」としているが，同様に考えた．生協調査における 2006 年は「母子・父子家族」「夫婦と親からなる家族」も 2 世代に含めた．

増加基調にあることは間違いないところである（2012 年調査によれば，単身世帯は 8.0% に増加している）．

(2) 組合員家族における世帯主の就業状態

　組合員家族における世帯主の就業状況とその変化を見てみる．残念ながら，生協調査では，詳しい職業区分の調査が行われなくなったので，1980 年と 1990 年のデータで確認しよう．表 9-9 は，1980 年と 1990 年における世帯主の職業とその構成比を，生協調査および労働力調査を使って比較したものである．まず，1980 年の生協調査では，世帯主の職業は管理的職業と専門的・技術的職業が多く，事務職，販売職がこれに続いていた．これに比較して労働力調査では，労務職の構成比が 1980 年では 37.5% と最も高く，生協の 10.0% にくらべて 3 倍以上である．また 1980 年では，組合員家族における世帯主には農林漁業に従事するものが 1.0% しかなく，非常に少ない．1980 年頃は組合員の世帯主の職業階層は，一般事務系労働者いわゆるホワイトカラー層が多く，逆に農林漁業従事者や労務関係者の少ない構成になっていた．さらに，管理的職業についていた組合員家族の世帯主割合も国民全

表 9-9　世帯主の職業とその変化
(%)

	1980		1990	
	生協調査	労働力調査	生協調査	労働力調査
専門的技術的職業	23.7	7.9	23.3	11.0
管理的職業	24.2	4.0	18.5	3.8
事務職	18.2	16.7	20.1	18.5
販売職	11.2	14.4	11.3	15.0
農林漁業	1.0	10.3	2.0	7.2
一般労務職	10.0	37.5	17.3	35.4
その他（保安・サービス職を含む）	11.8	9.0	7.4	8.6

注：1)　『生協組合員のくらしと意識』および『日本の統計』より作成した．
　　2)　「労働力調査」は総務庁統計局調査部労働力統計課「労働力調査年報」による．
　　3)　労働力調査と生協組合員調査の分類項目が違うため，以下の調整を行った．
　　　「専門的技術的職業」とは生協調査の「専門技術職」＋「自由業」である．
　　　「管理的職業」とは生協調査の「管理職」＋「経営業」である．
　　　「事務職」とは生協調査・労働力調査とも同じ．「販売職」とは生協調査の「販売職」＋
　　　「自営業者」である．農林漁業は生協調査・労働力調査とも同じ．「一般労務職」とは，
　　　労働力調査では「運輸・通信」＋「採掘」＋「技能工，製造・建設」＋「労務」を含み，生
　　　協調査での「一般労務職」と同じにした．「その他」とは，労働力調査では「保安職
　　　業，サービス職業」であり，生協調査の「サービス業」＋「その他」と同じにした．
　　4)　生協調査には「無職」「無回答」を含むため，これらの割合をまず差し引いて，合計
　　　が100％になるよう案分配分した．

体からみれば多かったのである．おそらく，1970年代後半から1980年代初頭の生協組合員の構成は，農村部よりは都市部の，一般労務者よりは事務系そして管理的職業につくものが多かったといえよう．

　その構成が1990年になってどのように変化したか．同表をみてまず気づくことは，1980年の生協調査では少なかった農林漁業従事者や労務関係者の構成比が増加し，逆に管理職に従事する者の構成比が減少してきたことである．同時に，専門的・技術的職業や管理職，農林漁業，労務職でまだ開差が大きいとはいえ，日本の職業別就業者構成により近づいてきたと見ることができよう．つまり世帯主の職業構成からみても，生協組合員の生活内容が国民生活様式に近づいてきたことがうかがえる．

(3)　組合員世帯の収入の特徴

　生協組合員世帯の収入の特徴とその変化を見る．『生協組合員のくらしと

意識』では，これまで，世帯主あるいは世帯全体の収入について質問していた．しかし，年収で訊いた年度があったり，月収を尋ねた年度があったり，世帯全体のみを訊いた年度があったりと様々である．また，同報告書では生協組合員世帯収入と総務庁「家計調査」との比較を行っているときもあるが，家計調査における勤労者世帯と生協組合員世帯とを同一視している場合もある．

図9-2では，次の点に留意しながら1977年と1996年，2006年の世帯収入を比較・検討したものである．まず，1977年と1996年「家計調査」で区分されている勤労者世帯と全世帯のうち，全世帯との比較を行った．というのは，生協組合員には個人営業の世帯や無職世帯も含むから，「家計調査」における世帯も，勤労者世帯ではなく全世帯を使い，生協調査と比較しなければならないからである．ただし「家計調査」での全世帯とは，単身世帯や農林漁業を営む世帯を含まないため，厳密な比較はできない．そこで，1996年と2006年については，単身者や農林漁業従事者も調査対象とする厚生省「国民生活基礎調査」の結果と比較してみた．

その結果が図9-2である．まず実線に見るように，1996年の組合員世帯収入（年収）は，400〜600万円をピークに分布している．そして「家計調査」もほぼ同じ分布をしている．「家計調査」における「全世帯」の収入階層と生協組合員世帯層のそれとほぼ一致しているのである．しかし，「家計調査」では単身者や農林漁業の営業者を含まないから，国民生活の実勢により近い「国民生活基礎調査」と比較して見る．「国民生活基礎調査」では，年間の所得[6]が200万以下の世帯が14.8%，200〜400万円までの世帯が20.8%，400〜600万円までの世帯が19.4%と，600万円以下の世帯だけで過半数を超える．つまり，「家計調査」ではカウントされなかったところの，おそらく公的年金や社会保障給付金を支給されている1人暮らしの高齢者世帯や若年単身者などが収入階層を引き下げていると考えられる．そして，その数値が，日本の国民生活の実勢を反映している．では，1996年における生協組合員世帯層の収入分布が「家計調査」とほぼ一致し，厚生省の統計と

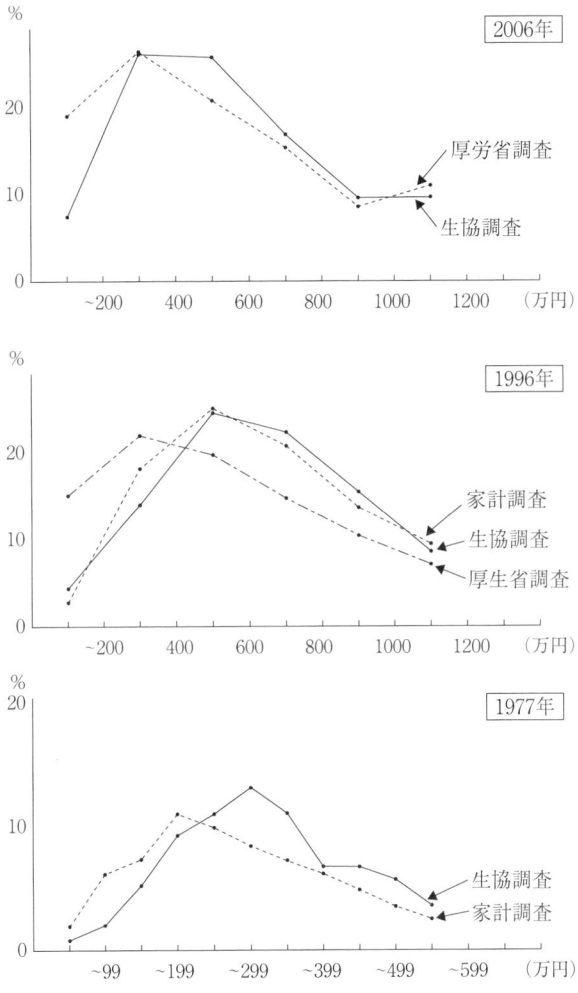

第 9 章　組合員の性格変化と生協組織　　　　　　　　　　153

注：1）『全国生協組合員生活動向調査』(1977)『全国生協組合員意識調査』(1977)，『国民生活基礎調査』より作成した．
　　2）『家計調査』は全世帯の数値である．
　　3）1960年生協調査において階級幅が100万円の所があったが2分割して示した．いずれの図とも，調査主体によって階級幅が少し違っていたが，それぞれ中位をプロットしてある．1977年の600万円以上，1996年の1200万円以上の割合は除いてある．

図 9-2　調査別世帯収入の比較（年間）

は乖離があったのはなぜだろうか．それは，表9-9でみたように，農林漁業従事者で組合員に加入している世帯が1990年でわずか2％と少ないこと，そして「その他」の項目に属するであろう単身世帯の組合員加入率も，今のところ低いことから生じた結果であろう．そして，その結果として，厚生省統計よりも生協調査の収入分布の方が高くなり，生協組合員世帯の平均年収が日本の一般世帯平均年収よりも高くなったのである．

しかし2006年においては，厚労省調査と生協調査の世帯収入分布がほぼ一致する傾向を示すようになっている．厳密には，200万円未満の構成比が異なってるが，全体的に見て，生協組合員と日本の世帯収入はさらに近づいてきているといえよう．

この傾向は，過去と較べてどのように変化しているか．1977年の調査結果をもとにして比較してみよう．1977年に行われた「全国生協組合員生活動向調査集計報告書」によれば，300～349万円の層にピークが存在する．

なお，図9-2の注にあるように，原資料では50万円きざみの分布の中に400～500万円という突然100万円の幅を持った分布が現れ，そこだけ度数が高くなっている．そこで400～449，450～499万円の2分割にして示してある．

一方，「家計調査」の方では，200～249万円のところでピークが生じているし，600万円以上層を除いて生協調査よりも総体的に低収入の方に片寄った分布になっている．つまり，単身者や農林漁業従事者を除外した結果，生じている「家計調査」の「高」収入傾向よりも，生協組合員世帯の収入は，さらに高いところに分布していたのである．この理由は，世帯主の職業に一般労務者や農林漁業従事者が少ないためであろうと考えられる．すなわち，1977年調査を見る限り，主に高所得層によって生協組合員世帯は構成されていたことがわかる．これは，生協組織化の要因を単純な「貧困化」に求めることが出来ないことを示している．

3. 生協組合員層の意識変化

以上のような生協組合員層の性格変化に伴って，組合員の意識にも変化が生じている．

表9-10は『生協組合員のくらしと意識』（1991年）における，加入年次別にみた生協への加入動機である．同表から指摘できることは，まず第一に，1965年以前に加入した組合員（以下古い組合員）の加入動機と最近加入した組合員（以下新しい組合員）の加入動機に変化が生じている点である．「生協

表9-10 加入年次別にみた生協への加入動機

(％，人)

加入動機＼加入年次	1965以前	66～72	73～80	81～85	86～87	1988	1989	1990	分からない	無回答
生協の主旨に賛成	41.9	33.3	31.5	24.4	18.1	17.2	16.7	15.2	19.4	14.1
地域に生協が必要	27.6	21.4	10.3	5.0	3.7	3.3	3.6	4.4	7.5	10.9
灯油を安く手に入れたい	5.2	10.1	7.5	5.4	5.4	3.5	3.7	0.9	6.0	6.4
店が近くて便利だから	28.1	30.4	20.5	10.4	9.1	7.8	8.3	13.6	9.0	12.8
共同購入で配達が便利	21.9	23.0	32.0	43.7	49.6	49.7	50.6	46.3	38.8	32.7
利用しやすい仕組み	5.7	4.8	3.2	3.9	3.9	5.1	5.2	6.3	4.5	4.5
安全・品質良い商品	49.0	63.0	75.1	78.9	77.8	77.4	75.2	74.0	64.2	67.3
より安い商品が手に入る	11.9	10.6	7.7	6.4	6.7	7.9	6.7	8.1	9.0	7.7
CO-OP商品が手に入る	8.6	10.8	16.3	15.8	16.9	17.7	17.4	17.6	13.4	12.2
くらしの情報が手に入る	4.8	2.4	3.1	2.9	3.6	3.6	3.8	4.6	3.0	1.9
計画的な購入ができる	10.5	6.6	10.2	15.1	15.6	18.4	16.9	22.7	14.9	14.1
利用割戻しが受けられる	12.9	17.7	10.7	8.9	7.4	7.3	6.6	8.7	10.4	10.3
文化・スポーツ活動	2.4	2.9	1.0	0.7	0.7	0.5	0.6	0.4	―	―
学習会・グループ活動	0.5	2.4	1.3	0.7	0.5	0.3	0.7	0.1	―	1.3
助け合い・福祉活動	2.4	1.1	1.4	0.7	0.4	0.6	0.7	0.8	1.5	―
友人・話相手が欲しい	0.5	0.8	3.3	5.8	7.1	6.3	6.7	6.3	3.0	1.9
熱心に誘われたから	4.8	8.7	11.7	12.9	12.1	12.0	11.2	7.7	10.4	12.8
付き合いで	6.7	6.1	7.3	11.2	13.7	11.7	14.0	10.7	23.9	14.7
その他	5.7	4.5	4.3	2.6	3.2	3.0	3.4	4.6	3.0	0.6
無回答	1.0	0.5	0.3	0.2	0.1	0.4	0.1	0.1	1.5	10.9
全体合計（実数・人）	210	378	1,243	2,827	1,976	1,493	1,393	745	67	156

注：1) 表中の数値は「全体合計」（最下段）に対する回答者数の割合（％）．
　　2) なお，複数（3つまで）回答のために加入年次別の縦合計は100％にならない．
　　3) 『生協組合員のくらしと意識』1991年3月，13ページによる．

の主旨に賛成したから」という理由は，古い組合員は41.9％（1965年以前）も存在しているが，新しい組合員は15.2％（1990年）にすぎない．同様に「地域に生協が必要だから」という回答も古い組合員は27.6％（1965年以前）であるが，新しい組合員では4.4％（1990年）と少ない．逆に「付き合いで」加入した割合は古い組合員は6.7％（1965年以前）と少ないが，新しい組合員では10.7％（1990年）と多くなっている．つまり，古い組合員ほど生協運動へ強く賛同して加入したが，新しい組合員は，生協を便利な利用手段と認識しているのである．意識的組合員が結集した「結社」としての性格から，「組織」への性格変化が起こったともいえよう．

しかし，第2の特徴として，生協加入動機の多い順にみれば，加入年次（すなわち古い組合員，新しい組合員）にかかわらず，生協への何らかの期待・メリットを求めている様子が読み取れる．1965年以前の加入動機で高い割合を示していたのは，「安全で品質の良い商品が手に入るから」「生協の主旨に賛成したから」「地域に生協が必要だから」，そして「店が近くて便利だから」などである．そして，1990年に加入した新しい組合員の場合も，「安全で品質の良い商品が手に入るから」という回答割合は74.0％と依然として高い．しかし，この意識を有する加入組合員のピークは1981-85年であり，すべての層において高いとはいえ，新しい組合員の加入動機はやや分散化の傾向がみられる．

第3に指摘できることは，加入時期によって，その時々の生協運動の重点とその変化が読み取れる点である．たとえば，「灯油を安く手にいれたいから」という理由で加入した組合員が多かったのは，1966-72年（10.1％）の期間である．灯油問題は地域による活動の差異があったが，この時期に重点的に取り組まれた結果と考えられる．また，「より安い商品が手に入る」という理由で加入した組合員は，1965年以前や1966-72年には2桁の割合だったものが，1970-80年代は1桁に減少し，1990年に入ってやや増加している．これは，1960年代の生協運動の重点が，公共料金の値上げや闇カルテルなど物価問題に対抗していたことの反映であろう．

第 9 章　組合員の性格変化と生協組織

表 9-11　市民活動への参加意欲

	市民活動への参加意欲			うち生協を通しての参加意欲		
	2006	2009	2012	2006	2009	2012
助け合い活動や高齢者のための福祉的な活動	56.0	56.9	59.8	2.1	2.0	1.4
環境保全や，リサイクル・ゴミ問題に関わる活動	54.7	57.9	58.9	2.3	3.0	2.3
趣味や，サークルなどの楽しい会づくりの分野	61.5	59.0	60.7	3.1	3.9	3.1
子育ての支援や交流，保育ボランティア分野	40.5	39.0	46.7	2.0	2.1	2.4
農業や食料について考えたり，産地見学する分野	50.3	53.9	56.7	5.5	6.1	5.5
保障の見直しや年金についての学習会や講座	54.5	49.5	54.2	4.5	4.0	3.0
生協商品の試食会や学習会	49.0	52.4	56.9	7.5	10.1	8.9
食品の安全やくらしの安全を向上させる分野	55.0	55.3	60.8	4.9	5.2	5.0
食育や栄養・調理の技術を伝える分野	56.6	53.5	59.3	4.5	4.7	4.3
被災地での支援や，被災地を応援するための活動	―	―	62.7	―	―	2.1

出所：日生協『全国生協組合員意識調査報告書』により作成．
注：1）　回収数は 2006 年 4254 人，2009 年 4304 人，2012 年 4080 である．対象生協，回収率等は『報告書』調査概要を参照．
　　2）　「市民活動への参加意欲」の下線は 2009 年よりも 4 ポイント以上増加した項目．他は増加した項目．

　以上，生協組合員の加入動機の検討から，生協に対する組合員の要求内容の変化を明らかにしてきた．
　では，現在から将来にかけて，生協組合員は何に関心を持ち，どのように変化をしてゆくのか．手がかりとして，表 9-11 の『全国組合員意識調査報告書』（2012 年 11 月）の集計結果を利用しよう．この表は，項目のような，市民活動に参加してみたいかどうかを「生協の活動に参加してみたい（すでに参加している）」「生協以外の場で参加してみたい（すでに他で参加している）」「いずれでも機会があれば参加してみたい」「参加したいとは思わない（興味がわかない）」の四択で答えてもらい，前 3 項目を合計した結果である．これによれば，組合員の市民活動への参加意欲は 2009 年以後高まっていることがわかる．これは 2011 年の東日本大震災を契機に総じてみられる傾向ではある．そのうち，「子育ての支援や交流，保育ボランティア分野」「保障の見直しや年金についての学習会や講座」「生協商品の試食会や学習会」「食品の安全やくらしの安全を向上させる分野」「食育や栄養・調理の技術を伝える分野」の参加意欲が特に増加している．

ところが，そのうちの生協を通しての参加意欲を見ると，2009年から高まっているのが子育てに関する項目のみで，他は2009年から逆に減少している．これは，生協以外であっても「機会があれば参加したい」と考えている組合員が多いことを示している一方で，生協が必ずしもその受け皿とはなっていないことを示す．生協以外の市民活動の手段が増えているともいえるかもしれない．生協運動への結集が必要とするならば，市民活動への参加意欲を受け入れる体勢を整える必要があろう．

このような組合員意識の変化の中で，生協事業経営にあっては，組合員層の要求に対応した事業対応が必要であろうし，場合によっては組織運営の再編も必要となっているのである．

以上のように，生協の担い手となるべき地域住民と生協組合員は，1970年代から，その性格を変容させてきた．その過程は，生協事業の伸張と時期を同じくしていた．

生協事業成長すなわち「企業化」は，組合員を意識的な担い手だけではなく，より多数の組合員を組織化した結果として起こった事態であった．そして，その結果が，組合員を「普通の」利用者に，いわば「顧客」に転換させてきた．

生協組合員層の性格変化の特徴をここで簡単に整理すれば，高齢化の進展，単独家族も含めた核家族の増加，女性労働力率の増大，すなわち女性の社会進出の拡大，組合員の社会参加への意欲と弱い生協結集力などがあげられた．こうした事実は，一方では，従来の生協組織活動の変更を要求するとともに，もう一方では，多様な，あるいは積極的にいえば多彩な組織活動が行われる可能性を有することを示すと考えられる．

組合員層の変化による事業後退を危惧するよりも，むしろ，組合員層の新たな変容に注目し，新たな事業化（広義の事業）を検討する時期に来ている．そのためには，組合員参加によって事業経営の一角を担うことのできる組織構成と，それを可能とする組合員の主体的力量の向上を必要とする．それを可能とする組合員学習システムの組織内部化が必要であろう．と同時に，こ

うした今後の生協を担う組合員の力量向上に対応するためには，役職員についても同様な課題を有していることを忘れてはならない．

注
1) 生協組合員になることのできる資格は，地域生協においては，普通，「一定の地域内に住所を有する者」であるが，「その区域内に勤務地を有する者でその組合の施設を利用することを適当とするものを組合員とすることができる」となっている．なお，改正生協法（2007年5月衆議院本会議で最終成立）によって，職域生協の組合員資格が，「一定の職場内に勤務する者」だけではなく，「その付近に住所を有する者」「当該職域内に勤務していた者」も組合員になることができるようになった．
2) 組合員アンケート「生協組合員のくらしと意識」が実施されたのは，1976年からである．しかし当初は試行錯誤の項目がみられ，継続的に分析が可能となるのは1978年からである．
3) 1952年度までは，日生協活動報告において，主婦の組織化の未確立が常に指摘されていた．その後も引き続き，婦人部ないし婦人組織の重要性が指摘されている．1950年代，生協の担い手の中心は「主婦」でなく「勤労者」であったといってよい．日生協（[1977] 188）を参照のこと．
4) 角田修一は，生活様式を「現実の諸個人が，ある一定の物質的生活の生産様式のもとで，物質的生産における労働様式に規定されながら，一定の家族形態を単位とし，地域を場として，家族の内外における生命活動にささえられて営むところの，生活手段との結合を軸とする自然との物質代謝のあり方である」と定義する（角田 [1992] 98．角田はその後，生活手段体系概念の検討など論考を深めている．角田 [2010] も参照されたい）．なお，生産様式の発達・変化に伴い生活様式が規定される点については，中村（[1985] 100-1）．さらに，戦後農村地域と家族による「農村的生活様式」から「都市的生活様式」への移行については，成瀬（[1988] 80-5）の分析が参考になる．
5) 共同購入事業と班組織との関わりについて，たとえば，大窪（[1994] 56-60）は，1970年代の，日本型ともいうべき生協組織は，「結合した専業主婦」によって「上から」ではなく，自主的に出発したと説明している．
6) 「国民生活基礎調査」では，雇用者所得，事業所得，農耕・畜産所得などとともに，公的年金・恩給や家賃地代・利子配当などの財産所得，仕送りも所得に含めている．「家計調査」の収入は一般にいわれる税込み収入であるので，厳密には一致しない．しかし，収入階層の分布を比較することには大過ないと考える．

第10章
生協役職員をめぐる諸課題

1. 生協役職員の何が問題となっているのか

(1) 協同組合で働くことの意味

　事業と組織の統一体として成立する協同組合労働は，本来的に二重の性格を持つことになる．第1に，協同組合は社会運動組織の側面を有するから，目的を実現するためのボランティア（自発的）参加が構成員に求められる点である．したがって専従の役職員であっても，協同組合の使命と原則を踏まえた活動を行うこと——そのためにも協同組合に関する継続的な学習や地域貢献活動など——が基本となる[1]．

　第2に，協同組合は商品・サービス提供を主な事業としていることから，私的企業との商品・サービス販売競争に絶えず巻きこまれており，それに対抗してゆくための一定の経営力量が必要とされる点である．専従役員にあってはより高度のマネジメント能力が，組織運営能力と共に求められることになる．

　生協職員に限定すれば，生協という職場は，望んで生協職員となった限り，生協が発展してゆけば働きがい，生きがいのある存在となりうるはずである．ところが，実際は必ずしも理想通りには行かず，そこに生じる問題点についてもかねてから指摘されてきた（生協労連・生協研運営委員会編［1986］185-7）．具体的に確認しよう．生協労連によれば（同上書），第1に低賃金による労働意欲阻害の問題，第2に長時間労働や未整備の労働環境問題，第

3 に教育体系の未整備，第 4 に正規労働者の削減，パート・アルバイトの導入による正規労働者の「孤立化」問題，第 5 に経営トップ（層）による請負主義意識（トップの方針がすべてであると考える傾向）の発生，等があげられている．

これら発生する諸問題を解決するためには労働組合の果たすべき役割は非常に大きい．資本体となった協同組合の労理関係対立をどのように乗り越えてゆくかが，協同組合の今後を決めるといっても過言ではない．

しかし，賃金問題や人事制度などをめぐって，生協労働組合が理事会側と労使協議を行うといった局面は，協同組合運動の展開からみてどのように考えたらよいのであろうか．

組合員が労働参加によって経営を担うとき，職員と組合員の対立は，直接的同一であり「職員問題」は生じない．しかし，経営体から資本体へ展開した生協は，当初組合員自身が担っていた労働が専従者による労働へ分化し，そして雇用労働者の発生という過程を経る（日本における生協労働の分化過程については，生協労連・生協研運営委員会編［1994］99-106）．しかも，正規職員の他，パート・嘱託・定時職員といった臨時職員やアルバイト職員も含めた，生協労働が重層的に存在している中で，生協を担う労働者の仕事と役割，その意義が問われているのが現段階であるといえよう．

一方，役員にあっては経営トップという性格が社会的にも実態的にも付与され，役員の意識と行動に浸透してゆく．ところが，私的企業のように，経営責任が必ずしも明確とはなっておらず，逆に経営トップの強権的な運営や倫理上の問題が生じる危険性すら存在するのである．

(2) 職員問題へのアプローチ方法

このように見ると，生協職員問題へのアプローチ方法はきわめて多様であり，複雑なことがわかる．生協職員の労働条件を明らかにするだけでも，労働力構成，雇用形態，労働組織・労働内容，賃金・労働時間，福利厚生などの総合的な検討を必要とする（戸木田・三好編［1997］4）．また，生協職員

の労働といっても，正規職員，パート職員，アルバイトと多様で，その要求する内容も異なる．生協役員といっても，常勤役員の他，非常勤理事，監事が含まれる．

さらに，これは本質的な問題であるが，共同購入における班活動も生協職員労働と不可分のものとして考慮しなければならない．協同組合の運動とは，常勤者の労働とともに非常勤でかつ給与を受け取っていない組合員の活動（労働）参加によってすすめられるからである（芝田編［1987］42-3）．「企業化」の進展によって組合員と職員の乖離がすすみ，協同組合労働はもっぱら職員が担うものとの意識が広がる．とはいえ，組合員の労働参加の場面を用意しているかどうかは，かかる協同組合を評価する上での試金石にもなりうる．

ところで，職員問題をめぐっては，誰にとっての問題なのか，という基本問題を押さえておく必要がある．たとえば，生協労働組合が労働者本来の権利を主張するために「職員問題」を取りあげるものもあれば，大型店舗展開に適応した職員の育成として「職員問題」を位置づける論調もある[2]．

また，生協における賃金体系をめぐって，職能給・職能資格制度を中心とする人事諸制度の改革が，多くの地域生協ですすめられている．すなわち産業界における労務管理のノウハウが生協経営においても適用される段階となっており，そうならば，その制度が誰のために適用されているのか，またされるべきなのか，という検討も重要課題となってくる．

職能給・職能資格制度をめぐっては，これまで，生協が職能給・職能資格制度を導入することを，まったくの資本の論理であると批判する論調（岩橋［1992］）が一定行われていた．他方，1980年代に入ってからかなりの生協で「職能資格制度」の導入がはかられているし，年俸制をもふくむ実力主義賃金体系の導入もはかられている．その中で「事業体として，また運動体として生協はどう考えるべきか，労働組合の対応はいかにあるべきか．これはむずかしい問題だが，今日，生協職員論において検討すべき最重要点の課題の1つ」であると指摘する議論もあった（戸木田・三好編［1997］170）．

前者については，職能給に代わる方法については示されておらず，生協は「特殊な能力が必要な仕事はごく限られて」おり「ある意味では平々凡々だれでもでき」「生協にはあまり必要ではないのではないか」との認識に留まっていた．しかしながら，大型化・近代化がすすみ，「資本体」として展開している生協の人事教育は，民間小売業との競争の中で，形式的には同様の制度が導入されることもある．問題は，その制度を内部組織としてどう活用するかという点にあると考える．

以上のような様々な課題を抱えているが，現在の生協職員問題を検討する上で少なくとも次の点に留意する必要があろう．

第1に，日本的雇用慣行が変容するなかでの生協職員の労働条件のあり方の解明である．終身雇用・年功賃金に代表される，長期安定雇用の仕組みが崩れ，それに代わって，成果主義の人事・賃金制度が主に1990年代以後に広がってきている[3]．地域生協は，様々な理由——学生時代から活動家だった若者が20代で地域生協に専務理事などの役員で就任する例や，経営力量が不十分で同年齢の公務員並みの賃金支払いが困難な例など——により比較的早めの導入が進んだが，一層の成果主義システムが浸透する中で，生協職員の賃金制度にもどのような影響が及んでいるのか，また及んでいないのかの解明が必要と考える．

第2には，現在の流通構造再編という外的要因変化に対応した生協職員のあるべき姿を把握することである．大手小売商業との競争に直面している生協においては，職員は店舗運営力量の向上が必要な段階に達している．しかも，大手小売商業の労働者と同等かそれ以上の力量を身につける必要がある．同時に，生協労働者としての力量，すなわち組合員の要求を聴き応えることのできる力量をも備えていなければならない．これら2つの力量形成の必要性を踏まえた上で，生協職員とその運営組織にいかなる課題があるか，解明する必要があろう．

第3には，現段階の資本体となった生協における労働者と理事会との対立（労理対立）の内実を，抽象的にではなく具体的にとらえ，打開の方向を検

討することである．いいかえれば，それは，労使（理）関係上の民主制の成立条件の解明である（生協労連・生協研運営委員会編［1994］30-1）．

　地域生協における職員問題全般の解明は多くの作業を必要とするので，ここでは，生協職員の性格変容の特徴を整理しつつ，次に生協職員の賃金体系について概説する．特に，賃金体系と人事・教育制度に着目し，導入・改革の契機とそれらへの労理（労働組合と理事会）の関与いかんを明らかにする．

　なお，生協職員問題を解明する上で，パート職員に対しても検討が必要であるが，多くは正規職員と同様な問題と考えられ，正規職員に限定し，必要に応じパート問題にも言及した．

2. 生協職員の性格変化

　戦後日本における生協職員の性格は，生協の発展とともに変容を続けてきた．戦後間もない「買出組合」的な頃の，生協職員の労働実態に関する資料は与えられていない．だが，1950年代，地域勤労者生協の拡大と縮小の過程で，生協労働組合の全国組織が設立され（生協労連・生協研運営委員会編［1986］220），生協職員の労働問題が初めて表面化したといえよう．当時の地域勤労者生協における職員問題は，労組依存体質から生じている．すなわち，労組からの天下りという腰掛け人事による経営能力不足，責任の不明瞭さ，職員教育・経理公開などの不充分さなど，きわめておくれた経営体質であった．また，安易な合理化による職員の首切りなど，経営偏重の行為がすすめられていた（同上，218-20）．1960年代以後，地域市民生協が主流となる時代においても，生協労働者に対する労働時間協定はもとより就業規則すらない状態が続いたという（同上，229．こうした動きに対して1968年に生協労連が結成されることになる）．

　1970年代以降の生協役職員数の推移を具体的に示したのが表10-1である．ここでは役職員＝労働者として理解するが，生協労働者数の増加とともに職員の内部構成が変化していることがわかる．1つは役職員数に占めるパート

表 10-1　生協労働者（常勤者）の推移

(人, %)

	1970	1980	1990	2000	2010
生協労働者数	23,101	52,243	117,814	112,119	124,480
正規役職員数	17,120	30,527	51,465	56,844	54,327
パート労働者数	5,981	21,716	66,349	55,277	70,159
生協労働者	100.0	100.0	100.0	100.0	100.0
正規役職員	74.1	58.4	43.7	50.7	43.6
パート労働者	25.9	41.6	56.3	49.3	56.4

注：1)　1970-90 年までは戸木田・三好編［1997］による．
　　2)　原資料は生協労連『生協における賃金，労働条件』，日生協『生協の経営統計』である．
　　3)　パート労働者数は定時（パート）職員総数を正規換算した人数である．
　　4)　各年度 3 月末の数値である．

労働者割合の増加である．1970 年には 25.9% に過ぎなかったパート労働者の割合が，途中増減はあったにせよ 2010 年には 56.4% に増加する．これは，大手商業資本との競争の下で，流通「近代化」をすすめ，大量にパート職員を導入したため，またフルタイムの労働時間を求めない主婦などの雇用の受け皿として用意したためと考えられる．2 つには正役職員に占める女性比率の減少である．1970 年には役職員に占める女性の割合が 50% を超えていたが，1990 年代以降は 10% 台に減少している（戸木田・三好［1997］を参照）．パート労働や運動面をもっぱら女性が担い，事業の実務部分を男性が担うという特徴がここから読み取れる．

　以上のように，1970 年代から現在に至る生協事業の拡大過程は，生協職員の質・量両面における性格変化の過程でもあった．これら生協職員の変容は，かつて大学生協の組合員活動家が専従職員に移っていった時代とは異なっている．新卒段階から正職員や定時（パート）職員として採用されたり，大学生協における学生活動家としての経験を持たずに生協職員として採用される．いわば，ボランティア（自発的）意識のない生協労働者が増加することになってくる．当然，労働者の要求内容も変化してゆくとともに，賃金体系のあり方も変更の必要が出てくる．以下，事業連合型と単協型の 2 つの賃金体系の事例を見てみよう．

3. 賃金体系と人事・教育制度

(1) 賃金体系の事例：A生協事業連合を対象に
①人事・教育制度導入の背景

　以下では，北海道のA生協事業連合（以下，A連合と略）を事例として，生協における給与体系の概要を明らかにするとともに，職員（主に正規職員）が，賃金体系や人事・教育制度に対する要求をいかに変化させ，その結果，制度がどのように再構築されようとしているのか，その概要を説明しよう．

　A連合では，2005年に現行の人事制度と給与体系を導入している．2013年になって，新たな給与体系を整備するようになった．生協の場合，人事制度・給与体系の大幅な変更は，経営難などを契機に行われる場合が多い．人件費削減が主目的とはなるが，連動して制度改革も実施するのである[4]．

　協同組合における賃金，特に賞与に関わる部分は，単協の事業結果を踏まえて独自に考慮されるべきであろうが，事業連合段階にあっては以下の矛盾が生じている．つまり，加入単協間での職員異動が頻繁に起こるため，他単協と比較して賃金格差が開いたり，支給基準が異なるのが問題となってくる．他方，事業の結果は単協が責任をもつものであり，赤字が常態化している単協と黒字の単協と賃金が同一というのは不自然であるという不満も出てくる．さらに，事業連合へ加盟する単協の規模が大小様々であれば，単協役員の責任にも軽重が発生する．同じ常勤の専務でも業務内容が質的に異なってくるので，職務給に差があって当然であるとの考えも生じてくる．

　そこで，制度改革にあっては，各々の職務を全うでき，またそれに応じた賃金制度の構築が検討されることになる．そのため，必要な能力（＝職能）の基準を設け，各人がその職能基準に達するように自己育成の努力をし，その努力が公平に評価され，処遇や賃金に正しく反映されることが必要となる．年齢給とともに職能給を組み入れた賃金体系が求められる理由はここにある．むろん，労働組合の同意を得ることと，自己育成努力を援助する教育制度の

② A連合の賃金体系

A連合の賃金体系の基本について見てみる．図10-1は賃金体系図である．

賃金の基本となる基準内賃金には，主に「年齢給」と「職能給」，「調整給」（異動等による一時的な賃金減少を補填する仕組み）によって構成している．次に，基準外賃金には，定められたポスト配置の場合に支給される「役職手当」（他では「職務手当」ともいわれる），「家族手当」「住宅手当」「調整手当」があり，基準内賃金と併せて月例支給される．

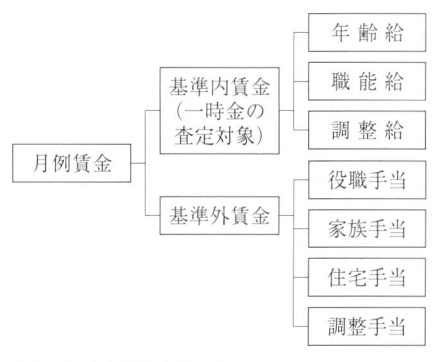

出所：A連合内部資料による．

図 10-1　A連合の賃金体系

賞与については，夏期・冬季など併せて，基準内賃金×月数で計算し，支給される．なお，図10-1の他，A連合に加入していても，独自の手当を作成する単協もある．

したがって，基準内賃金のうち「年齢給」と「職能給」のウエイトが高いのが特徴となっている（「役職手当」は基準外賃金であるし，職能に対応しているので中心は「職能給」となる）．

③「職能給（キャリア）表」の特徴

表10-2はA連合の職能給（キャリア）表である．

職能給の特徴は次の点である．まず，第1に職能等級表で1～10等級までの10段階の職能基準ランクに分けられ，それぞれの級ごとに職能要件・職歴要件・資格要件があり，それらをクリアすることが昇級要件となるのである．ただし，高卒・短大卒は1等級，4大卒は2等級から始まり，6等級までは，一定の年数と資格の取得によってほぼ昇級ができる．

一般的に，職能給は，昇格（職能資格等級が上がること）のためには，ラ

表 10-2　A連合の職能給

号俸→ ↓等級	1	2	3	4	5 〈基本号俸〉	6	7	8	9	10
10	96,000	97,000	98,000	99,000	100,000	101,000	102,000	103,000	104,000	105,000
9	86,000	87,000	88,000	89,000	90,000	91,000	92,000	93,000	94,000	95,000
8	76,000	77,000	78,000	79,000	80,000	81,000	82,000	83,000	84,000	85,000
7	66,000	67,000	68,000	69,000	70,000	71,000	72,000	73,000	74,000	75,000
6	56,000	57,000	58,000	59,000	60,000	61,000	62,000	63,000	64,000	65,000
5	46,000	47,000	48,000	49,000	50,000	51,000	52,000	53,000	54,000	55,000
4	36,000	37,000	38,000	39,000	40,000	41,000	42,000	43,000	44,000	45,000
3	26,000	27,000	28,000	29,000	30,000	31,000	32,000	33,000	34,000	35,000
2	16,000	17,000	18,000	19,000	20,000	21,000	22,000	23,000	24,000	25,000
1	6,000	7,000	8,000	9,000	10,000	11,000	12,000	13,000	14,000	15,000

※1：4大卒は，就職時は原則として2等級から始まる．通常，入協後3年を経て3等級に，その後3
※2：6等級以上は，自動的には上がらない．
※3：チャレンジシートによる号俸は，その等級の最高号俸で頭打ちとする（自動的に等級は上がらな
※4：等級が上がったら5号俸が適用される．
※5：中途採用者の入協時の等級は都度定めることとする．
※6：既卒採用者卒業4年目以降はこの限りではない．
※7：同一枠内での等級の評価は総括的な到達レベルで判断する．
出所：A連合内部資料による．

　ンクに応じて考課・試験・面接・論文のいずれか（あるいはすべて）によって判定を受けるシステムが定められている．昇号（同一等級で号数が上がること）は基本的に1年につき1号のアップと決められている．そして両者を併せて「○等級○号」という形式の職能給が各職員ごとに決められる．また，昇格のための定型考課は職能要件に基づき，自己評価及び直属上司による面接によって行われる．

　A連合にあっては，5等級までは，おおまかな職能要件になっており，勤

(キャリア）表

主な職能要件・職歴要件・資格要件	退職ポイント
幅広い知識を持ち，総合的な判断が出来，複合的な業務を完全にこなし専務を支え全体を統轄できる．経営管理に関する専門的な知識を有し，担当する部門の方針・総括・企画・運営ができる知識を有している．尚，専務補佐となった場合は9等級，専務補佐を4年経過後5年目に10等級とする	16
	15
上司の包括的な指示と自らの判断で的確に業務を行える 経営管理に関する専門的な知識を有している 担当する店舗・職場の短・中期目標の設定・推進を遂行できる	13
	11
	10
4等級で5年経過 資格：日生協）マネジメント基本	8
3等級で3〜5年経過 資格：日生協）計数管理基本	6
2等級で3年経過 資格：日生協）中級 資格：日生協）現場の計数管理基礎	5
1等級で2年経過 大卒新卒 資格：日生協）初級	3
高卒・短大卒新卒 資格：日生協）生協入門	1

〜5年を経て4等級に，更にその後5年を経て5等級となる．

い）．

続年数と通信教育（日生協による「生協入門」「初級」「中級」「現場の計数管理基礎」「同基本」「マネジメント基本」等）の修了によって自動的に昇級する．6等級からは，職能要件，すなわち，8級までは「上司の包括的な指示と自らの判断で的確に業務を行える」「経営管理に関する専門的な知識を有している」「担当する店舗・職場の短・中期目標の設定・推進を遂行できる」などの要件の達成度を判断されて，昇級につながってゆく（A連合の場合は，連合内に人事に関わる委員会において，職歴，実績等も踏まえた総

合的な判断を行っている）．

　この職能級表の各項目によると，職員に求められることは，まず第1に生協人としての知識を入門から身につけてゆくこと，第2に商業のマネジメントに必要な知識と技能を得られるようにすること，となる[5]．

　職能給制度の第2の特徴は，職員教育と自己発達の成果とが密接な関係になっている点である．表10-2の「主な職能要件・職歴要件・資格要件」にあるように，5級までは，研修を通した資格取得のための学習内容となっているが，6級以上は，上司の指示に対する実践内容や現場での経験を踏まえた判断力量が問われてくる．9，10等級は，「幅広い知識を持ち，総合的な判断が出来，複合的な業務を完全にこなし専務を支え全体を統轄できる．経営管理に関する専門的な知識を有し，担当する部門の方針・総括・企画・運営ができる知識を有している．」という要件を有し，おおよそ，専務補佐に該当する役職に就いた場合に位置づけられる．

　職能給表には，等級とともに1～10号俸までの区分がある．昇級の際は5号俸を基本とし，チャレンジシートによって自己目標を設定し，その達成度（当然，事業結果と連動する）による総合的な結果として位置づけられる．ただし，号俸が1,000円刻みであること，導入にあたっても種々の議論があることなど運用にあたっての慎重さがうかがえる[6]．

(2)　人事教育制度の改正要因：B生協を対象に

①実施段階の生協職員の反応

　A連合は2013年に新しい職能給表が出来上がったばかりであるので，その具体的な問題・課題等はまだ出されていないようである．そこで，かつて，人事教育制度を大幅に改革した北海道のB生協の事例をみてみよう．B生協では，1986年に新人事教育制度の導入をすすめていた．

　B生協の内部報である『生協人』（月刊）によれば，「新人事教育制度に当たっては，職務に必要な能力について基準を設けているわけですから……少なくとも自分よりは不安な気持ちで店長にならなくてすむ」，「今後特に新人

に対する教育カリキュラム及び作業を含めた種々のパターン化されたマニュアルの作成が急務となるであろうし，……店長学習会のような教育の場がない職員に対しては，店長学習会に準ずるような教育の場を提供してほしい」「今回の制度案の説明会やその他の場で，たくさんの素朴な疑問や質問，意見が出たということですし，中には懐疑的な内容のものもあったようですが，制度を運用していく中で，集団の英知と統制とで解決していくのではないか」など，肯定的な意見が述べられている（内部報［1986］『生協人』21-4）．

また「86年制度」の策定にあたって職員と制度改革委員会間で交わされた質問と回答も同誌に掲載されている．幅広い意見を集約した上で実施したことがうかがえる．そのQ&Aの一部を以下にあげよう（同上［1986］55-7）．

Q. 上司による評価ということになるが「上司のこのみ」で左右されることはないか．
A. 委員会では職能要件書によって自己評価しさらに面談を年2回実施するのだからそのようなことはないと信ずる．
Q. 通信教育に費用がかかりすぎる．
A. 教育の基本的な考え方は自分が磨かれること．通信教育修了者は補助制度があり，優秀者は全額免除となる制度である．
Q. 日常的な指導・援助の体制は．
A. OJT・定型考課がその基本となるが，自己申告・面談が重要なポイントとなる．
Q. 職能ランクをふやすべきである．
A. 現段階でのこれ以上のランクの増加は差別と選別につながるので考えていない．

以上のように，1986年に施行された制度は一部職員に多少の危惧を抱かせてはいたものの，多くの肯定的な意見の中で実施されたことがうかがえる．しかし，この「86年制度」は，実施後まもなく職員の反対意見が続出し，3年ほど続けられた後，労働組合から1年間の「凍結要求」が提出される非常

事態に陥る．「86年制度」のどこに問題があったのか，そしてその制度に代わる制度（1990年度改正人事教育制度，以下「90年改正制度」と略）はどのようなものかを見てみよう．

②人事・教育制度改革（86年）の問題点と改正点

　86年制度の問題点はおよそ次のようであった．第1に，考課試験に加え，試験・面接・論文が中心で，業績評価を一切行っていなかったことである．業績評価を除外した理由は，計数の評価には精密な予算編成と予算に対する高い執行力を必要とし，1986年段階では業績評価を導入しても不公平感の方が高いと判断されたからである．しかし，結果として，能力や情意（やる気，態度，姿勢）という項目の考課では，職員を評価しても格差が生じないことが明らかになった．しかも，筆記試験のウエイトが相対的に高くなり，勤務をさぼっても勉強した方が得という結果になった．これが職員に逆に不公平感を抱かせ，「凍結要求」を出される結果となってしまったのである．

　第2の問題点は筆記試験についてである．知識分野の能力を評価するためには必要としても，暗記力の優れた人が優位に立ったり，山勘であたりはずれが起こったりする．

　第3の問題点は，面接と論文に関してである．論文については文章能力の高い人だけが得をしたり，評価基準が明確でない点が問題となる．また，上司によって評価や判断が異なるという問題も発生した．そこで，以下のように改善されることになった．

　第1に，受験者の等級によってレポート面接試験と論文面接試験に大きく分け，そしてレポート面接者には内容のみを，論文面接者には論文としての要件と内容を評価することとした．

　第2に，定型考課，昇格評価，最終確定を判断する者の責任の所在を明確にした．すなわち年2回の定型考課は現行通り本人と直属の上司が行うこととし，昇格評価としての最終的な考課判断は常勤役員会が責任をもって行うことになった．

第3に，レポート面接は直属上司立ち会いのもとで常勤役員が分担実施し，論文面接は常勤役員全員で行うこととした．
　これらの結果，評価対象を，「業績評価」「情意評価」「能力評価」の3項目にした．次に能力評価を行う上で必要な職能要件書を，より実際職務に見合うように変更した．さらに，より正確な評価を行うために，昇格判定のポイントを3段階から5段階（S，A～D，情意項目は3段階）へ変えたのである．
　以上のように比較的短期間に大幅に改善されたのであるが，この背景としては，1986年の人事・教育制度は，一般企業が労務管理上作成する人事・教育制度の項目と類似点が多く，B生協職員に相応しくなかった点が大幅改革の理由としてあげられる．生協における人事・教育制度構築の方法と内容そのものが協同組合民主主義の基準ともなり得るのである．

③ 90年改正人事教育制度の内部評価
　「86年制度」実施時でも行われたように，制度改正をめぐっては労使（理）間で多くの質疑応答を繰り返している．その質疑での重要な点は以下であろう．
Q．生産性本部が推進している職能資格制度と新人事制度とはどこが違うのか．
A．制度そのものが持つ本質的役割は変わらないと考えます．しかし我々は「生きがい・働きがいのある職場を目ざして」のためには，意味のある制度と考えて推進してきました．ですからこの制度を単なる差別や「馬に人参」という方向に機能させないための使い方が大切な事だと考えます．そのために全職員の知恵を出し合うという立場での検討や論議を期待します．
　ここには，人事教育制度を導入する際の私的企業とB生協との考え方の違いが表現されており興味深い．生協事業が大規模化するにつれ，労使（理）関係も含めて形態的には私的企業（特に小売業）となんら変わりなく

なる．そこで発生する労使（理）間の矛盾の深まりを職員参加によって克服しようとする立場が貫かれている点をここでは注目したい．

(3) 人事・教育制度改革の意義

職能給に付随する人事・教育制度は，民間企業ですすめられている人事・教育制度と形式的には変わらない．しかし，そうであっても組織内部において対立する労理が議論をすすめた結果，双方合意のシステムに到達した点に積極的な意義をみいだし得よう．

実現のためにB生協では，第1に「人事・制度改革委員会」プロジェクトの構成員（6人）に労働組合の執行部員を2人入れた．これは，労働組合の意見を正しく（というよりは重点的に）反映させることを意味している．したがって，目的とする「86年制度」は，あくまでも生協職員の側が主体的に創りあげる性格のものであったと考えられる．

第2に，できあがった「86年制度」には，B生協の運営や歴史，あるいは消費者運動や協同組合運動の状況，さらには協同組合をとりまく社会情勢に関する知識の習得が，職能基準のなかの一定の比重を占めている．これは，B生協職員が自らの学習を要求した結果ではあるが，協同組合民主主義教育を目的とする考課項目をも設定しており，私的企業が行う人事・教育制度と形式的には同様なものとしても，内容の点で差異を有する．

ただし，生協人事教育制度そのものが，企業の労務管理の一環としての職場外訓練（Off-JT）であるという見方もされている．しかしながら，資本体としての生協における人事・教育制度の導入には以下の意義がある．

まず第1に，生協における人事・教育制度の（民間企業と比較した）構築は，職員の不満を聴き，改革に反映させることのできる労使（理）関係の樹立，換言すれば，労使（理）関係上の民主制の実践によって可能な点である．労使（理）間の対立局面は様々なところで生じるが，それが賃金体系や人事教育制度をめぐった対立であっても克服可能なのである．

第2に，職員教育を人事・教育制度内に組み込むことで，自己教育の実現

が可能となる点である．事業拡大にともなう生協職員の意識低下，職員労働の販売労働化，部分労働者化の制御機能をこの制度は有するのではないか．職員の主体的な自己教育を保証する制度構築は，今後の生協事業のあり方を展望する上で示唆を与えると考える．

さらに第3に，職員問題の改善について労使（理）間の話し合いやプロジェクト会議，そして日常のあらゆる場面において職員自らが要求した結果，制度の改革にもつながった．自分の主張が反映されることは，自分の行動に責任を持つようになり，職員が自主的に仕事に取り組むという変化が起こる．対立関係の克服は，相互の自立関係に転換させる可能性を有しているのではないか．

以上の諸点を実現するための前提は，労使関係の民主制，日常業務の民主制の確立である．そしてまた，組合員の生協活動上の民主制も含めた「三つの民主制」の確立が条件となる（生協労連・生協研運営委員会［1994］57-96）．生協事業経営・組織運営の再構築にはこうした民主制の確立が不可欠なのである．

4. 生協組織運営における役員問題

(1) 役員問題とは何か

協同組合において，役員とは，理事会を構成するメンバーを指し，選出方法や人数はそれぞれの定款において定められている．2007年に改正された生協法において，理事会権限が強化された．たとえば，借入金限度額の決定は旧法では総（代）会の議決が必要であったが，それが理事会の判断でよくなったことがある．反面，理事会議事録においては出席者全員の署名・押印が必要となった．総じて，理事会運営が「身軽」になったといえるが，それは，組合員の責任が軽減したともいえる．反面，理事会の責任で資本調達を増やすことが可能となり，より資本体としての性格を有すようになっているのである．

改正生協法にあっては監事の権限も強化された．たとえば，理事の任期が2年以内なのに対して4年以内と長期であること，総（代）会議案や関係書類の調査権を有すこと，などがあげられる．また，負債総額200億円以上の大規模生協における常勤監事の設置が義務づけられている．

なぜ，理事会権限が大きくなったのだろうか．

それは，改正生協法が施行される以前の1990年代に，常勤理事の経営倫理問題や不祥事などが続々と発生したからである．また，問題発生の背景としては，それを許容する理事会と機関運営[7]にも何がしかの欠陥があったと考えられる．

こうした問題が発生した理由は以下のように整理できる．

日本の生協事業は共同購入と店舗の2大業態を1980年代にほぼ確立したが，これらの業態が伸び悩む中で，個配事業の伸張と小規模店舗のスクラップ＆ビルドもすすめ，さらに，県域を越えた事業連合，事業統合（合併）による規模のメリット実現にも力を入れている．こうして，大手小売業との競争に対抗しようとしているのであるが，そのためには，役職員の高いマネジメント力量を必要とし，結果として生協常勤役員は「経営者支配」の性格を強化し，反面，職員労働の販売労働化傾向がいっそう強まることになった．

組織運営面から見ても，1980年代後半から組合員の顧客化が進行し，常勤役員へのコントロールが困難になってきていた．1990年代後半から生協役員問題が発生したのはこうした背景があった．

具体的には，生協役員の「生協私物化」「粉飾決算」と呼ばれる諸問題であるが，役員の社会倫理・経営倫理の欠如が問題となり，さらに，それを契機とした，生協の事業経営・組織運営自体の危機も指摘されるに至った．「ガバナンスの危機」といわれるように，組織運営における意思決定，執行における権限や責任といった総体に問題が生じたのである．

以下では，組織運営問題を，役員トップの経営倫理と理事会の姿勢が問われた代表的な事例を確認する．次いで，問題発生の背景と打開の方向を考察することとする．

(2) 役員問題の事例

　大阪いずみ市民生協（以下いずみ市民生協）役員の不正倫理問題は，1997年5月に内部職員による文書告発によって表面化した[8]．報道機関や日生協役員に送られた告発文の内容は，いずみ市民生協常勤トップ役員の，ゴルフ会員権の理事会未議決による取得，狭山研修寮の特定役員による専用，ハワイコンドミニアム施設の個人的な使用などであった．ところが，翌月になっていずみ市民生協理事会が告発者2名を懲戒解雇処分にしたことで（1997年6月10日），トップの社会的倫理と機関運営体質をめぐる全国的な問題に広がった．同年6月の日生協通常総会でも，一連の不祥事について原因と本質の究明に努めることが指摘された．また同月に大阪府によっても指導検査が行われた．その検査によって，施設の設置経過や利用状況を理事会の議を経ず，組合員に周知していなかったことなど，告発者から指摘されていた不適正な事実が判明する．

　その後，告発文を受け取った全国の生協役員などによる真相究明の要請が行われた．また，日生協理事会からも，①前副理事長（6月初旬に辞任を表明）への利益供与，公私混同，私物化を認め，組合員と社会に謝罪し，責任を明確にすること，②いずみ市民生協理事会は事態の当初から「捏造」「歪曲」「運営は適正」と偽りの説明を行ってきたことを謝罪し，理事長，専務理事の進退を含む責任を明らかにすること，③9月臨時総代会に向けて前二項の責任明確化と日本生協連，大阪府連とも相談し，根本解決を図るための体制再構築を含む議案を準備すること，④当「勧告」を総代，組合員，職員全体に配布し再生のため活用すること，という勧告（8月6日付）が出された．

　いずみ市民生協では9月16日に臨時総代会が開かれる．この間の不祥事については，旧常勤役員は責任をとって，減給その他の処分を受けることを決定した．しかし理事会は，専従トップであった前副理事長の責任明確化などの本質問題に真摯に対応せず，また，日生協「勧告」を受け入れようとしなかった．その点を，日生協より再び指摘され（10月3日），いずみ市民生

協理事会の対応に問題を残すものとなっていた．

　では，組合員や職員労働組合はどのように取り組んだのか．

　いずみ市民生協労働組合は7月28日の定期大会で「特別アピール」を行い，一連の事態に対する組合見解を発表した．見解は，創立以来24年にわたる急速成長の中で内部運営が組合員に離反するようになり，常勤役員・幹部職員の過信も生じるようになったとする理事会総括の背景にも言及している．すなわち，問題の背景には，経営幹部の思い上がり，モラル欠如，業務上の権限が集中し，労働者の声が充分に生かされない職場運営，つまり「経営偏重」や「役職員請負」という体質が存在しているとする．懲戒解雇問題については，懲戒を受けた2名は上級管理職だったので直接労組が関与できないが，生協らしい民主的ルールに基づく解決を望み，必要とあらば対応を考えるという立場をとっている．

　生協労働組合の全国組織である生協労連は，いずみ市民生協問題について7月31日付で見解を発表している．特に，一連の事態の総括と反省，責任の所在を明らかにすることを要求している．

　いずみ市民生協組合員有志による「民主的運営を求める組合員連絡会」がつくられたのは8月である．会では生協法第94条（当時）の「組合員が，総組合員の10分の1以上の同意を得て，組合の業務又は法令，法令に基づいてする行政庁の処分，定款又は規約に違反する疑があることを理由として，検査を請求したときは，当該行政庁は，その組合の業務又は会計の状況を検査しなければならない」に基づいて行政検査要求署名運動を開始した．

　この運動は全国に広がり，1998年3月には大阪府による第2回指導検査が行われた．その結果，前副理事長への利益供与の存在を行政としても認めざるを得ない状況であることが明らかになった．そして，いずみ市民生協が社会的な不信を招いたにもかかわらず，不誠実な対応をしている点が問題となったのである．

　1998年6月の日生協総会では，前年度に引き続きこの問題を取りあげている．特に，いずみ市民生協が自浄力を発揮し，利益供与の事実を自認する

こと，役員の私物化・公私混同の責任を明らかにすること，さらに理事会の社会的責任を明らかにすることを指摘している．

いずみ市民生協は，順調な経営拡大の結果，専従主導の事業経営，組織運営に重心が移っていった．結果，役員トップなどの，経営偏重，モラル欠如という体質が表面化した．いずみ市民生協問題は，現在の役職員モラルと組織運営のあり方が，ともすれば私的企業となんら違いがないどころか，ガバナンス体制の確立すら遅れていることが明らかとなった．しかし，労働組合，組合員有志や，そして全国生協関係者の，問題解明への努力にも留意する必要があろう．

(3) 役員問題発生の背景

では民主的経営が原則の生協に，なぜ，こうした問題が発生したのか．その解明には，事業伸張に伴う組織運営（特に業務執行機関である理事会），つまり内的要因の変化に着目する必要がある．と同時に，組織運営の基盤となる組合員活動の主体的条件にも留意する必要がある．

1980年代後半から現在までの生協事業は，共同購入の拡大と大規模店舗の拡大を視野にいれた経営戦略であった．そのため，大手生協は県域を越え全国に広がる事業連合・連帯の構築をすすめた．しかし，事業連合の会員（組合員）は単位生協であり，一組合員が事業経営に直接関与する余地が狭まることになる．単協の組合員参加についても，連合組織にあっては，主に単協の役員が連合会員となって意志を行使することになり，組合員理事の比重が極めて希薄になっていったのである．

結果として，生協事業構造再編は，常勤理事による業務先導，役員の「経営者支配」を招来し，理事会運営の形骸化をいっそう押しすすめたともいえる．

一般に，生協事業が拡大し組合員数が増大すると，組合員意識も多様化し，総じて顧客化が進行する．その中で1990年代は，バブル経済と破綻後の時代背景も相まって，経営危機問題とともに組織運営問題が噴出したと考えら

れる[9]．

5. 生協危機と打開方向

(1) 生協危機と組合員組織

　以上のような常勤役員問題の発生に対して，組合員組織はどのように関わったのか．検討の前に，日本における生協組合員組織の二面的な性格を確認しておく必要がある．つまり地域市民生協は，一面では消費者運動や住民運動に積極的に参加し生協組織・運動を成長させてきた．反面，組合員組織力量の不足や，力量を上回る専従職員の経営規模拡大主義が，生協危機を招いてきたこともあったのである．この文脈からいえば，常勤役員問題の発生原因として，組合員組織力量の相対的な差異が関係しているといえる．つまり，組合員組織力量の不足や，力量を上回る専従職員の経営規模拡大主義が，時として（事業経営の健全性とは関係なく）生協危機を招く要因になってきたのである．

　高度経済成長期以後の地域市民生協の急速成長は「消極面を内包した積極的な運動」（生協労連・生協研運営委員会［1986］221）だったとも表現されている．つまり，地域勤労者生協から地域市民生協への転換は，大学生協の地域市民生協への設立支援によって可能となった．しかしそれは，地域住民の主体的力量の向上に依存するというよりは，大学生協からの人的支援，経営管理能力の移転という形に過ぎなかった．その結果，1960年代には，主体的力量をはるかに超えた急速成長路線がすすめられた．理事会トップのワンマン経営もこの時点から始まっている．地域市民生協常勤役員の多くが，かつて大学生協の学生組織委員や専従職員からの転身であったように，当時の常勤役員の倫理性や経営能力は，すべて個人の資質に依存していたのである．

　こうした事業経営上の特質を内包しつつ，組合員組織活動も，生協を取りまく外的要因に対応し多様に展開された．公害問題，物価問題や欠陥商品問

題に対する消費者運動としての展開がそれである．もう1つは生協発展のための内的な実践であった．新規加入の促進，出資増強，利用結集，店づくりや共同購入など，生協事業経営に大きく貢献し得る組織活動を組合員自身がすすめた．これらの活動の推進には班を媒介にした学習活動が不可欠でもあった．というのも，たとえば店舗など施設建設を目的とした増資活動をすすめるには，班会議で出資金の意義についての学習をし，その結果として増資活動や積立などの実践が積極的にすすめられるようになるからである．

1960-70年代の生協運営は，ともすれば専従主導になりがちなきわどい組織運営ながらも，活発な組合員活動を媒介として，事業経営と組織運営が統一し，生協運営が実践されていたのである．

ただし，「消極性を内包した積極的な」生協運営の特性は，つまり，事業経営と組織運営のアンバランスさは，すべての生協に共通ではなく，単協の成立事情にも関わる．たとえば，北海道3生協問題の背景には，（落下傘型の）店舗事業の重点的拡大という経営方針と，組合員参加が欠如ないし不十分な組織運営が存在していた．また，共同購入業態を堅持し，地道な運動をすすめてきた単協も存在する．しかしながら，1990年代に入ってからは，組織運営面においては，組合員層の多様化，職員の性格変化，常勤役員の世代交代，役員倫理問題が発生し，事業経営面においては，供給高の停滞傾向を示す中で，生協危機が一般化するおそれもある．

(2) 生協危機の打開方向

常勤役員問題に代表される生協危機の打開方向は，機関運営システムに対象を限定すれば，運営への組合員参加による民主的運営の実現，ということになろう．ただし，組合員の組織運営参加には，組合員がその必要性を理解するとともに運営参加への意義をみいださねばならない．改正生協法にあっては，ガバナンス強化のための諸措置がとられた．ただし，コーポレート・ガバナンス（企業統治）と協同組合のガバナンスを同一視することはできない．

協同組合における機関運営システムの検討には，少なくとも次の点が課題となろう．

第1に，日常運営で成員が聞き応えることのできる相互システムの構築である．民主運営の基礎である組合員の声をいかに聴きそして応えるか．そのためにも，組織全体における情報開示システムの構築が必要となる．

第2に，生協構成員の主体的な力量の向上が条件となる．非常勤組合員理事も業務執行責任を担っているが，常勤理事の主導権で運営がすすめられている．組合員理事の力量向上とともに，組合員理事自身が政策起案でき，それをサポートする機構の設立が必要ではないか[10]．現在の生協運営危機の一端は，組合員の参加を保証する総（代）会の機能が低下していることにある．総代の議案提出を容易にするシステム構築も必要となろう．

同様に，生協職員の主体的力量向上も必要である．職員の生協運営参加を保証するシステム（総代会参加だけではなく）の構築も検討課題となる．

1960-70年代の生協発展の積極面は，内的要因に限定していえば，事業経営と組織運営が統一していた点にある．1990年代は，外的社会経済条件の影響も相まって，事業経営と組織運営の相互浸透が弱化し，経営に特化する生協は，生協危機を発生させている．その中で，危機を契機として，事業経営の実態内容を公にし，組合員参加による克服をすすめるならば，それはかつての生協運動の積極面の再生としてとらえられよう．問題が発生しても自浄機能を発揮するのが，民主制組織の特質ともいえるからである（宮村[1988] 142）．そのためにも，運営すべての部面において組合員や職員が参加することのできるシステムづくりが，現段階の生協組織において必要ではないかと考える．組合員や職員の力量向上も条件となるが，システムづくりによる緊張関係の構築と決定までのプロセスの民主制が，現段階の生協組織において必要とされるのではないか．

注
1) 1995年のICA声明では，協同組合の価値とは，「自分たちの力と責任で，民主

的に，平等で公平に，そして連帯してものごとをすすめていくことを基本理念とします．また先駆者たちの伝統にしたがって，協同組合の組合員は，倫理的な価値観として，誠実でつつみ隠さず，社会的責任と他者への思いやりをもつことを信条とします」と述べている（訳はJC総研［2013］に依った）．生協職員もこの声明に依拠する必要が本来的にある．

2) 誰にとっての職員問題か，の視点は，シリーズ「生協労働を考える」が『生活協同組合研究』誌上の連載において論点になった．これらの連載内容は，後に，生協総合研究所［1995］において発刊．特に連載を開始する上での問題提起が，第1回の兵藤釗「生協事業の今後と職員問題」によって行われている．それに対する批判的検討は同シリーズにおける，佐藤・大高［1995］を参照．

3) 日本の賃金・労働時間・労働組合などを網羅したものとして，石井他編［2010］が参考になる．そこでは，成果主義人事・賃金制度とは「個人の能力が仕事の業績・成果等の形でどれだけ発揮されたかに注目しながら，保有能力よりも顕在能力を重視した評価を実施し，その結果を昇格・昇進・昇給の基準とするよう設計・運用された人事・賃金制度の総称」と定義している（同上，7）．

4) 北海道の人事・給与制度改革の契機を一例示す．道央市民生協における人事・教育・賃金の諸制度は1974年に制定されたが，石油危機を契機とした資金難によって一挙に経営難に陥る．その時は，北海道生協連から資金・人材支援を受けてはいたが，大規模小売商業との出店競争の結果，1980年頃には赤字額が年間2億円に達する．そこで，道央市民生協では「80年代前半期中期計画」を策定し，1979年から「2億円リスク対策」と称する経営改革を実施する．原則は，まず赤字体質改善のための徹底的なコストの削減である．人件費のカット，パート職員の残業を中止，仕事が残った場合は正職員が行う（当時の正職員の大部分は残業手当なし），加えて電気・電話・水道，買い物袋・印刷・トイレ用タオルなどの費用節減をすすめた．

　その結果，「2億円リスク対策」は一応の効果を納めることになる．とはいっても，以上の経営改革は職員に多くの我慢を強いることを意味し，その後，人事・運営の執行上で様々な問題が発生することになった．労働時間と賃金という労働条件の改善に加え，不明確な命令系統の解消と，人事・教育政策の早期確立要求に強く現われる．特に，系統的な職員教育の未実施に対する不満，幹部職員の増大のみで不適正な配置計画への不満は大きかった．結果，1986年度の人事・教育制度改革につながってゆくのである．具体的には，佐藤・大高［1995］を参照．

5) 生協によっては，職能要件において，「自分の生協の概要を語ることができる」「生協運動の歴史と到達点，生協の役割を理解できる」などの項目，「自分の生協の定款を理解し，生協の役割を語ることができる」「情勢と国民生活の特徴を方針にもとづいて語ることができる」などの項目が，記載されるところもある．生協における職能資格制度の独自性を示しているところであろう．しかし，独裁的な役員トップを抱えていた生協にあっては，昇級にあっては，トップの発言を学ぶ

ことを強制されていたところもあった．A連合は，大学生協の事業連合であることから，新卒後の日生協の教育システムが大学生協職員のそれと整合していない部分が課題である．

6) A連合において，職能給制度は2004年頃から検討を開始し2005年から開始した．その後，実施内容の精査をすすめ，2012年に新人事制度の検討を行い，新職能給制度も含めて2013年から実施されている．職能給におけるチャレンジシートについては以下の議論があった．第1に，職員1人ひとりの経験年数や職責（ポスト）によって評価基準が異なることから，目標の文言が同じでも努力結果の評価が異なるのではないか．第2に，上司の評価力量が異なっている場合，評価結果が変わる．考課者のレベルアップとともに，「更なる上司」のサポートも不可欠であるとの意見もあった（A連合内部資料による）．

7) 生協としての意志を決定したり，意思決定に従って業務を遂行したりする人や会議のことを機関とよぶ（福田繁監修『生協法読本』）．生協法においては，総会・総代会，理事，監事のことをさすと見てよい．なお，本稿でいう組織運営問題とは，運営制度，運営過程，そこに関与する人的問題などの総体をいうこととする．

8) いずみ市民生協の問題については，日生協創立50周年記念歴史編纂委員会［2002b］にその概略があるが，より本質に接近したものとして，村上洋［2002］が非常に役に立つ．小説として描かれているが小説でなければ表現できない事柄もある．

9) 1990年代末の常勤役員問題の事例として，他に次のような例がある．コープかながわでは，常勤役員の不誠実な行為が総代会で問題化，役員交代が行われた（たとえば，CRI・生協労働研究会編［1997］）．コープしがでは，専務理事による無断融資の責任をめぐって，組合員有志と労組・職員，理事会との対立が深まっている（野村［2001］34-8）．

10) 橋本吉広は，いくつかの理事会改革案を提起していた．筆者なりに整理すれば，以下の3点が重要と考える．第1に，常勤理事と非常勤理事には責任の所在が不明確なので，常勤理事の責任がより大きく重いことを明確化してはどうか．第2に，組合員理事自身が運営の政策を起案できる権能を行使できるようにする．そのためには，政策提案のサポートするための機構を組合員理事に対して構築する．第3に，理事会構成について，組合員自治を基本にし，地域・職場といった選出区，学識経験者などの選出区以外にも構成の多元化を図る必要がある．橋本「生協におけるコーポレート・ガバナンス「現」論」［1999］39-45．

第11章
明日の協同の担い手

1. これまでの協同の担い手と事業経営

(1) 戦後生協における担い手の性格変化

　明日の協同は誰が担い手となるのか，担い手の条件は何か．これらを明らかにするために，まず戦後生協に限定して，協同組合の担い手がどのように推移してきたかを改めて整理しよう．ベクトルの方向を知るためには，これまでの道筋を確認することが適当だからである．

　戦後直後の「第1の高揚期」における担い手は，食糧不足に困窮した都市住民が中心であった．彼らは，配給物資である食糧の調達を主目的として結集したもので，食糧難が解消されるとともに解散してゆく．

　戦後の経済発展とともに，職域生協が活発化するのが「第2の高揚期」である．この時の担い手は労働組合運動に関わった労働者，労働組合幹部らである．工場内や労働者住宅付近に店舗を中心に事業を展開していったのが特徴的である．事業経営の担い手は主に労働組合関係者であり，小売業の経営ノウハウに習熟しているとはいえず，また組合員も職場関係者が中心で，職場の物資部の範囲で展開したに過ぎなかった．組合員の性格としても，意識的・自発的な参加というよりも，顧客から出発したといってよい．したがって，炭鉱地帯にあっては旧閉山に伴う合理化によって生協もあっさりとその役目を終わらせることになる．他の職域生協の多くも，一般小売業との競争に対抗することができず，第2の高揚期も転換を余儀なくされる．

高度経済成長期以後の，「第3の高揚期」と呼ばれた1960-70年代以後の生協伸張は，公害問題，物価問題など高度成長における矛盾の発生を契機としていた．この時期の生協は，商品の安全問題や独占価格問題などに対して，より安全な商品開発と共同購入等の購入実践によって克服しようとしていた．いわゆる「時の利」に乗って，高度経済成長期の諸問題に消費者運動としての生協運動で対抗できたのである．

　組織運営の主な担い手は，小さい子どもを抱えた30～40代の専業主婦であった．特に，1973年のオイルショックによる不況は，社会進出していた女性を家庭に回帰させた．それを余儀なくさせられた専業主婦たちが，班を基礎組織とした共同購入運動へ結集したのである．また同時に，専業主婦の活動可能な共同購入業態の開発によって生協事業は伸張した．これらの組合員の世帯構成は，平均世帯層よりも高所得層に位置しており，相対的に意識の高い層でもあった．したがって，安全，安心な生協商品がたとえ高価格だとしても利用可能であったのである．こうして，「理の利」と呼ばれる，「班」と「共同購入」という組織運営と事業経営の分かりやすさが生協伸長の基盤となっていったのである．

　理事会・総代会など生協機関運営においても，これら相対的に意識の高い組合員が理事として深く関与していたことは想像に難くない．また，当時の共同購入事業にあっては，大規模店舗の経営ノウハウを持たずとも，専業主婦たちが理事や監事として機関運営に参加し，事業経営にも充分に反映させることができた．

　この時期の生協運営でよく指摘されるのが，大学生協の学生組織員たちの存在である．大学在籍中に大学生協運営に習熟した彼らは，卒業後も大学生協職員として，そのまま生協運営に関わる．そのうち，大学教職員の集合住宅付近に店舗経営を始め，そして，地域生協の常勤理事として経営に携わるようになる．また経営拡大に伴って必要となる職員は母体となる大学生協からの人的支援によって可能となった．後に，生協発展の要因の1つに「人の利」があったと称されるような，運営の担い手が確かに存在していたのであ

る．さらに，参加意識の高い，と同時に学習意欲の高い組合員も多かったと推測できる．

　特に，共同購入の開始期は，専従職員と組合員との関係が未分化の状態であり，それは対立する事業経営と組織運営が統一的に運営されていた姿でもあった．

　他方，高度経済成長期の生協伸張のもう1つの要因として，職員主導によるスーパー型の事業展開があった点も見落とせない．これらの生協にあっては資金ショートを起こし，日生協や他生協からの資金援助を受けて再生を繰り返すこともあった．この要因を，経営力量の弱さに求める場合が多いが，組合員への出資配当や剰余金の還元には制限がおかれている協同組合資本の特殊性が事の本質でもある．

　生協の店舗事業は，こうした制約を受けつつも，70年代の組合員層の，前述したような力量・エネルギーに支えられ，また，組合債の形で資金調達を行って，右肩上がりの事業成長を続けていたのである．「三つの利」の相乗効果が成長を支えたともいえよう（生協総合研究所編［1992］11）．

　しかし，1980年代後半に入り，事業・組織が急速に拡大する中で，事業経営と組織運営の連関は弱化し，とりわけ「企業化」が進行する．

　その最大の契機は，組合員の急増による意識的組合員の相対的な減少である．古い組合員ほど意識が高く，加入時期が新しくなるほど，生協に対する意識が低下する．班活動についていえば，かつて生協運動の基礎組織と認識されていたものが，商品購入のための単なる手続き，1人班という形態に変容する．

　その結果，安全・安心の訴求から，できれば「より良いものよりはより安く」といった方向へ組合員意識が変容し，供給商品の意味合いが変わってゆく．「顧客化」した単なる消費者としての組合員が増加することで，取扱い商品もより安価なCO-OP商品や一般商品が拡大する．それゆえ，小売業との競争激化とともに，価格競争にまきこまれてゆく．店舗面積が増加し，投資額も増加してゆくにつれ，経営には高いマネジメント力を必要とし，組合

員理事にあっても，より高度な判断が求められることになる．

　職員にあっても，旧来の運動体の活動家意識ではなく，高いマネジメント力量を有した経営の担い手という意識に転換する．同時に，正職員による店舗運営から，パート・アルバイト中心の職員配置に変容し，正職員は店舗に店長1人という形態ともなる．職員と組合員との直接的な関係は希薄化し，パート職員——部分労働者——による媒介的な関係に転化する．生協の担い手が，組合員，パート職員，正規職員，役員といった職場内分業を余儀なくされるようになる．

　事業連帯・事業連合や大規模店舗主体の生協の登場によって，その経営管理業務は一部の役員トップ，つまり常勤役員などの「経営専門家」に集中し，「経営者支配」が行われるようになる（戸木田・三好編［1997］73）．

　同時に，正規職員にあっても，職階ごとの与えられた業務を淡々とこなす部分労働者としての性格が強まってゆく．かねてより，生協労連（生協職員により組織化されている労働組合）では，生協労働者には「二つの使命」，すなわち，労働者自身の賃金・労働条件を改善し，くらしをより良いものにしてゆくという一般的使命と，生協労働者として生協を生協らしく発展させるという専門的な使命があると述べていた．その表現には，生協労働者には，部分労働者，単純労働者にとどまらない，専門職としての力量の発揮と，労働者としての労働運動への積極的参画に使命があると自認していたことがうかがえる．それらが揺らいでいるのである．

　こうして，事業経営と組織運営の浸透が希薄化してゆき，経営のエキスパート職員と消費者となった組合員，トップマネジメントを担う役員といった関係に分断されてゆくのである．

　以上のように，戦後生協の担い手は社会経済状況に巧みに対応し，ある時は，労働組合の活動家が，そしてある時は家庭の主婦たちが運動を牽引する担い手として登場してきたのである．しかしながら，組織拡大に伴って参加意識の低下（もしくは多様化）が生じてきている．新たな協同組合ないし協同の担い手が求められる理由の一端はここにある．

(2) 新たな協同組合への展望

①協同組合職員の専門性

『生協の白石さん』という本がある．大学生協の「ひとことカード」を通して，生協職員と学生とのやりとりをまとめたものであるが，2005～06年のベストセラーになった．学生組合員の意見・要望に対して，それがいかに不真面目な要望——「牛をおいて！」「生協で単位を売ってください!!」——であろうと，誠実に，真摯に応える姿勢が評判をよんだのである．

では，ここでの白石さんの専門性とは何だったのか．それは，組合員（おそらく東京農工大の学生）と職員という対立する関係にあって，組合員の求めている要望——それは「ひとことカード」に書かれている内容だけではなく，それを書いた組合員が職員に求めている真意——を当該組合員の立場になって，真摯に応えているところの専門性なのである．他方，組合員の立場から見ると，白石さんという職員がどのように応えるかを期待して，白石さんの立場になって，「ひとことカード」を書いている．組合員と職員という対立している両者が「ひとことカード」を媒介に相互浸透しているのである．

こうした，組合員の声を聴き応える際に，職員が「組合員そのもの」になって応えることができる，これが，協同組合職員における大切な専門性ではないかと考える．

②担い手としての組合員

『生協の白石さん』に関わって，組合員は，職員の白石さんだったらどう応えてくれるだろうかと考えて，「ひとことカード」を書いているとのべた．この行動は，組合員が，「職員そのもの」になって，生協に声を届けていることになる．

協同組合の組合員参加には，加入し利用する段階から，総代や組織委員，役員などを担い，事業経営実態，それも数字で表される経営実態だけではなく，職員の質・量，組織風土などのトータルを理解した上で，組織運営に関わるといったより高いレベルの参加もある．そして，どのような形態であろ

うとも，組合員の自発的な参加と参加を事業経営に反映する仕組み，媒介がある限りは，自立した協同組合として存立しうる．かつての共同購入組織は，事業経営と組織運営との直接的同一性が存在していたために，それが実現可能であった．

　現在の，経営と組織が乖離した多くの生協にあって，しかも組合員組織率の向上と「顧客化」が並行する状況の下で，では，どのような条件で組合員の参加が可能となるか．それは，協同組合事業そのものに，組合員参加の仕組み，仕掛けを意識的に用意することである．また，組合員も自発的参加をする仕組みを提案し，実践することにある．

　③新たな協同組合への展望
　協同組合内部組織にあって，上記のような課題を克服したとしても，以下の課題は残る．
　第1は，社会各階層との連帯の必要性である．生協運動が消費者のみの運動では，早晩反対物への転化が不可避となる．すなわち，生協運動の発展による社会への普及（一般化）は，労働者の賃金運動の展開がなければ，逆に国民の賃金低下傾向をもたらす．小売業間の競争激化とともに生協事業においてコモディティ化した商品や食料品への依存をすすめるならば，その傾向は一層早まろう．生協の反対物への転化を防ぐためには，生協運動と労働組合運動，農民運動との提携が不可欠となるのである．それは同時に，農業者と地域住民とが「商品としての食料」を媒介せずに提携する必要があることを意味しよう．というのも，地域社会における消費者と農民の性格を考えてみた場合，小生産者（小土地所有者）である農民と，都市の消費者とでは，そのよって立つ階級・階層的な存立基盤が本来は違っていた．ところが，現代資本主義の下では，農民と消費者の基本的な性格の違いを超えた諸問題に双方が直面しているからである．その意味では，生産者と消費者とが商品を媒介として対立する関係から，お互いの相互承認が深まる関係へ発展させることも可能になっているのではないか．商品を通してのみ成立している人と

人との関係性を克服しなればならないのである．

　第2は，商品購入のための消費者協同から，生活のための協同へと転換を図る必要性である．現今の生協は，商品をいかに組合員に提供するかの手段として事業経営を成立させ，そしてその範囲においての事業形態を購買生協として展開している．ところが，現代の生協は事業の目的が経済事業のみではなく，さらに広がりをもってきている．たとえば，地域社会における，過疎や過密問題，環境問題，子育てや高齢者介護問題など「いのちとふるさとを守る運動」（美土路達雄），言い換えれば「地域づくり」への取り組みも生協事業の重要な課題となってきている．

　つまり，商品供給事業としての生協から，生活するための助け合いを協同化する必要が生じているのである．たとえば，福祉事業でいえば，従来の商品事業とは異なる事業内容を要請し，事業・組織の変革要素となる可能性も有する．つまり，福祉事業は，自治体等との関わりが深く，より地域ごとに個性的な事業・組織となる可能性がある（田中［1998］196）．こうした地域社会における住民の「新たな生きにくさ」に対応するものとして，新たな協同組合事業が展開可能であろう（岡村［2008］42）．

　このように，従来の購買協同組合ではない，「新たな協同組合」を1つの可能性として指摘することができる．そして，もう1つの可能性として指摘したいのが，旧来の協同組合から離脱した「協同の担い手」たちの存在である．

　つまり，既存協同組合にあって，新たな協同組合の担い手たちが努力したとしても，そうした展開が困難な場合（敵対的矛盾の存在），別の組織体──NPO法人や会社法人等──による対応に転換することも，充分起こりうることだからである．協同の担い手にとっての，目的としての協同組合から手段としての協同組合への転換である．

2. 明日の協同の担い手の条件

(1) 「新たな協同組合」をめぐる議論

「新たな協同組合」をめぐっては岡村 [2008] の整理が分かりやすいのでまず確認しよう。岡村は，先行研究の整理を通して，従来の協同組合を「伝統的協同組合」とし，「新しい協同組合」と対比させている（同上，37）．第1に，伝統的協同組合は商品の購買・販売を活動領域においていたのに対して，新しい協同組合は福祉サービスや地域づくりといった公益性のある領域に協同活動を見いだす．また，前者は特定の個人（組合員）という限定的な対象であったのに対して後者は不特定多数を対象とする．いわば，「共益・共助」の存在から「公益・公助」への転換であるとする．事業規模も，新しい協同組合は小規模であり直接民主主義が運営の基本となる．最後に，伝統的協同組合は地域社会との関係は比較的浅かったが，新しい協同組合は，行政や諸団体とのネットワーク的連携が強いとする．

岡村の視点は，新たな協同組合を展望する上で非常に興味深いものがある．しかし，この方向に「新しい協同組合」が展開してゆくとすれば，それは従来の協同組合法人としての役割を変容させることになるのではないか．組合員によって結集した協同組合よりも，特定非営利活動法人などに親和性をもつのが，岡村のいう「新しい協同組合」ではないだろうか．そう理解するならば，岡村の提起は，「新しい協同組合」ではなく，「新しい協同」を担う多様な協同組織の形成，可能性を示唆しているといえよう．事実，岡村は，協同組織の内容を，「ワーカーズ・コレクティブ，NPO法人，ボランティア組織など」の総体であるとして説明する（同上，38）．また，こうした協同組合に限定しない新しい協同の活動が活発化することによって，「購買生協の再生が一層促進されるものと考えられる」（同上，42）と岡村は言及し，いわば双方の相互浸透による21世紀の生協の発展方向を見ているのである．

他方，田中秀樹は「大きな協同組合の中に小さな協同組合をつくる」との

表現で，購買協同の内部に多様な新しい協同組合が育まれる方向性を提起している（田中 [2008] 472）．この内容を筆者なりに整理すれば次のようであろう．協同組合労働（この場合，生協労働）とは，家庭内労働と連続している存在であり，家庭内労働と生活支援労働（たとえば共同購入や個配の配達労働），専門労働と構造的に捉えることができる．そのうち，専門職員による専門労働は，競争下で効率性を問われているが，家庭内および家庭の周辺に位置する生活支援労働は，新たな協同を生み出す可能性を有するのであると指摘する（同上，470-3）．

こうして見ると，田中の議論は，既存協同組合を踏まえた上での新たな協同組合への期待ともいえよう．

新しい協同の担い手が協同組合であるかどうかは別として，伝統的な協同組合運動によって蓄積された資本や労働が基盤となって，新たな協同の活動に連動してゆくとの主張は，岡村や田中に共通するものとして理解できる．また新たな協同の活動を内包化することで，伝統的な協同組合が活力を取り戻すともいえる[1]．

(2) 目的としての協同組合から手段としての協同組合へ

これまでの各章において，従来の協同組合が事業経営，組織運営の双方にわたって，時代の転換期にその性格を変容させて，発展してきたことを確認してきた．特に，協同組合の担い手は，いわば時代の変化に対応でき，変革を行うことのできる存在でもあった．それは，ロッチデール公正先駆者組合のメンバーでもそうであったし，日本の高度経済成長期の地域市民生協の担い手も同様であった．こうした担い手に牽引されて協同組合が大きく成長するとともに，組合員層の運営力量も向上していった．たとえ経営危機に直面したとしても，それを契機として同様の傾向がすすんでゆくこともすでに確認した．

今後，組合員や職員の自己能力の発揮，主体的な力量の発揮がすすむためには，これら成員の力量が発揮できるような条件を整えることが，協同組合

運動のひとつの発展条件と考える．ただし，現在の巨大化した協同組合組織においては，むしろ組合員を顧客化し，また競争下にあって組織維持を目的とした事業に限定され，新たな発展を担う組織体とはなっていないのではないか．確かに，生協組合員の意識調査結果（第9章）に見るように，社会参加の意欲は大きくても，生協を通して実践しようとしている組合員は多くはない．むしろ，「新たな協同」を担おうとする組合員は，伝統的な協同組合で不可能であれば，別の実践によって目的を達成するようになるのではないか．いわば，目的のための協同組合から，手段としての協同組合への転換である．

以下，その転換がすすむ条件について，検討しよう．

(3) 「新たな協同」を担う条件

協同組合とは異なる代表的な組織が1998年に法制定された特定非営利活動法人（以下NPO）である．阪神淡路大震災を契機として法制定の議論がすすみ，制定に至ったが，この背景には，従来の大きな政府による財政運営では限界が来ており，公的な役割の一部を別途担わせる必要が出てきたことがある．それゆえ，日本のNPOは法律によって「特定非営利活動」の活動分野が決められており，補助金が支出しやすいような公共目的のサービス分野が多い[2]．したがって，ドラッカーによる非営利組織とは意味内容が異なっている点に注意する必要がある[3]．

日本のNPOは，比較的小資本と少人数で設立可能であり，複式簿記の知識があれば運営もそう困難ではない．しかし，実際には，自治体等の援助がないと事業継続が不可能なNPOが多く，「事業型NPO」の検討がすすめられている．さらに，東日本大震災後の補助金の不正流用問題も生じており，寄付やボランティアに依存する「古いNPO」の存立の意義が問われている（たとえば，田中弥生［2008］は，NPOに対するやや批判的な視点による著作である）．

なお，論者によっては，協同組合と併せて，「非営利・協同組織」と名付

ける場合もあるが，その定義や意味内容についてはまだ議論の余地が多いと思われる．

　最近では，私的企業であってもその利益を社会貢献に活用するような社会的企業（Social enterprise），その担い手としての社会企業家も注目を浴びるようになってきている[4]．近年の新自由主義の潮流への対抗として注目されてきている．

　こうした新たな組織を担う人々は，それが協同組合やNPO，私的企業にかかわらず，どのような特徴，可能性を有しているのか．

　先述のように，協同組合の組合員や職員が自己能力を一層発揮できるようにするには，その学習環境を整えることが必要であった．戦後生協にあっては，組合員による班や共同購入グループ，商品委員会などによる学習活動が用意されていた．職員にあっては元々有能な役職員が経営を担っていたとともに，学習成果が職能給や昇格に反映するシステムも導入されていた．小売業における競争激化や社会成員の性格変容によって，組合員たちの従来の関係性は分断され，「顧客」として購買生協を利用する形態がすすむ．また，職員にあっても協同組合の専門性を有していた時代から，大規模生協における分業を担う部分労働者としての性格を帯びるようになる．

　しかし，同時に，情報通信技術の発達によって，組合員にあっては，協同組合に限定されない様々なコミュニケーションを深める可能性を有するようになる（池上［1986］）．職員にあっても，職場内に限定されない人間相互のコミュニケーションのネットワークも広がる可能性をもつ．これらは，所属する生協組織への単一帰属の意識にとどまらない．また，グローバル経済の下での事業経営は商品・サービスの「向こう側の世界」の関心を要請するようになる．さらに，生協という事業体に組合員として，また役職員として関与することで，会計制度の学習，それも従来の複式簿記レベルだけではなく，企業会計に見られるような経営管理レベルを要求されるようになる（現代生協論編集委員会編［2010］93-114）．反面こうした力量は，自らがNPOや新たな協同組合を設立し，事業経営を行う際に有意義なものとなる．

資本主義において競争におかれている協同組合での活動が，個々人の潜在能力の発揮につながってゆく可能性をもつのである．こうした，人間発達のプロセス，すなわち「各自人一人一人が，多様な人間関係に多重帰属していくことを通じて，全面的な発達を獲得していく」(基礎経済科学研究所編[2010] 57) ことが実現するならば，新しい協同の担い手は，企業形態にとらわれない，また多重帰属を許容するような活動のあり方を志向すると考えられる．

そうした姿が，21世紀前半になって萌芽となって現れてきた新しい協同の担い手なのである．

注
1) 農協にあっても，事業連帯・連合の動き，合併や広域化の傾向が進行し，「新たな農協」が必要になってきている．農協の本来的機能は組織化による優位な経済事業と組合員の営農・生活支援にあるのだから，農家にとっての農協でなくてはならない．「新たな農協」とは，そのための組織づくりともいえる．特に，組合員の高齢化に伴う，介護・福祉事業，リタイア後の農村生活を充実させるための取り組みが必要となっている．こうした生活支援事業が，本来の農協機能を発揮し，組合員要求に応えることになろう．

　　元々，農協と介護事業は親和的である．相川良彦は，介護事業の源流には，行政と協力してすすめてきたJAの生活指導事業があり，その「生活指導事業は利益のあがらない部門としていつも不安定な立場に立たされてきたこと，そうではあっても協同組合理念を体現する活動としてプライドと生きがいをもって取り組まれてきたこと，また時代に翻弄されつつも時々のニーズに敏感に適応して活動展開をしてきたこと，元気な高齢者の生きがい対策や在宅介護事業は農民のニーズがあり，かつ生活指導事業の路線（自給・有機運動や健康管理・食の安全などの取り組み）の延長線上に登場したので，さほど違和感なく参入しえたこと」と指摘する（相川［2009］224）．

　　北海道にあっても，農協介護事業が利益の上がらない部門だとしても，販売事業や金融事業などで得た剰余の一部を介護事業に充てることが，農業経営の安定やひいては農協事業の伸張に結びつくとの認識が必要なのではないか．農協による介護事業は法制度の制約もあってなかなか進んでいないが，浜中町の農協では，可能な範囲での高齢者福祉の取り組みが行われている．ここでは，農協の事務所の一角を高齢者のサロンとして提供し，週1回元酪農家たちが集まって健康づくり運動や団らんなどを行っている．この新たな協同の実践者は，本州から移住し

てきた看護師であり酪農家の女性である．「新たな農協」のひとつの取り組みとして指摘しておく．河合・竹内［2011］を参照のこと．
2）　特定非営利活動とは．特定非営利活動促進法第2条では，次に掲げる活動に該当し，「不特定かつ多数のものの利益の増進に寄与することを目的とする」とある．すなわち，①保健，医療又は福祉の増進を図る活動，②社会教育の推進を図る活動，③まちづくりの推進を図る活動，④観光の振興を図る活動，⑤農山漁村又は中山間地域の振興を図る活動，⑥学術，文化，芸術又はスポーツの振興を図る活動，⑦環境の保全を図る活動，⑧災害救援活動，⑨地域安全活動，⑩人権の擁護又は平和の推進を図る活動，⑪国際協力の活動，⑫男女共同参画社会の形成の促進を図る活動，⑬子どもの健全育成を図る活動，⑭情報化社会の発展を図る活動，⑮科学技術の振興を図る活動，⑯経済活動の活性化を図る活動，⑰職業能力の開発又は雇用機会の拡充を支援する活動，⑱消費者の保護を図る活動，などである．
3）　P.F.ドラッカーは，政府と民間企業以外の組織体をすべて非営利組織に含めている．だから，教会やボーイスカウト，学校や病院，日本の寺やPTAも非営利組織である．ドラッカー［2007］を参照．
4）　社会的企業（Social enterprise）は，緒論あるが，伝統的な民間営利組織（セクター）でも公的組織（セクター）でもない，「非営利セクター」ないし「社会的経済」（サードセクター）の担い手（起業組織）のことをさす．もともとヨーロッパにおいて発生した新たな動向に対して，「社会的企業」と訳語を与えたものであるが，この訳し方についても議論がある（ボルザガ他編［2004］とくに「解題」を参照）．

補章
「周辺地域」における労働者協同組合とNPO法人化の意義

1. はじめに

(1) 研究の背景と目的・課題

　本章の目的は，労働者協同組合がNPO法人を設立し，より幅の広い事業内容へ展開した経緯とその実践内容・意義を明らかにすることにある．

　労働者協同組合（ワーカーズ・コープ，ワーカーズ・コレクティブはほぼ同義）は，出資，労働，経営が一体化した労働者による協同組合である．中でも労働者協同組合には，労働者が協同労働を通して自らの労働を主体的に編成し，人間的労働を実現するという点で積極的意義がある．つまり，現在の雇用状況（厚生労働省が発表した2010年11月の有効求人倍率は，0.57倍である）にあって，労働者協同組合には，協同労働（石見［2000］17）を通して生活の糧を得ていこうとする点に積極的な評価を与えることができる[1]．これを山田定市は，「既存の協同組合に比べて，協同組合としての新たな活動領域を開拓するものであり，協同組合運動として新たな潮流をなしている」（山田［1999］169）こと，また，労働者協同組合は多様な領域に及ぶ協同の活動であるが，「その根幹は現代社会の雇用・失業問題への労働者自身の主体的運動であるということができる」（同上，174），と指摘する．

　山田の指摘に先がけて，1980年のICA（国際協同組合同盟）大会で，A. F. レイドローは，いわゆるレイドロー報告の中で，「労働者協同組合の再生は，第二次産業革命の始まりを意味するのだと予想することができる．第一

次産業革命では，(略) 資本が労働を雇うようになった．ところが労働者協同組合はその関係を逆転させる．つまり労働が資本を雇うことになる．もし大規模にこれが発展すれば，これらの協同組合は，まさに新しい産業革命の先導役をつとめることになるだろう」(レイドロー [1989] 159 を参照のこと) と述べ，労働者協同組合の歴史的な役割について言及していた．しかし，翌 1981 年の日本協同組合学会で齋藤は，「「労働者協同組合」というものが，今日の資本主義の中で果して成立するのか，またそれはどういう積極的な役割を果しうるのか」[2]と懐疑的であり，日本の現実を捉えた上で，やや否定的な発言をしていた．齋藤の問題提起にあるように労働者協同組合の活動内容の具体的な分析は残された課題となっていた．

　最近の労働者協同組合をめぐっては，法制定に向けた議論に加えて都市部における公共サービスの一端を労働者協同組合が担う「新しい公共を創造する協同組合の取り組み」[3]が報告されるなど研究の進展が見られている．しかしながら，「周辺地域」における取り組みについては必ずしも明らかにされていない．

　そこで，本章では北海道北部の音威子府村で，労働争議をきっかけとして，労働者協同組合を設立した国労闘争団の事例を対象として，結成に至る背景を明らかにするとともに，労働者協同組合の取り組み内容（石見編 [2000] 95-6 も参照のこと）を明らかにすることを課題とする．

(2)　対象事例地域の特徴と先行研究

　まず，北海道北部＝道北を「周辺地域」とし，上記の課題を設定した理由について述べる．奥田仁は，地域間格差の問題状況を，「資本主義の中心と周辺の不均等な発展のなかで，「周辺地域」からの人口流出が地域社会の存立条件を掘り崩すに至っている問題である」と述べ，北海道を日本における「周辺地域」と位置づける．そしてその構図が，札幌圏と道北との関係としても同様に成り立っていると指摘する．つまり「日本の周辺地域である北海道のなかにあって，道北地域はそのまた周辺に位置づけられている」のであ

る（神沼他編［2008］39-40）．本章では，奥田に従い，地域経済の不均等発展の中で人口や富，資本の流出がもたらされる圏域を「周辺地域」と名づけた．二重の意味において「周辺地域」である道北は，だからこそ北海道の中でも国鉄の廃線が相次いだ地域でもあり，激しい闘争が行われたのである．以上から，単に過疎という表現では事柄の本質を見る上では不十分であると考え，この用語を使うとともに国労闘争団による労働者協同組合を取り上げることとした．

　次に，音威子府村における国労闘争団についての先行研究を確認する．金児順一は「解雇撤回・JR復帰」へ向けた闘争の闘争当事者（金児は，この当時国鉄労働組合闘争団全国連絡会議事務局長を務めていた）として，1990年代前半の闘争団の活動状況を詳細に述べている（これについては，ワーカーズコレクティブ調整センター編［1995］124を参照）．同時に「改めて強調するまでもなく，国鉄「分割・民営化」は，私たちの首を切っただけではなく，特に，北海道・九州では，それまでの駅が無人化される，或いは線路が剥がされたことで過疎に一層拍車をかけ，地域社会そのものを衰退させました」と国鉄「分割・民営化」は「周辺地域」に弊害をもたらしたと述べている．

　またTakahashiは，音威子府闘争団など全国各地に結成された事業体が，NPO等に事業組織化することによって，過疎地域社会において重要な役割を果たしている実態を明らかにし，その分析を通じて，働く者が自ら出資して事業体を形成する労働者協同組合やNPOなど「社会的経済」を実現する非営利セクターの事業組織が，社会的に有用であることを明らかにした（Takahashi［2011］39-54を参照）．さらにTakahashiはNPO化した組織に所属する職員の生活実態を詳しく分析したが，NPOの経営内容（負債・資産や収支等）についてまでは，十分明らかにしていない．

　そこで本章では，まず音威子府村の概要を確認し，労働者協同組合結成までの経緯を明らかにする．次に，NPO法人に再編した背景とその事業内容を詳細に明らかにし，和解成立後の課題についても考察する．最後に，今後

の方向性について考察を加える．

2. 地域概況と労働者協同組合の事例

(1) 音威子府村の概要

　音威子府村は北海道上川管内の北部に位置し，音威子府～稚内間を走る天北線が1989年4月30日に廃線になるまでは，「国鉄の村」(『音威子府村史』) と呼ばれるほど，交通の要衝として重要な位置を占めていた．そのためであろうが，人口が1,000人を割るまでになり，全道一小さい自治体にもかかわらず特急列車が止まる村である．

　『音威子府村史』より，人口の推移を見ると1965年以降は毎年100人前後減少している（表補-1）．1990年と1985年を比較すると戸数で269世帯，人口で484人が減少するなど大幅に減少している（音威子府村史編纂委員会編［2007］）．この原因は，天北線の廃止に伴う国鉄職員の転出である．また，

表補-1　音威子府村の人口動態

国勢調査年	世帯数	人口	0～14歳人口	15歳以上人口	高年齢者人口	年齢階級別人口についての備考
1945	676	3,991	—	—	—	統計なし
1950	738	4,184	—	—	—	統計なし
1955	758	4,107	1,685	2,169	253	0～15歳，62歳以上
1960	820	3,886	1,386	2,237	263	60歳以上
1965	889	3,970	1,087	2,585	298	60歳以上
1970	763	2,839	644	1,925	270	60歳以上
1975	721	2,552	500	1,830	225	65歳以上
1980	774	2,100	406	1,496	198	以下同じ
1985	832	2,068	378	1,478	212	
1990	563	1,584	292	1,086	206	
1995	619	1,480	256	980	244	
2000	523	1,334	188	871	275	
2005	457	1,070	108	690	272	
2010	486	995				

資料：世帯数，人口は音威子府村史編纂委員会編（［2007］292, 378-9），年齢階級別人口は『北海道市町村勢要覧』の各該当年から作成．

それだけでなく，農家人口の転出も大きい．第3次産業の人口減少率が一番少ないが，基盤となる第1次産業で大きく人口が減少している（同上，381）．人口減少の原因は高齢化と働く場所がないことにある．医療について見てみると，村には19床を有する診療所があり，医者もその敷地内に居住しているので，夜間など急を要する患者にも対応できる体制になっている．しかし，高齢者は，要介護になることに対する不安を持っている．そのため，高齢者は病気になると，自分の子供の住むところに身を寄せるようになり，毎年10人前後離村する（佐々木雅夫による音威子府村健康福祉センター福祉課K氏へのヒアリングによる）．また，働ける人がいても村には雇用の受け皿となる企業がないため働き先を求めて村を出ざるを得ない．

(2) 労働者協同組合結成の背景と活動内容

こうした村にあって，国鉄の民営化前後には180人程度の国鉄職員が居住し，家族構成員を含めて地域人口を一定程度下支えしていた[4]．

1987年4月1日，国鉄は日本国有鉄道清算事業団に移行し，新会社JRとして6つの旅客会社，貨物会社及び新幹線鉄道保有機構等が発足した．国鉄職員の多くはJR各社に採用（再雇用）されたが，会社分割民営化に反対した全国7,600名の国鉄労働者は国鉄清算事業団に収容されることになる．分割民営化以後，1990年に清算事業団は1,047名の労働者を解雇した（同上，759）．これに対し全国で36の国労闘争団と全動労争議団，動労千葉争議団が結成され自活体制[5]による解雇撤回闘争が始まった．音威子府闘争団は1990年48名（ヒアリングによる．また同上，759を参照）で結成され，自活体制を開始した．闘争団は1991年6月，闘争団を維持し生活するための資金を得ることを第一義として「労働者協同組合おといねっぷ」を設立した．設立当初は支援者によるカンパに加え，様々な物品販売，そして木工クラフトと羊羹の製造販売が主たる資金獲得の手段となっていた．

労働者協同組合に対する村の支援も大きな力になっている．2011年現在の事務所や味噌工場，木工工場として使用している施設は村のものであり，

以前，シェル石油が国鉄へ供給する油のタンクを置いていた建物である．タンク撤去後，使用していなかった建物を村から無料で借りている．ただ，村としては，貸すけれども補修費用は出さないという条件を付けている．後に述べる羊羹工場はこれらの本部建物から少し離れた音威子府駅近くにある．これも村が所有する元民家を借り受けて内部を工場に改築して使用している（ヒアリングによる．なお K 理事長は時期を見て本部のある建物に統合する考えである）．

このように労働者協同組合おといねっぷは，活動資金をカンパや様々な事業によって得るとともに，自治体の施設提供を受けて活動を続けてきたのである．

(3) NPO 法人 eco おといねっぷへの再編

労働者協同組合は現在の法制では根拠法が存在しないため，位置づけは任意団体である．そのため，社会的地位も不確定で公的な補助も受けにくい．国鉄闘争を機に結成された労働者協同組合おといねっぷも，そのことが活動資金獲得の大きな制約となっていた．そこで，2006 年に NPO 法人 eco おといねっぷを設立した．法人格を得たことにより，自治体の事業（公共施設管理，指定管理者制度等）へ参入することができるようになり，また地域への貢献度が上がることになった．労働者協同組合おといねっぷで取り組んだ地域の特産品を作り地元で販売することや通販活動は，NPO 法人 eco おといねっぷの事業にすべて移行させている．

①事業の内容（特徴）

第 1 の特徴は地域の特産品を作る製造業であるという点である．製造品目は，第 1 に羊羹，第 2 に木工クラフト，第 3 に味噌であり，第 1 の羊羹を始めるにあたっては，まず，闘争の支援者の紹介により，鎌倉の老舗菓子屋に 2 名の闘争団員を修業のために派遣した（1990 年 9 月）．修業を終えて帰ってきた闘争団員が，音威子府で羊羹を製造・販売を始めるまでには，売り物に

なると認められるまで毎日のように村役場に試作品を持ち込み，試食の協力を得ている．羊羹の製造（調査に訪れた時は2名で仕事をしていたが，売れ行きに合わせているので調査時は1日おきに仕事をしていると語っていた）は，北海道産の小豆を目視で厳選して使っている．大きな鍋に材料となる小豆を入れ，出来上がるまで大きな「へら」を使いかき混ぜ続ける．この時，腕に大きな負担がかかるため，作業に関わった労働者のほとんどが腱鞘炎を起こしている．鍋を洗うだけのことでも，続けていると腱鞘炎になるという（ヒアリングによる）．人手でする作業としては，かなりの重労働であることを示している．

　第2は，地域の木材を活用した木工クラフト製造である．最初のうちは箱のようなものしか作れなかったが，修練を積むなかで木工パズルなどの高度な技術を身につけてきた．木工パズルはジグソーパズルを木に置き換えたものであるが，この制作は，出来上がりの形の型紙を作り，原料となる木に張り付ける．その型紙に沿って糸鋸機を使って木を切り抜いていく．うまく材料の木を糸鋸の動きに合わせなければ，鋸が折れたり木が熱で焦げたりする．熟練を要する作業である．木工製品の販路は，他の労働組合の支援を受けることが多く，戦後，労働組合が出来てから50周年や60周年の記念品（板にレーザーで功績に対する感謝の文言を焼き付けた感謝状など）を依頼されることも多かった．ひとつ1万円の記念楯など1,000個受注すれば1千万円の売り上げになる．現在は，そのような時期も過ぎたので記念品の売り上げは少ない．製品にはそのほか写真立てをはじめ多彩なものがある．

　第3には味噌の製造である．2000年11月から北海道産の大豆を使った昔ながらの味噌の仕込みを開始した．闘争団員の父親が麹屋を廃業することになり，そのノウ・ハウを受け継ぐことから味噌作りは始まった．2003年12月，味噌製造許可を取得し本格販売を開始した．味噌は1キログラム600円で販売しているが，購入者の多くが製品のリピーターとなっているという（ヒアリングによる）．味噌の製造はひと冬寝かせる期間が必要なので1年半がかりとなる[6]．資金回収まで最低それ以上かかるということである．味噌

を寝かせるまでには，何回も「返し」といって味噌をかき混ぜ適度に発酵させることになる．その作業をしやすいのが40キログラム入る桶であるが，木製だと木の匂いが移ってよくないため，漬物用のビニール袋に入れたうえでプラスティック製の桶に入れている．無添加製品なので1年たつと夏カビを取って返す作業をする．カビを防ぐためにも技術が必要で，その技術を見出すためにいろいろ工夫をし，そのための試行錯誤には10年近い歳月を要している．

　第2の特徴は自治体事業を受託しているという点である．村から指定管理者として受託しているのは，村営スキー場の管理，木遊館（山村都市交流センター）の管理及び施設での木工指導である．また，それ以外に夏場は公共施設の草刈り，冬場は公共施設の除雪を委託されている．

　NPO法人化以降の2007年から2009年度までの経営状況については，表補-2に貸借対照表，表補-3に収支計算書をまとめた．NPO法人としたことにより，村から委託される管理業務の受託業務が事業の中に組み込まれるようになった様子が反映されている．商品の販売額については，菓子販売（羊羹）は減りつつあるものの，味噌については生活必需財的商品という性格もあり，着実に増加していることがみてとれる．

②人員配置

　正会員は2010年9月現在21名（支援者を含んでいる）．正規職員としては，羊羹2名，味噌1名，木工2名の5名で，正規職員は厚生年金や健康保険に加入している．実際の作業人員は木工には役員が1名入って3名，羊羹は2名，味噌は1名，経理は1名がパートで行っている．専従役員と村の管理業務にそれぞれ1名で合計9名により活動をしている．パートは闘争団の家族で，それ以外の人々は闘争団員である．

　以上のように，全く技能を持たない状態から，羊羹であれば腱鞘炎を起こすような無理をしながら，熟練労働を身につけ，同時に闘争を続けてきたのが労働者協同組合おといねっぷの十数年間の活動であった．

補章　「周辺地域」における労働者協同組合とNPO法人化の意義　　207

表補-2　ecoおといねっぷ貸借対照表

特定非営利活動にかかわる事業合計貸借対照表

科目・概要		2007年(平成19)年 金額（単位千円）	2008年(平成20)年 金額（単位千円）	2009年(平成21)年 金額（単位千円）
I 資産の部				
1 流動資産	現金	66	202	289
	普通預金	3,401	3,294	3,396
	郵便振替	176	202	71
	売掛金	2,444	2,669	2,583
	未収入金		28	289
	棚卸資産	16,567	12,462	11,325
	流動資産合計	22,653	18,858	17,954
2 固定資産	出資金	5	5	5
	出資有価証券	829	829	829
	什器備品			
	固定資産合計	834	834	2,330
資産合計		23,487	19,692	20,284
II 負債の部				
1 流動負債	買掛金	1,447	1,134	256
	未払金	1,274	1,993	2,005
	預り金	0	0	0
	未払法人税等	80	80	80
	未払消費税等	335	364	380
流動負債合計		3,316	3,571	2,720
2 固定負債	長期借入金	20,408	19,408	22,408
	固定負債合計	20,408	19,408	22,408
負債合計		23,554	22,979	25,128
III 正味負債の部				
	前期繰越正味財産	−213	−57	−3,288
	当期正味財産増加額	156	−3,231	−1,557
	正味財産合計	−57	−3,288	−4,845
負債及び正味財産合計		23,487	19,692	20,284

資料：北海道庁道民活動文化支援課開示資料をもとに作成．

表補-3 eco おといねっぷ収支計算書

収支計算書 (単位：千円)	2007年(平成19)	2008年(平成20)	2009年(平成21)
I. 経常収入の部			
1. 会費・入会金			
入会金	10	0	
会費	44	44	44
2. 事業収入			
木工品販売	7,394	8,997	10,028
菓子販売	6,304	6,116	5,341
農産物加工品販売	6,089	6,407	6,865
特産品販売事業	0	0	0
管理委託業務	3,566	3,874	4,324
3. 補助金・寄付金等収入			
補助金	0	0	0
寄付金	829	0	0
4. 雑収入			
受取利息	6	3	1
雑収入	11	17	12
経営収入合計(A)	24,253	25,459	26,614
II. 経常支出の部			
1. 事業費			
体験学習事業	0	0	0
地場産品製造講習	0	0	0
地場産品研究開発販売事業	14,799	18,568	19,014
特産品販売事業	0	0	0
村有施設の委託運営に関する事業	1,770	2,470	1,830
2. 管理費			
役員報酬	3,360	3,360	3,360
雑給	1,813	1,792	1,592
法定福利費	1,749	1,936	1,868
事務費	181	108	121
租税公課	426	457	386
経営支出合計(B)	24,097	28,690	28,171
経常収支差額(C)=(A)−(B)	156	−3,231	−1,557
III. その他資金収入の部			
その他資金収入合計 (D)	0	0	0
IV. その他資金支出の部			
その他資金支出合計 (E)	0	0	0
当期収支差額(F)=(C)+(D)−(E)	156	−3,231	−1,557
前期繰越収支差額 (G)	−213	−57	−3,288
次期繰越収支差額(H)=(F)−(G)	−57	−3,288	−4,845

資料：表補-2に同じ．

(4) 和解成立後のecoおといねっぷ

　先述したように1987年，JRに不採用となり，さらに1990年4月に国鉄清算事業団にも解雇された国労の組合員らが，同事業団を引き継いだ鉄道・運輸機構を相手取り損害賠償などを求める訴訟を続けてきた「戦後最大の労働問題」[7]は，2010年6月28日最高裁第3小法廷で金銭部分の和解が成立し，6月30日和解金が振り込まれた．原告904人に平均2,200万円（総額約200億円）を支払い，原告は訴訟を取り下げることとなった．雇用については，政府がJR各社に被解雇者の雇用を要請することにとどまっており，全面解決には原告のJRへの雇用が課題として残されていた[8]．2011年6月末段階で，4者4団体として国労闘争団を支えてきた「国鉄闘争共闘会議」と「原告団中央協議会」は雇用に関する闘争を放棄し，一部の例外（横浜人活など）を除くすべての闘争を終結して解散することとなった．以降4者4団体の枠組みでは雇用のみを全労働争議団が，それ以外の枠組みで裁判を含む闘争継続については動労千葉争議団が継続するが，音威子府闘争団自体の闘争は完全に終結したことになる．

　以下に闘争団とこの組織が2010年6月以降から現在までにおかれている状況と，今後の課題について述べる．和解成立はecoおといねっぷに対する闘争支援がなくなることを意味する．今までは闘争支援者からの売り上げが7〜8割（ヒアリングによる）を占めていたが，それが減っていくと考えられる．したがって，課題の第1は，一事業体として新しい販路拡大策が必要である．当面は現在の取引先との関係を無くさないこと，闘争の中で培った人のネットワークによる販促やインターネットによる通販を大事にしていくことになろう．そして，K理事長は「新しいもう一本の柱を考える」と述べていたが，現在の事業以外のもっと別の柱となる事業を始める必要がある（K理事長へのヒアリングによれば「今やっている事業，味噌，羊羹，木工だけではない，もっと新しい柱となる事業を研究する」と述べた）．

　第2に，闘争団員が「路頭に迷う」（2010年調査時点では，K理事長はJRに採用されないことをこのように表現していた）ことがないようにしな

ければならない．今後も，音威子府を離れる事が出来ない団員たちの雇用の受け皿として，eco おといねっぷは，一定の収益を上げて賃金を払えるような事業体となる必要がある．

　第3の課題は，闘争団員の将来についてである．闘争団員の平均年齢は2010年9月現在54～55歳（2011年国鉄闘争共闘会議と原告団中央協議会の解散総会の声明では原告団の平均年齢は58歳となっている）であり，年金受給が可能となる約10年先までは事業継続が必要である．同時に次世代へ事業を継承する必要もある．NPO法人 eco おといねっぷの事業は，雇用の場として，そして地域貢献の組織として音威子府村の地域経済に多少なりとも関わっているのであるから，事業の廃止は地域にとって大きな痛手となる．

3.　結論と考察

　以上，労働者協同組合において NPO 法人を設立した背景と事業内容を具体的に明らかにしてきた．これらの事業は，闘争団を維持し生活するための資金を得ることが第一義としてあった．その各種事業を行うための施設提供は自治体から受けてきた．そして，労働者協同組合おといねっぷは，組織強化のため NPO 法人 eco おといねっぷに組織変更を行った．法人格を得ることにより公共施設管理や指定管理者制度などの自治体事業に参入することができるようになった．

　こうした経緯の中で和解が成立した．「2010年夏現在，今後の動向は確定していない」(Takahashi [2011] 51参照) 状況で「鳩山首相退陣もあって，JR との交渉は殆ど進展が見られない」（同上，53参照）まま年を越え，2011年6月末の状況は闘争団も解散し JR への現職復帰もないこととなった．このような現実を考えるなら，今後の eco おといねっぷにとって，自立して地域を拠点として活動を続けてゆく方向が最良の道であると考える．しかし，eco おといねっぷの現状の販売実態を見ると，メンバーの多くが生活できる水準の待遇を保証している状況ではない．むしろ団員は，低廉な公営住

宅等によって，最低限の生活をやっと維持しているに過ぎない．K 理事長が事業の新しい柱の構築を考えているように，新事業開発は組織存続の喫緊の課題となっている[9]．「周辺地域」にあって，極めて厳しい状況におかれている音威子府村の労働者協同組合であるが，労働者が協同労働を通して自らの労働を主体的に編成してゆこうとする取り組み（山田定市）の一事例であることは間違いない．資本，政治，権力の中央への集中に対するアンチテーゼとして，資本を自ら作り出し「資本の過疎」を克服するという点で，言い換えれば，従来の資本－賃労働関係を克服しようとする1つの事例として，より積極的に意義づけられ注目する必要があると考える．

　自立的な労働者協同組合の取り組みが地域社会で一定の役割を担っていると社会に認められることを事業の成功と捉えるなら，その成功事例が全国各地に多数見られるようになった時，小規模ではあっても，社会から労働者協同組合に求められる期待や存在意義は格段に大きくなると考える．

（この論文は，科学研究費補助金基盤研究（C）「北海道の農山村集落における元農業者の生活・労働実態の解明」（研究代表者：佐藤信）の一部助成を受けた．）

注
1) 『朝日新聞』2010年11月8日付朝刊では，「協同労働じわり拡大」と一般紙でも取り上げられるようになった．この記事では，失業対策，地域課題解消という内容で取り上げられ評価されている．
2) 齋藤［1981］21-2 を参照のこと．1981年に日本協同組合学会が結成され，その設立大会討論会で石見尚と齋藤仁が労働者協同組合の現代的な役割，性格づけをめぐって議論を行った．石見報告では，20世紀の初期，労働者生産協同組合は「生産手段を社会化することを提起したが，管理方式を社会化しなかったことである」（石見［1981］12-20）と問題を提起している．管理方式とは自主管理の問題であり，労働者協同組合を積極的にとらえている．それに対する齋藤の懐疑的な議論である．
3) 玉木［2009］18 を参照されたい．中央においても非営利セクターの事業組織が社会的に有用であることを福生市の労働者協同組合に見ることができる．FUSSA 地域福祉事業所（労働者協同組合）が福生市の児童館の管理を指定管理者として

受託し，2007 年 2 月から 38 名の組合員で運営している．玉木信博は労協センター事業団 NPO 法人ワーカーズ・コープ東京事業本部 FUSSA 事業所所長である．
4) 北海道総合政策部地域行政局統計課監修［1987］『北海道市町村勢要覧』263．1985 年の国勢調査によれば，音威子府村は，179 名が運輸・通信業に就業していた．単純に計算すると，村の 1 世帯当たりの人員が 2.83 人なので，約 507 名，率にして村の 25% の人口を国鉄関係者が占めていたことになる．
5) 自活体制とは，闘争団員たちが働いた賃金（事業収益やアルバイト賃金）は一旦プールしたうえで，各人に貸し付ける制度．これを生活費と闘争費にあてることをいう．音威子府では，受け取りたい金額を申告して受け取っていた（佐々木の K 専務理事へのヒアリングによる）．
6) ヒアリングによると，味噌の製造では以前，品質管理上のミスから商品として出せない味噌ができてしまい商品損失を出している．そこで今は 20 トンの味噌を寝かせておける業務用の冷蔵庫を 300 万円で購入し，その中で寝かせている．高額ではあっても無駄にするより良いと判断し購入した．
7) 『東京新聞』2010 年 6 月 28 日付による．「戦後最大の労働問題と言われた，1987 年の国鉄分割・民営化で JR に採用されず，旧国鉄清算事業団にも解雇された国労組合員らが同事業団を引き継いだ「鉄道・運輸機構」を相手取り損害賠償などを求めていた」と記されている．
8) 佐々木による 2010 年 9 月 15 日調査時点での K 理事長の意識は，これから年度末にかけて闘争活動の整理の時期で，来春 4 月 1 日（政治和解時の要請書の (3) に以下の記述がある．「雇用の時期につきましては，平成 23 年 4 月 1 日までに採用されるようご検討をお願い致します」）からが「闘争」のとれた再スタートになる．それは，いろいろな問題を抱えてのスタートになると考えている．
9) 杉山［2010］11 を参照．K 理事長のいっていることは，組織全員でいろいろな案を研究しているということである．杉山は 1 つの案として天塩川を活用した事業などを模索していると述べている．

参考文献

相川良彦［2009］『少子高齢化と農村』筑波書房.
渥美俊一・高村勲・内舘晟［1992］『生協店舗現論』コープ出版.
穴見博［1963］「協同組合の運動」協同組合研究会編『価格問題と協同組合』御茶の水書房.
阿部真也他編［1995］『流通研究の現状と課題』ミネルヴァ書房.
五十嵐仁編［2011］『「戦後革新勢力」の奔流』大月書店.
池上惇［1986］『人間発達史観』青木書店.
石井まこと・兵頭敦史・鬼丸朋子編［2010］『現代労働問題分析』法律文化社.
伊東勇夫［1960］『現代日本協同組合論』御茶の水書房.
伊東勇夫編［1992］『協同組合思想の形成と展開』八朔社.
岩垂弘［2001］『生き残れるか，生協』同時代社.
岩橋裕治［1992］『生協労働者のためのやさしい賃金論』学習の友社.
石見尚［1981］「労働者協同組合運動の現代的意義」『協同組合研究』第1巻1号，11月.
石見尚編［2000］『仕事と職場を協同で創ろう』社会評論社.
上野雅樹［1997］「未来のために—コープさっぽろ改革の道程と現状」『生活協同組合研究』259号，8月.
臼井晋［1990］「農業市場変革の課題と主体形成」臼井晋・宮崎宏編『現代の農業市場』ミネルヴァ書房.
臼井晋［2004］『農業市場の基礎理論』北方新社.
エンゲルス，F.［1975］『空想から科学へ』新日本文庫.
エンゲルス，F.［1978］『マルクス・エンゲルス全集第20巻』大月書店.
大窪一志［1994］『日本型生協の組織像』コープ出版.
大嶋茂男・村田武［1994］『消費者運動のめざす食と農』農文協.
大高研道［1996］「現代生活協同組合論の基本視角」『北海道大学教育学部紀要』第71号.
大高全洋［1995］「食料流通と産直・協同組合間協同」日本農業市場学会編『食料流通再編と問われる協同組合』筑波書房.
大西倫夫［1996］「釧路市民生協の再建にあたって」『生活協同組合研究』246号，7月.
岡部守［1978］『産直と農協』日本経済評論社文庫.

岡部守［1988］『共同購入と産直』日本経済評論社.
岡村信秀［2008］『生協と地域コミュニティ』日本経済評論社.
音威子府村史編纂委員会編［2007］『音威子府村史』.
柏尾昌哉編［1995］『現代社会と消費者問題』大月書店.
角田修一［1992］『生活様式の経済学』青木書店.
角田修一［2010］『概説生活経済論』文理閣.
加藤義忠・齋藤雅通・佐々木保幸編［2007］『現代流通入門』有斐閣ブックス.
金子ハルオ編［1979］『資本主義の原理と歴史』青木書店.
神沼公三郎他編［2008］『北海道北部の地域社会』筑波書房.
河相一成［1996］『食卓からみる新食糧法』新日本新書.
河合知子・竹内美妃［2011］『酪農家による酪農家のための高齢者福祉』筑波書房.
川野重任編［1966］『協同組合事典』家の光協会.
基礎経済科学研究所編［2010］『未来社会を展望する』大月書店.
木下武男［1999］『日本人の賃金』平凡社新書.
協同組合研究所編［1949］『生活協同組合便覧』時事通信社.
協同組合事典編集委員会編［1986］『新版協同組合事典』家の光協会.
栗本昭［1987］『先進国生協運動のゆくえ』ミネルヴァ書房.
現代生協論編集委員会編［2005］『現代生協論の探究〈現状分析編〉』コープ出版.
現代生協論編集委員会編［2006］『現代生協論の探究〈理論編〉』コープ出版.
現代生協論編集委員会編［2010］『現代生協論の探究―新たなステップをめざして』コープ出版.
小池恒男・新山陽子・秋津元輝編［2011］『キーワードで読みとく現代農業と食料・環境』昭和堂.
郷原信郎［2007］『「法令遵守」が日本を滅ぼす』新潮新書.
郷原信郎［2011］『組織の思考が止まるとき』毎日新聞社.
国民生活センター編［1997］『戦後消費者運動史』大蔵省印刷局.
国民生活センター編［1999］『戦後消費者運動史［資料編］』大蔵省印刷局.
近藤康男［1966］『新版協同組合の理論』御茶の水書房.
近藤康男［1974］『協同組合原論』（近藤康男著作集第5巻）農文協.
小谷正守・保田芳昭編［1980］『現代日本の消費者問題』ミネルヴァ書房.
齋藤仁［1981］「労働者協同組合とは何か」『協同組合研究』第1巻1号, 11月.
齋藤仁編［1983］『昭和後期農業問題論集⑳農業協同組合論』農文協.
佐藤日出夫・美土路達雄編［1968］『鶴岡生協と住民運動』現代企画社.
佐藤信［1998］「生活協同組合研究の基本視角に関する一考察」『市立名寄短期大学紀要』第30巻.
佐藤信［2000］『戦後日本における生活協同組合の展開と構造』『市立名寄短期大学紀要別冊第2号』.

佐藤信［2006］「食育基本法の何が問われるのか」河合知子・佐藤信・久保田のぞみ『問われる食育と栄養士』筑波書房．
佐藤信［2012］「「限界集落」論と北海道の農村社会」北海学園大学開発研究所『開発論集』．
佐藤信・大高研道［1995］「地域生協における職員問題を考える」生協総合研究所編『生協労働と職員問題』コープ出版．
沢田明治・平井正文［2006］『虹の旗高く掲げて——鶴岡生協と住民運動 II』民衆社．
芝田進午編［1987］『協同組合で働くこと』労働旬報社．
下垣内博［1994］『消費者運動』大月書店．
白石昌則［2005］『生協の白石さん』講談社．
白川静［2012］『常用字解［第二版］』平凡社．
CRI・生協労働研究会編［1997］『90年代の生協改革』日本経済評論社．
JC総研［2013］『新協同組合とは〈再訂版〉』JC総研．
菅沼正久［1969］『協同組合経済論』日本評論社．
杉山均［2010］「北海道一小さな村「おといねっぷ」での自立にむけた取り組み」『協同組合研究』第29巻2号，7月．
鈴木文熹・中嶋信編［1995］『協同組合運動の転換』青木書店．
生協総合研究所編［1992］『協同組合の新世紀』コープ出版．
生協総合研究所編［2010］『危機に立ち向かうヨーロッパの生協に学ぶ』日本生活協同組合連合会．
生協労連・生協研運営委員会編［1986］『地域社会と生協運動』大月書店．
生協労連・生協研運営委員会編［1994］『生協運動に三つの民主制を』大月書店．
全国生協労働組合連合会編［1980］『生協運動を住民の中へ』民衆社．
高橋岩和［1994］「生協の事業連合」宮坂富之助編『現代生協法の理論』コープ出版．
高橋晄正他［1977］『食品・薬害公害［新版］』有斐閣選書．
Takahashi, Iwao [2011] "The Importance and Role of NPO Activities in Depopulated Areas-Using the Example of 'NPO eco-Otoineppu' in Otoineppu Village, Hokkaido-", Department of Tourism and Transnational Studies Dokkyou University, No. 2.
高村勘［1993］『生協経営論』コープ出版．
高村勘［1997］『いま生協に求められるリーダーシップとは』コープ出版．
武見ゆかり編［2007］『「食育」ってなに？』コープ出版．
田代洋一［2008］『農業・協同・公共性』筑波書房．
田代洋一［2012］『農業・食料問題入門』大月書店．
田代洋一編［2009］『協同組合としての農協』筑波書房．
田中秀樹［1991］「生活協同組合の組織と経営の統一的把握—主体的形成論としての生活協同組合論—」『協同組合研究』第10巻1号．

田中秀樹［1997］「書評 野見山敏雄『産直商品の使用価値と流通機構』」『農業市場研究』第6巻第1号．
田中秀樹［1998］『消費者の生協からの転換』日本経済評論社．
田中秀樹［2008］『地域づくりと協同組合運動』大月書店．
田中弥生［2008］『NPO新時代』明石書店．
田渕直子［1997］「地域市民生協の主人公は誰か」『生活協同組合研究』262号，11月．
田渕直子［2009］『農村サードセクター論』日本経済評論社．
玉木信博［2009］「新しい公共を担う協同労働の協同組合」『協同組合研究』第27巻3号．
東畑精一［1970］『協同組合と農業問題』（協同組合の名著第7巻）家の光協会．
戸木田嘉久・三好正巳編［1997］『生協職員論の探求』法律文化社．
戸木田嘉久・三好正巳編［2005］『生協再生と職員の挑戦』かもがわ出版．
友貞安太郎［1994］『ロッチデイル物語』コープ出版．
ドラッカー，P.F.［2007］『非営利組織の経営』ダイヤモンド社．
中川雄一郎・杉本貴志編［2012］『協同組合を学ぶ』日本経済評論社．
中原雄一郎［1965］『弁証法的唯物論入門』新日本新書．
中村静治［1985］『生産様式の理論』大月書店．
中村静治［1988］『唯物史観と経済学』大月書店．
成瀬龍夫［1988］『生活様式の経済理論』御茶の水書房．
日生協国際部翻訳［1992］『バークレー生協はなぜ倒産したか―18人の証言』コープ出版．
日生協・生協総合研究所編［1997］『いま再び欧米の生協の成功と失敗に学ぶ』コープ出版．
日生協・食糧問題調査委員会［1984a］『生協の食料品・産直の取組みと食糧問題に関する調査報告書』日本生活協同組合連合会．
日生協・食糧問題調査委員会［1984b］『産直―生協の実践』日本生活協同組合連合会．
日生協組織部［1984］『食添運動資料集』日本生活協同組合連合会．
日生協・食糧問題調査委員会［1988］『第2回全国産直調査報告書／生協の産直・提携レポート』日本生活協同組合連合会．
日生協［1992］『第3回全国生協調査報告書／生協産直新たな可能性』日本生活協同組合連合会．
日生協［1998］『食料・農業・農村政策に関する生協の提言』日本生活協同組合連合会，7月．
日生協［1999］『食品の「安全」と「安心」』．
日生協［2000］『はやわかり「食品の安全」ブック』．
日生協創立50周年記念歴史編纂委員会［2001b］『現代日本生協運動史・資料集第2巻

史料編（1981～2000 年）』日本生協連.
日生協創立 50 周年記念歴史編纂委員会［2002a］『現代日本生協運動史（上巻）』日本生協連.
日生協創立 50 周年記念歴史編纂委員会［2002b］『現代日本生協運動史（下巻）』日本生協連.
日生協［1996］『1860 万人の生協産直』コープ出版.
日生協編［1964］『現代日本生活協同組合運動史』.
日生協編［1977］『日本生活協同組合連合会 25 年史』.
日生協編［2008］『食料自給率のはなし』コープ出版.
日生協編［2009］『生協ハンドブック（新版）』コープ出版.
日本協同組合同盟［1988］『日本協同組合新聞』御茶の水書房.
日本生協連編［2010］『「協同組合のアイデンティティに関する ICA 声明」を考える』コープ出版.
日本村落研究学会編［2005］『消費される農村』（「村落社会研究第 41 集）農山漁村文化協会.
日本農業市場学会編［1997］『農業市場の国際的展開』筑波書房.
日本農業市場学会編［2008］『食料・農産物の流通と市場 II』筑波書房.
野村秀和［1993］「21 世紀への展望をもった生協運動の構築」『生活協同組合研究』206 号.
野村秀和［2001］『生協への問い』桜井書店.
野村秀和・生田靖・川口清史編［1986］『転換期の生活協同組合』大月書店.
野村秀和編［1992］『生協 21 世紀への挑戦』大月書店.
橋本和孝［1987］『生活様式の社会理論』東信堂.
橋本吉広［1999］「生協におけるコーポレート・ガバナンス「現」編『生活協同組合研究』279 号，4 月.
林直道［1996］『現代の日本経済（第 5 版）』青木書店.
原山浩介［2011］『消費者の戦後史』日本経済評論社.
広井良典［2009］『コミュニティを問いなおす』ちくま新書.
藤原邦達監修［1987］『続・よくわかる食品添加物一問一答』合同出版.
藤原邦達［1996］『食品衛生法』合同出版.
逸見兼三・梶井功編［1981］『農業経済学の軌跡』農林統計協会.
北海道［1987］『北海道市町村勢要覧』北海道統計協会.
北海道生協運動史編集委員会［1987］『北海道生協運動史』.
ホリヨーク，G.J.［1968］協同組合経営研究所訳『ロッチデールの先駆者たち』協同組合経営研究所.
ボルザガ，C. 他編［2004］『社会的企業』日本経済評論社.
本位田祥男［1960］『日本の協同組合運動』家の光協会.

本位田祥男［1971］『消費組合運動』（協同組合の名著第6巻）家の光協会.
マルクス, K.［2001］宮川彰訳『『経済学批判』への序言・序説』新日本出版社.
三浦つとむ［1968］『弁証法はどういう科学か』講談社現代新書.
三浦つとむ［1971］『マルクス主義と情報化社会』三一書房.
三浦つとむ［1983］『スターリン批判とその時代』勁草書房.
三浦つとむ［1991］『唯物弁証法の成立と歪曲』勁草書房.
三国英実編［1995］『今日の食品流通』大月書店.
美土路達雄［1968］「人は病み，土地は荒れて，村廃る」『月刊福祉』第57巻12号.
美土路達雄［1994a］『協同組合論』筑波書房.
美土路達雄［1994b］『農産物市場論』筑波書房.
宮崎隆典［2000］『食品の安全最前線』コープ出版.
宮村光重［1986］「協同組合が協同組合でなくなる可能性」『協同組合研究』第6巻第1号.
宮村光重［1987］『食糧問題と国民生活』筑波書房.
宮村光重［1988］『農協・生協と国民生活』筑波書房.
宮村光重［1991］「「食糧問題」概念をどう把握するか」『科学と思想』82号，10月.
宮村光重［1998］「日本生協連の農業基本法改定に係る論議の中間点」『農業と農協』（農業・農協問題研究所）第45号，3月.
宮本憲一［1969］『都市問題』筑摩書房.
宮本憲一［1976］『社会資本論［改訂版］』有斐閣ブックス.
三輪昌男［1968］『協同組合の基礎理論』時潮社.
村上洋［2002］『生協の未来に伝えたいこと』みなと出版二十二.
柳幸春［1986］『許すな！生協規制』芽ばえ社.
山縣宏寿［2011］「占領期における生協運動の再生」五十嵐仁編『「戦後革新勢力」の奔流』大月書店.
山田定市［1993］「協同組合の社会的位置と実践的課題」『生活協同組合研究』11月号.
山田定市［1999］『食と農の経済と協同』日本経済評論社.
山本秋［1982］『日本生活協同組合運動史』日本評論社.
山本明文編［1996］『共同購入はなぜ伸びるのか』コープ出版.
山本明文［2005］『生協産直，再生への条件』コープ出版.
山本博史［2007］『現代の食糧問題と協同組合運動』北斗書房.
レイドロー, A. F.［1989］『西暦2000年における協同組合』日本経済評論社.
ワーカーズコレクティブ調整センター編［1995］『労働者の対案戦略運動』緑風出版.

日本生協連『生協の経営統計』各年次.
全農ウェブサイト　http://www.zennoh.or.jp/about/principle/principle.html
日生協ウェブサイト　http://jccu.coop/

あとがき

　本書の出発点は，私の大学院時代にさかのぼる．遅れて大学院生活を始めた1990年代当初，実家が北広島市だったこともあり，北広島市内の生協（コープさっぽろ），恵庭市，千歳市の生協（道央市民生協）を利用することが多かった．そこで，生協ごとの品揃えの違いだけではなく，何とも言えない運営の差を肌で感じとったのが地域生協に関心をもったきっかけである．

　その頃，先輩（田渕直子氏，現・北星学園大学）の後を継いで北大生協の院生組織委員も務めていた．何かの折りにある専従職員から，コープさっぽろも道央市民生協も，トップ役員は元北大生協の専務であったこと，両者は良好関係にあったが，考え方の違いもあって，今では良い関係ではなくなってきていることを教えてもらった．ふーん，そんなものか，とその時は感じたにすぎず，将来，研究の中心課題になるとは想像さえしなかった．

　大学院時代の研究テーマは，最初，食品安全問題を中心とする食糧問題であったが，実証研究の課題としては行き詰まりも感じていた．大学院にいた坂爪浩史氏（現・北海道大学）から，道央市民生協は青果物の仕入行動がおもしろいと太田原高昭先生（北大名誉教授）が話していたと教えてもらう．生協産直を研究テーマに広げてゆこうと考えていた矢先でもあり，同生協の子会社に直接電話して調査に出かけたのが最初のアプローチであった．

　調査では，地域生協が卸売会社を所有するだけではなく，産地に対して肥料・農薬の斡旋もふくめて深く取り組んでいることがわかったが，最大の収穫は，この生協がコモ・ジャパンに反対しているということであった．バブル経済が終わった1993年頃，生協の大規模店舗路線の中心に当時のコープさっぽろがあった．その路線に反旗を翻している生協が隣接して存在していたとは，大きな驚きであった．

1994年3月に急遽，道北の市立名寄短大に就職が決まる．その直前，太田原先生から，生協総合研究所『生活協同組合研究』のシリーズ「生協の労働を考える」で道央市民生協を調べてみないかと誘われた．二つ返事で引き受けたものの，道北が研究生活の拠点となるため，北大生協の組織委員のメンバーでもあった教育学研究科の大高研道氏（現・聖学院大学）に声をかけ共同調査を行うことにした．

　1994年初夏に実施したこの調査は，その後の研究活動にとって大きな意味をもった．職員問題を切り口として，生協の人事教育制度，労働組合，労理関係など，協同組合の組織運営に関わる側面，とくに職員にターゲットを絞りその実態を詳しく知ることができたからである．共同購入とは異なる個配事業を行っていたことも大きな発見であった

　ただし，当時の人事担当役員に翌年お会いし，事業経営の状況についてそれとはなしに話を向けたときに，「なかなか大変なんだよ」とつぶやいたひと言が，その後の研究内容を左右することになる．

　釧路市民生協から始まる北海道3生協問題はこの直後から始まり，道央市民生協の経営危機も1997年には発覚する．大学院時代には，「良い生協運営」の事例として取り上げようとしていた対象生協が，こうした事態をまねいたことは，いったいどういうことか．しかも，ヒアリング対象でもあった経営役員たちが組合員に経営実態を覆い隠していた事実は，協同組合研究を改めて一から再開しなければならないことを意味していた．

　1997年の日本協同組合学会のシンポジウムでも，20世紀末の協同組合運動の総括が議論されていたが，地域生協の運営危機が，組合員・職員との関係で，具体的に何が契機となって起こるのかといった課題に明確な回答を与えてくれる訳ではなかった．とくに，事業経営と組織運営の関連，役員・職員・組合員との有機的な関連を明らかにする理論がどうしても必要であると考えていた．

　そんなとき，北大近くの古書店で偶然見つけたのが三浦つとむの『大衆組織の理論』であった．「これだ！」と瞬時に思い，『指導者の理論』などまと

めて数冊購入，沈潜して読みふけった．

　在野の哲学者である三浦つとむの組織論のポイントはマルクスやエンゲルスに依拠した矛盾論である．大高氏が山田定市先生（北大名誉教授）の矛盾論に触発されて，「現代生活協同組合論の基本視角」という論文を公表した時期でもあり，その批判的摂取も兼ねて整理したものが，拙著［1998］「生活協同組合研究の基本視角に関する一考察」『市立名寄短期大学紀要』第30巻である．これで，やっと自分の懸案の課題をまとめることができそうな光が見えてきた．飯澤理一郎氏（北大名誉教授）からも「早く書かないと，もう面倒みないから」と冗談とも本気とも取れる言葉で励まされたこともあり，1999年春に提出したのが博士申請論文の「戦後日本における生活協同組合の展開と構造」である．

　その後，協同組合に関するいくつかの研究報告を行ったものの，生協研究からは少し距離を置くようになる．1990年代後半の北海道3生協の経営危機の結果，北海道内の多くの生協では急激なリストラや店舗統廃合をすすめており，およそ組合員や職員参加といった側面からのアプローチが困難であった．やむを得ないとはいえ，再建には相当の時間が必要だと感じていた．もうひとつは，私の勤務先の事情もある．職場のある道北は急速な高齢化に伴い人口の急減地域であり，そこを対象とした実証研究をせまられていたからである．

　2000年には，北海道一人口の少ない音威子府村の高齢者世帯調査に参加させてもらい，食生活を中心とする高齢者へのヒアリング調査を数多く手がけることになる．これらの調査研究はほぼ5年おきに続け，現在に至っている．

　北大研究林の神沼公三郎氏（北大名誉教授）を中心とする「北海道北部を考える研究会」にも誘っていただき，道北の各方面で活躍する人びととの接点ができるとともに林学や地域経済学の諸先生方とも交流を深めるようになった．

　こうした経験は，遠回りであったようにも見えるが，協同組合の研究内容

を深める上で大きな意味があった．

　音威子府村は，北海道にあっても周辺地域であるが，そこでは，労働者協同組合やNPO法人を運営する国労闘争団が存在していた．高齢者調査では，こうした闘争団の家族にヒアリングする機会が多かった．本書の補章となった研究課題の着想は，この頃から芽ばえていた．

　地域づくりに協同組合がどのように関与するかといった問題は，道北の人口減少にともなうホクレンの施設撤退や，農協合併による支所機能の後退を身をもって体験してきたことから，その深刻さはよく分かる．この問題点と課題については，本書でも部分的に扱っている．

　2005年の食育基本法制定をめぐる諸問題について検討をすすめたことも，協同組合研究上，意味があった．ざっくりいえば，食育基本法は「商品化した食」がもたらした諸問題への対応に，多くの企業・団体，中央省庁が関わって「ごった煮」化したものである（詳しくは河合知子他『問われる食育と栄養士』を参照）．生協の食育への関わり方は，都市型生協にとっては有益かもしれないが，地方の生協にとっては中央の論理の押しつけになりかねない．

　2008年から北海学園大学に「協同組合組織論」「非営利組織論」担当教員として勤務することになった．翌2009年からは大学院の授業「協同組合組織論特殊講義」も担当するようになり，学生・院生たちとの日々の意見交換は私自身の勉強にもなっている．

　2009年春からは北海学園生協の理事となり，再び生協運営の実務に接することになった．北大生協理事以来15年ぶりの復帰であり，大学生協の全国動向について最初は浦島太郎状態であった．大学生協にあっても事業連合化をすすめているが，効率化だけで生協運営が上手くゆくわけではない．そこには学生スタッフなど組合員の参加が必要である．こうした協同組合運営の原理原則を再確認する機会が増え，とくに，2012年春からの理事長就任以降は，萩原英司専務とともに適切な判断と迅速な決定を迫られる機会も多い．これらの日常は，自らの研究結果の実証試験にもなっているとともに，今後の研究内容を深める上でも大いに役に立っている．

振りかえると，大学院時代の北大生協理事会では，教員理事として，前出の太田原先生，山田先生や臼井晋先生（新潟大学名誉教授）など全国的に著名な協同組合研究者が出席し，しばしば鋭い発言をされていた．とくに近藤康男，美土路達雄の学風を受け継ぐ臼井先生による協同組合の原理原則を踏まえた発言は，いまも私の協同組合に対する姿勢につながっている．

　本書発刊の直接の契機となったのは，北海学園大学経済学部の教員による「シリーズ社会・経済を学ぶ」刊行を企画したことにある．私がこの企画に参加したのは2011年からであるが，学内外の業務も増えてくる中で何とか刊行にこぎ着けたのも，小田清先生をはじめとする学内スタッフの協力があってのことである．心から感謝するとともに，本書の刊行を引き受けてくださった日本経済評論社の栗原哲也社長と，編集の労を取ってくださった同社の清達二氏に御礼申し上げたい．

　2014年1月

佐　藤　　信

索引

[欧文]

AF2　67, 126-7, 129
BHC　126-7
BSE（牛海綿状脳症）　49, 126, 132
CO-OP 商品　64-7, 69-71, 73, 121, 129, 136, 187
CO-OP 手作り餃子事件　121, 133
GAP　117, 138
GATT　130
GHQ　51-2
HACCP　138
ICA（国際協同組合同盟）　1, 10, 28, 199
　　──声明　4, 182
ISO　138
NPO　191-2, 194-5, 199, 201
O-157　132
OCR　69
Off-JT　174
OJT　171
OPP　126
TBZ　126
TPP　41
WTO　76, 110, 126, 132, 138
Z リスト　129

[あ]

アルバイト　161-2, 188

[い]

池上惇　36
いずみ市民生協　79, 91, 110, 177-9, 184
イタイイタイ病　124
遺伝子組み換え食品　132
移動販売車　102
員外利用　54

因果関係　44
インフレーション　52, 123

[う]

請負主義　161
臼井晋　33
うそつき食品　65
浦河生協　97
運動体　3-4, 20, 24-5, 28, 32, 162, 188

[え]

営農指導　40
　　──事業　5
栄養改善法　132
恵庭　87
エフコープ　79, 91
M 字型カーブ　144
えりも町　96
エンゲルス　35, 37

[お]

オイルショック　67, 186
王子製紙　96
おかやまコープ　110
音威子府村　200-3, 210-1
オーラミン　123, 126
卸売市場　115

[か]

介護事業　102, 196
買出組合　53, 164
賀川豊彦　53
核家族世帯　69, 142
学生運動　145
家計調査　134, 152-4, 159
柏尾昌哉　21

索引

賢い消費者　62, 124
過疎問題　42, 191
学校生協　107
ガット・ウルグアイ・ラウンド　76
家庭会　56, 72
カネミ油症事件　124, 126
ガバナンス　176, 179
株主　7
過密問題　42, 191
カルテル　41, 64, 156
環境保全型農業　110-1
完全資本化傾向　25
管理価格　64

[き]

機械利用　39
機関運営　176-7, 186
危機管理（クライシス・マネジメント）　134
企業化　15, 77, 79, 93, 113, 158
企業会計　195
企業形態　196
菊名生協　59
技術革新　58, 101
基礎的食糧　110
記帳　56
キックバック　41
寄付　194, 208
共益　192
協業　5, 26, 33
共助　192
業績評価　172
共選　40
業態開発　69, 74
業態論　21, 96
協働　6-7
共同　5-6, 17
　──施設　39
　──販売　40
　──防除　39
協同組合
　──原則　10, 12-4, 18
　──の本質　4, 21, 24
　──法　12, 54

共同購入
　──運動　56, 63, 68, 186
　──業態　22, 67-8, 181, 186
　──事業　67, 71, 93-4, 98-100, 144-5, 186
共同体　6-7, 38, 44
京都生協　110
共立社生協　72
漁協（漁業協同組合）　3, 15, 53, 65
ギルド　7

[く]

釧路市民生協　84-86, 88
組合員
　──活動家　86, 165
　──教育　5, 11-12, 102, 135
　──資格　17, 159
　──組織率　23, 77, 103, 190
　──の顧客化　32, 61, 102, 176
グローバル経済　41, 195

[け]

経営者支配　22, 176, 179, 188
経営主義　23, 29
経営体　3, 24, 28, 32, 68, 161
経営倫理　50, 88, 176
経済安定9原則　55
経済事業　5, 191
経済的弱者　3, 20, 54
形而上学　35
結社　4, 45, 156
ケネデイ大統領　124

[こ]

公益　192
考課　168, 171-2, 174
公害　66, 71
広義の事業　28
公共料金　67, 156
公助　192
合成食品添加物　137
購買組合　33, 39
購買生協　51, 72, 78, 191-2
合目的的　5, 37

高揚期
　　第1の―― 52-4, 70, 128, 185
　　第2の―― 57, 70, 128, 185
　　第3の―― 62-3, 71, 186
高齢者協同組合　15
国策　19
国勢調査　141-2, 212
国鉄清算事業団　209
国民生活基礎調査　149, 152, 159
国労闘争団　200-1, 203, 209
コープ
　　――かながわ　184
　　――こうべ　79, 90, 110
　　――さっぽろ　44, 79, 84-9, 91-2, 95, 99, 103, 110
　　――しが　184
　　――商品　22, 67, 69, 73
　　――ソフト　65
　　――どうとう　88
　　――十勝　88
　　――みらい　82
コーポレート・ガバナンス（企業統治）　181, 184
コミュニティ　13, 42-5
コモ・ジャパン　78-9, 82-3, 89-90
コモディティ化　190
コングロマリット　41
近藤康男　19, 33
コンプライアンス　50, 136-8

[さ]

再販売価格　64
札幌市民生協　63, 65, 68
佐藤日出夫　72
サードセクター　45, 197
サービス業　146-7
様似町　96
産業革命　9, 19
産業組合　19
産業報国会　54
産消提携　114, 117
産直運動　104, 117, 120

[し]

市価主義　10-1
自活体制　203, 212
事業型NPO　194
事業連合　77-83, 90, 92, 165-6, 188
事業連帯　77, 79-81, 91-2, 188
資金ショート　187
市場　41
　　――形成　38, 40-1
　　――占有率　23
　　――統合　41
市場外流通　114
私的企業　160-1, 173-4, 195
自発的　4, 45, 134, 160, 165, 190
資本体　21, 24, 28, 31-2, 57, 161, 163, 174
資本の集中・集積　41
市民運動　62
社会企業家　195
社会大衆団体　49
社会的
　　――企業　195, 197
　　――経済　197, 201
　　――分業　38
　　――包摂　45
収支計算書　206, 208
終身雇用　163
重層構造論　25-6
集団食中毒事件　49, 133
周辺地域　199-201, 211
集落　3, 43, 103
主体形成論　26
出資金　10, 25, 68, 87, 92, 181
出資者　10
出資配当　14, 92, 187
主婦連　123-4, 126
使用価値　105, 122, 125
商業資本　24-5, 63, 76, 165
小商品生産者　39, 40, 44
小農　39
消費組合　11, 19, 21, 23, 33, 54
消費される農村　43, 45
消費者の4つの権利　124

索引

消費者物価問題　61
消費生活協同組合法（生協法）　12, 14, 53-5, 80, 159, 175-6, 184
消費の組織化　22, 77, 82
商品化　8, 38-9, 41, 43, 119-121, 135-6
商品経済　38
商品仕様書　118
商品テスト　73, 123
剰余金の還元　11, 187
職域生協　51-3, 140-1, 159, 185
食育　112, 120, 157
　　──基本法　120
食生活様式　132
職能給　162-3, 166-170, 184
職能資格制度　162, 173
食のダンピング　134, 136
食品
　　──衛生法　123, 132-3, 135
　　──汚染　62, 65
　　──学　105
　　──加工業　106
　　──偽装　49, 133
　　──テロ対策　136
　　──添加物　65, 124, 126-9, 137
食品安全
　　──委員会　122, 133
　　──基本法　122, 133
　　──行政　111
食糧
　　──運動　49
　　──危機　51-2, 56
　　──自給率　70, 108-9, 111, 118, 132
　　──主権　138
　　──政策　108, 110
　　──問題　49, 104-6, 121
白井厚　7, 18
白物家電　142
人事・教育制度　164, 166, 170, 173-4, 183
シンジケート　41
新食糧法　110, 120
信用金庫　3, 15
信用組合　3, 15, 39-40
森林組合　3, 15, 19

[す]

スタグフレーション　67
スターリン　35, 37
スーパーマーケット　59-60, 63, 90
スミス，アダム　6
ズルチン　129

[せ]

成果主義　163, 183
生活クラブ生協　68
生活様式　69, 100, 104, 142, 159
生協規制問題　76
生協の担い手各層　50
生産
　　──過程　39-40
　　──手段　39, 211
　　──諸関係　6
　　──諸力　6, 8
　　──様式　6, 8, 18, 159
セルフサービス　59, 72
専業主婦化　69, 145
全国産直研究会　109
全国産直交流会　109
全国産直調査　109
全国消費者大会　65, 124
全国消費者団体連絡会　124
全動労争議団　203
全日本事業生活協同組合連合会（事業連）　64

[そ]

総（代）会　175-6, 182, 184
総合スーパー（GMS）　88
相互扶助　19, 39, 42, 54
総評　124
宗谷市民生協　88
組織運営問題　27, 42, 176, 179, 184
組織体　20, 24, 28, 32, 40, 191, 194, 197

[た]

ダイオキシン　132
大学生協　63, 65, 165, 180, 186, 189

大規模小売店舗法（大店法）　76
大規模店舗立地法（大店立地法）　76
耐久消費財　58
大工業（機械制工場）　8
貸借対照表　206-7
対立物の相互浸透の法則　31, 33, 35, 37
多国籍企業　7, 41
多重帰属　196
談合　41
炭鉱合理化　59
炭鉱生協　59, 72
単身者　149, 152, 154

[ち]

地域
　──活性化　45
　──勤労者生協　57-60, 72, 140-1, 164, 180
　──市民生協　30, 51, 61, 70, 96, 107-8, 144, 180
　──社会　15, 42, 102, 190-2, 200-1
　──政策　65, 73, 101
　──づくり　191-2
チェルノブイリ原発事故　131
チェーンストア理論　70, 94
地区労　57, 60
千歳市　96-7
ちばコープ　133
チャーチスト運動　9
チャレンジシート　170, 184
中間マージン　114
中小企業協同組合法　15, 54
賃金体系　162, 165-7, 174

[つ]

通信教育　169
通信販売　102
鶴岡生協　25, 56, 61, 68, 72

[て]

定款　4, 175, 178, 183
敵対的矛盾　30-1, 35, 44, 191
デフレ　55, 75
天洋食品工場　133

[と]

道央市民生協　84, 87-8, 94, 96-9, 103, 183
東京生協　65
統制経済　19, 56
東畑精一　33
灯油裁判　67
灯油問題　156
特定非営利活動促進法　197
特定非営利活動法人　192
都市問題　44, 62
独禁法　41, 54, 124
ドッジ・ライン　54-7
トドック　88, 95, 99
苫小牧市　96
トラスト　41
ドラッカー　194, 197
トレーサビリティ　117

[な]

名古屋勤労者生協（めいきん生協）　68, 79, 110

[に]

新潟水俣病　124
肉骨粉　132
ニクソンショック　67
二元論　20-1, 23-4, 26, 29, 34
にせ牛缶事件　65
日米構造協議　41, 76
日米包括経済協議　41, 76
日本協同組合新聞　72
日本協同組合同盟　53, 71-2
日本消費者連盟　124
日本的雇用慣行　163
人間発達　12, 36, 196

[ね]

ネットワーク　192, 195, 209
年功賃金　163
年俸制　162
年齢給　166-7

[の]

農会　19
農協　3-5, 15-9, 33, 44, 49, 53, 65, 72, 108, 196-7
　——法　17-8, 53
農業会　19
農業基本法　24, 110-1, 120
農山村　43-5
農地改革　51
農民運動　52, 190
ノロウイルス　132

[は]

幕藩体制　19
バークレー生協　36
パート労働者　85, 164-5
パルシステム　94
反原発運動　131
阪神淡路大震災　194
班組織　63, 67-9, 71, 100, 159
反対物への転化　27, 190
班長　69
販売組合　19, 40
販売労働者　50

[ひ]

非営利セクター　201
東日本大震災　157, 194
ピッキング・センター　69
否定の否定　35
非敵対的矛盾　30-1, 35
ひとことカード　189

[ふ]

フェミニズム　145
部会　28, 40
複式簿記　194-5
福祉事業　191, 196
福島結語　65-6
福島総括　51, 66, 71
福島第一原発事故　126
フードチェーン　112, 138

フード・ディフェンス　136
不払い労働　98-9
部分労働者　50, 91, 188, 195
プラザ合意　75-6, 109, 115, 131
ブルジョアジー　30
プロレタリアート　30
粉飾決算　58, 85, 92

[へ]

ペガサス理論　94

[ほ]

保育　41, 157
封建制　7-8
北海学園生協　17
北海道3生協問題　84, 88, 92
ボランタリー・アソシエーション　45
ボランティア　157, 160, 165, 192, 194
ホリヨーク　18
ホワイトカラー　150

[ま]

前川レポート　76
マーケティング　62, 73, 124
マネジメント　160, 187-8
マルクス　18, 35-6

[み]

三浦つとむ　35-6
三つの利　187
ミートホープ事件　126
美土路達雄　20, 23-9, 44, 191
水俣病　128
みやぎ生協　110
宮村光重　24, 105
宮本憲一　44
民主的運営　29, 31, 66, 83, 178, 181

[む]

矛盾論　20, 28-9, 33-4

[め]

明治維新　19

メタミドホス　133
メーデー　52, 71

[も]

毛沢東　36
モニタリング検査制度　138
モノカルチャー　43, 45
もやい直し　45
モラル　136, 178
盛岡市民生協　68
森永ヒ素ミルク事件　108, 124, 126, 128

[や]

山田定市　83, 199, 211
山本秋　20, 33

[ゆ]

唯物弁証法　29, 35
優越的地位の乱用　41
夕張市民生協　44, 88

[ら]

落下傘方式　63, 65

[り]

理事会　28, 31-2, 86-7, 111, 161, 164, 175-180, 184
リスク　40, 122, 138
　——コミュニケーション　122
　——情報　134
　——評価　122
リベート　41
流通革命　59, 114

[れ]

冷凍ギョーザ問題　134-5, 138-9
レイドロー　199-200

[ろ]

労働運動　52, 57, 70, 118, 136
労働金庫　60
労働組合　166, 185
労働者協同組合　15, 199, 200-4, 206, 210-1
労働力調査　150-1
労働力率　144, 158
ロッチデール（組合）　8-10, 18, 38, 193
　——原則　10-2
ロバート・オウエン　8

[わ]

ワーカーズ・コレクティブ　192, 199

著者紹介

佐(さ)藤(とう) 信(まこと)

北海学園大学経済学部教授．1962年北海道千歳市生まれ．1987年北海道大学農学部卒．1994年同大学院農学研究科博士課程中退．1999年北海道大学博士（農学）．市立名寄短期大学講師，名寄市立大学准教授を経て，2008年より現職．2012年5月より北海学園生協理事長．

主著：
『市場再編と農村コミュニティ』（共著）高文堂出版，1997年
『食品の安全性と品質表示』（共著）筑波書房，2001年
『問われる食育と栄養士』（共著）筑波書房，2006年
『北海道北部の地域社会』（共編著）筑波書房，2008年
『学校給食における地産地消と食育効果』（共編著）筑波書房，2010年

明日の協同を担うのは誰か
基礎からの協同組合論　　　シリーズ 社会・経済を学ぶ

2014年2月5日　第1刷発行

定価（本体3000円+税）

著　者　佐　藤　　　信
発行者　栗　原　哲　也
発行所　㈱日本経済評論社
〒101-0051 東京都千代田区神田神保町3-2
電話 03-3230-1661／FAX 03-3265-2993
E-mail: info8188@nikkeihyo.co.jp
振替 00130-3-157198

装丁＊渡辺美知子　　　太平印刷社／根本製本

落丁本・乱丁本はお取替いたします　　Printed in Japan
Ⓒ SATO Makoto 2014
ISBN978-4-8188-2302-0

・本書の複製権・翻訳権・上映権・譲渡権・公衆送信権（送信可能化権を含む）は，㈳日本経済評論社が保有します．

・JCOPY〈㈳出版者著作権管理機構　委託出版物〉
本書の無断複写は著作権法上での例外を除き禁じられています．複写される場合は，そのつど事前に，㈳出版者著作権管理機構（電話03-3513-6969, FAX 03-3513-6979, e-mail: info@jcopy.or.jp）の許諾を得てください．

シリーズ社会・経済を学ぶ
（全 12 冊）

価格表示は既刊

木村和範　格差は「見かけ上」か　所得分布の統計解析
所得格差の拡大は「見かけ上」か．本書では，全国消費実態調査結果（ミクロデータ）を利用して，所得格差の統計的計測にかんする方法論の具体化を試みる．
●本体3000円

古林英一　現代社会は持続可能か　基本からの環境経済学
環境問題の解決なくして人類の将来はない．環境問題の歴史と環境経済学の理論を概説し，実施されている政策と現状を環境問題の諸領域別に幅広く解説する．
●本体3000円

小坂直人　経済学にとって公共性とはなにか　公益事業とインフラの経済学
インフラの本質は公共性にある．公益事業と公共性の接点を探りつつ，福島原発事故をきっかけに浮上する電力システムにおける公共空間の解明を通じて，公共性を考える．
●本体3000円

小田　清　地域問題をどう解決するのか　地域開発政策概論
地域の均衡ある発展を目標に策定された国土総合開発計画．だが現実は地域間格差は拡大する一方である．格差是正は不可能か．地域問題の本質と是正のあり方を明らかにする．
●本体3000円

佐藤　信　明日の協同を担うのは誰か　非営利・協同組織と地域経済
多様に存在する非営利・協同組織の担い手に焦点をあて，資本制経済の発展と地域経済の変貌に伴う「協同の担い手」の性格変化を明らかにし，展望を示す．
●本体3000円

奥田　仁　地域の未来を考える　北海道経済概論
日本の地方地域は先進国でも例外的に激しい過疎化が進み，北海道はとりわけ深刻な状況にある．これに対して，地域の特質を形成した歴史的経過を踏まえつつ，ポスト工業化時代に対応した地域発展の展望を試みる．

野崎久和　通貨・貿易の問題を考える　現代国際経済システム入門
国際通貨貿易システムの戦後の変遷をたどり，現在どのような通貨貿易問題が生じているのかを，特に通貨危機，通貨戦争，世界貿易機関，自由貿易協定などに焦点をあてて詳説する．

越後　修　企業はなぜ海外へ出てゆくのか　多国籍企業論への階梯
多国籍企業論は，経済学・経営学の諸分野をさらに派生させた研究領域である．それゆえ，これを学ぶためには，基礎事項の深い理解が欠かせない．企業の最新動向の紹介・解説は類書に任せ，本書は読者の基礎事項の理解促進を目指す．

板垣　暁　日本経済はどのように歩んできたのか　現代日本経済史入門
戦後の日本経済は，戦災からの復興，高度成長，バブル経済，長期不況など，波瀾万丈の歩みを進めてきた．その変化はどのようにして生じたのか．それにより日本社会はどう変化したのか．その成長要因・衰退要因に着目しながら振り返る．

笠嶋修次　貿易自由化の効果を考える　国際貿易論入門
貿易と投資の自由化は日本の経済発展のため必要である．反面，自由化は産業部門間，生産要素間および企業間で貿易利益享受の格差も生み出す．本書は主要な貿易パターンとその経済効果につき，最新の貿易理論を含む国際貿易・直接投資理論により平易に解説する．

市川大祐　歴史はくり返すか　近代日本経済史入門
幕末開港から昭和戦前期までの日本は，革新と欧米技術受容の時代であると同時に，国際競争やデフレなど様々な困難に直面しつつ成長をとげてきた．それぞれの歴史的事象について光と陰の両面にわたり，具体的に掘り下げることで考えたい．

徐　涛　中国の資本主義をどうみるのか　国家資本・国内私的資本・外資「鼎立」の実証分析
国有・私有・外資企業の成長史を整理し，鉱工業集計などのマクロ統計，ならびに延べ約1000万社規模の鉱工業・経済センサス個票データベースを用いて，国家資本，国内私的資本と外資の「攻防」を実証分析する．